洞察力原则

建立与众不同的市场洞察机制

[美] 利亚姆·费伊（Liam Fahey） 著

张馨月 译

THE INSIGHT DISCIPLINE

CRAFTING NEW MARKETPLACE
UNDERSTANDING THAT MAKES A DIFFERENCE

中国科学技术出版社

·北 京·

The Insight Discipline: Crafting New Marketplace Understanding that Makes a Difference
by Liam Fahey.
Copyright © 2020 Liam Fahey.
Original English language edition Published under exclusive licence by Emerald
Publishing Limited.
Simplified Chinese translation copyright ©2022 by China Science and Technology Press
Co., Ltd.
All rights reserved.

北京市版权局著作权合同登记　图字：01-2022-1851。

图书在版编目（CIP）数据

洞察力原则：建立与众不同的市场洞察机制 /（美）
利亚姆·费伊著；张馨月译 . — 北京：中国科学技术
出版社，2022.7
书名原文：The Insight Discipline: Crafting New
Marketplace Understanding that Makes a Difference

ISBN 978-7-5046-9625-0

Ⅰ .①洞… Ⅱ .①利… ②张… Ⅲ .①组织管理学
Ⅳ .① C936

中国版本图书馆 CIP 数据核字（2022）第 105415 号

策划编辑	杜凡如　龙凤鸣	**责任编辑**	龙凤鸣
封面设计	马筱琨	**版式设计**	蚂蚁设计
责任校对	张晓莉	**责任印制**	李晓霖

出　　版	中国科学技术出版社
发　　行	中国科学技术出版社有限公司发行部
地　　址	北京市海淀区中关村南大街 16 号
邮　　编	100081
发行电话	010-62173865
传　　真	010-62173081
网　　址	http://www.cspbooks.com.cn

开　　本	880mm×1230mm　1/32
字　　数	274 千字
印　　张	13.25
版　　次	2022 年 7 月第 1 版
印　　次	2022 年 7 月第 1 次印刷
印　　刷	北京盛通印刷股份有限公司
书　　号	ISBN 978-7-5046-9625-0/C·203
定　　价	79.00 元

（凡购买本社图书，如有缺页、倒页、脱页者，本社发行部负责调换）

三十多年来，我在世界各地参与并见证了许多企业团队进行各种形式的市场分析或环境分析。这种分析通常针对一个或多个传统商业领域的变化：如客户、竞争对手、供应商、技术、行业、政府和监管机构、社会价值观和政治，且常常消耗大量的人力物力和时间成本。

我脑海中时时浮现一个问题：为什么众多的分析团队从成堆的数据、电子表和调查结果中得出的信息价值如此之低？如果你在公司里上过几年班，就会发现让你眼前一亮的分析结果少之又少。

- 将海量时间投入市场分析、客户分析、技术分析、竞争对手分析和行业分析等，但在层出不穷的表格与数据之外，几乎毫无洞察力可言。

- 分析框架不断扩充，描述性分析和结果的数量同时增加，但真正的洞察却遥不可及。

- 大数据的力量导致许多项目分析变成单纯的数据匹配；关于决策价值的分析并不准确。

- 软件的惊人实力使可视化分析结果成为可能，这在几年前根本无法想象。就我身边的许多企业管理者而言，这种可视化分析结果所提供的新的市场洞察机制远未达到预期。

- 虽然分析结果中富含对外界环境的崭新理解（如竞争对手为何改变战略），但这些理解并未被整合成关键性的洞察体系。这一洞察体系可以激发新思维、新决策方式、新行动。
- 聪明能干的"分析师"和分析团队得出他们自以为关键的结论，却无法指出业务的重点。
- 管理者和领导不知道如何提升一系列由他们主导或针对他们自身的分析结果的质量和价值。
- 洞察这一词语的滥用使其失去了与众不同的含义。
- 大量的时间（我们最宝贵的资产）就这样被浪费在了分析工作中。

目的

本书将通过以下方法为你解决上述现象中的核心问题：

- 从概念性和实践性两方面深刻理解洞察力。
- 实行分析法和组织法支持洞察力的使用和发展。
- 建立洞察驱动文化。

具体目标

- 从概念性和实践性两个方面深刻理解洞察力。
- 分析洞察工作的4个阶段。
- 说明洞察力的类型、阶段及关联。
- 提供分析框架，执行具体任务，打造洞察机制。

- 展现洞察分析的4个关键阶段。
- 阐述六大洞察因素如何影响洞察工作的方方面面，以及如何利用它们提高洞察质量。
- 识别洞察工作的常见误区，并学习如何避免这些。
- 为你提供激励、监督和利用洞察工作的行动计划。

受众

本书适用于任何想从分析工作中得到最大价值的人，包括：

- 分析团队领导。
- 分析团队。
- 专业人员，如竞争情报员、市场研究员、行业分析和技术评估人员。
- 项目团队及其他类型的团队。
- 各级管理者。
- 管理顾问和专业研究人员。
- 专家、教育者、培训机构。
- 学者。

结构

前两章引入洞察力原则的概念和洞察工作的4个阶段，分别为准备洞察工作、打造变革洞察、提出影响洞察，以及决策的业务影响。介绍洞察工作需要精心策划、有序开展的原因。

第3章至第6章讲述洞察工作的前两个阶段，详细介绍4S周期：架构期（准备洞察工作）、探查期（得出初步的推论）、塑造期（形成初步的变革洞察）和成型期（将变革洞察纳入决策），并就如何高效执行4S活动以及如何在每个"S"中建设组织能力展开讨论。

第7章和第8章主要介绍洞察工作的最后两个阶段，详细叙述由塑造期向成型期过渡的方法、在制定业务影响决策时如何利用洞察力原则强化分析工作，以及最终公司应该如何行动。

第9章和第10章讨论了情绪会如何影响洞察工作（尤其在4S周期），以及如何建立和维持洞察文化。

利亚姆·费伊

目录

CONTENTS

第1章
洞察原则

001

CHAPTER 1

第2章
4I钻石框架

031
CHAPTER 2

第3章
架构：准备洞察工作
077
CHAPTER 3

第4章
探查：做出初步推断
119
CHAPTER 4

塑造：打造变革洞察

第5章　**159**

CHAPTER 5

第8章 **273**
商业影响：思维、决策、行动
CHAPTER 8

第9章 **309**
洞察工作：情绪的影响
CHAPTER 9

第10章　**341**

洞察力文化：领导者的作用

CHAPTER 10

第1章
洞察原则

CHAPTER 1

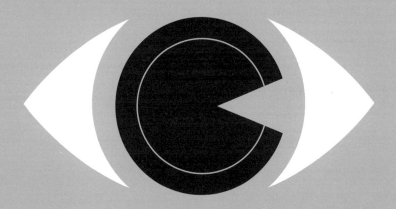

洞察力原则
建立与众不同的市场洞察机制

THE INSIGHT DISCIPLINE
CRAFTING NEW MARKETPLACE UNDERSTANDING THAT
MAKES A DIFFERENCE

环顾公司，我们不难发现，各个部门、团队、职务都在进行源源不断地分析，得出无数的分析结果。你的同事们毫不犹豫地将海量的数据汇入表格、图表和电子数据表中，最终形成一张张PPT演示文稿。从用户行为、竞争战略到行业变化、颠覆性科技、人口变化，这些分析大体上对市场动态做出了丰富的解读。如果我在世界各地公司所获得的经验也同样适用于你的公司，那么这些经验就可以为贵公司的业务发展提供一些拙见。下面，我会讲一个故事来阐述这个问题，故事的主角是一个大型企业里的小业务部门，关于这个大型企业，我称之为CO商品公司。[1]

该企业一个部门的管理团队认为他们完全了解其关键商品的市场及相关市场的情况。他们研发了一个用于掌控市场变化的动态监测表，监测分析竞争对手的季度产品销售情况，市场、销售、促销战略的变化，主要客户的订购情况，偶发的客户迁移，以及客户订购要求的变化。主要分析结果包括竞争对手的销售战略差异、销售变化、客户购买量变化和客户迁移原因。

然而，一位主管逐渐发觉，如果企业自以为完全了解市场，但实际上并非如此，那么后果将不堪设想，因为CO商品公司会因竞争对手或客户的行为变化而受到波及。于是他说服同事组建分析小组，对市场的各个方面进行全面评估。

当分析小组拿出初步的分析成果时，这位主管说明了他的忧虑，并提出两个问题。

"你们收集数据，开展分析，得出结论，花费大量的时间和资源来完成这一切。现在我有两个问题：你们对这个竞争领域有什么主要的洞察结果？它们有何关联，又如何影响我们当前与未来战略和运营呢？"

简而言之就是分析小组进行了大量的数据分析，但其中缺乏洞察。他们对CO商品公司的客户、竞争者和市场变化没有新的理解。正如我将在本章后面阐述的那样，如果有机会重新开展分析，小组会形成诸多洞察结论，其中最重要的是认识到即使拥有配套完备的客户服务（包括技术支持、库存管理和快速维修服务），他们从前的商品与竞争对手的产品也没有什么区别。

分析小组得出了两个与公司前期运营相悖的宏观建议：CO商品公司需要改善研发过程，加快研发速度，需要全新的、以市场为导向的、为客户群体量身打造的方案。

在两年的时间里，公司围绕新一代产品制定了新的市场战略，针对渠道和细分客户群体提供定制化服务。以实现公司在产品发布、技术声誉、客户满意度和市场份额上都超越对手，并迫使一些竞争对手退出市场。

◉ 1.1 着眼洞察力

这位高管的问题表明，分析的着眼点应该在于打磨和利用市场洞察。[2]这两个问题进一步启示我们，不论自身洞察如何独到简明，对公司外部环境的理解与分析都不应止步。这样的着眼点与得出的洞察需要确保实现卓越的思维、决策和行动。不幸的是，许多公司得出了海量的数据，却缺乏洞察。很少有公司能走出分析报告的结果，打磨出些许关键的洞察结论。而正是这些敏锐的新理解深远地影响着一批管理者的思维和思考方式，影响着他们的决策和行动。

　　本书将为你提供一个产生和利用市场洞察的指导方案。本章主要介绍洞察力原则的概念和洞察工作的4个核心阶段（如图1.1所示）。首先我将整体介绍不同层次的洞察，然后说明为什么洞察的核心在于精心策划和有序开展，最后总结归纳理想的洞察属性。

| | | ← | 情报洞察 | → |
| | | 变革洞察阶段 | 理想的洞察特征 | |
洞察阶段	1. 准备洞察工作	2. 打造变革洞察	3. 研究影响洞察	4. 决策的业务影响
研讨	讨论是否做好了洞察工作的准备	探讨最佳洞察机会	讨论如何将变革洞察转变为影响洞察	讨论如何从影响洞察转变为业务影响
	探讨怎样进行最佳的准备工作	探讨怎样进行最佳的分析工作	探讨如何实现转变时期的最优分析	探讨怎样更好地确定思维、决策和行动的影响
		讨论如何实现分析阶段的过渡		
方法	培养发现进行洞察工作的关键机会的方法	运用架构、探查、塑造、成形四个活动，执行产生变革洞察的关键步骤	运用架构、探索、塑造、成形4个活动，执行产生影响洞察的关键步骤	制定相关的原则与实践指导业务影响的确定
六大洞察因素（6IFs）	使用六大洞察因素架构并跟进研讨过程	使用六大洞察因素准备分析活动，并评估结果	使用六大洞察因素进行分析活动的准备工作，并评估结果	使用六大洞察因素评估洞察工作的结果

图 1.1　洞察力工作法

高管的问题进一步说明，洞察就是对竞争空间和业务影响的变化的理解。[3]这种变化无疑会引起和加剧市场的不确定性、紊乱性、间断性及模糊性。分析对手的战略、产品、客户偏好、技术和管理偏好的变化虽然会带来令人生畏的挑战，但毕竟未来还不确定，任何关于现在过渡到未来的描述都只是一种认知。换句话说，未来是你思维的产物。[4]

这也意味着公司对当下和未来的理解情况可能完全取决于你的概念能力。当下的形势不会永远持续，变化随时可能发生。因此你要不断地调整自己的思维模式[5]以适应变化的环境。面对新的数据、新的信息、不同的观点和视角，以及新的预判时，你需要思考自己的理念和思维框架是否能应对当下和未来的变化。

当明确什么是洞察力、怎样打磨和检验洞察并将其应用到组织中时，你就可以更加自如地应对挑战，解决CO商品公司高管提出的问题。

◉ 1.2 什么是洞察？

高管的问题是默认双方了解洞察，但很多时候情况并非如此。我们可以随便找一位管理者和他的团队来定义洞察力，描述洞察工作的重点，或列举出有价值的洞察的特征，然后你会得到五花八门的答案。每个人都认为自己知道什么是洞察力[6]，但误解它的人不在少数。这导致分析工作不注重创造洞察，分析结果含糊不清，没有价值。下面我会明确说明我所指的洞察到底是什么。

从宏观上讲，洞察是对市场变化的某一方面的新理解，这种理解会产生重大影响。后文将会谈到，这种新理解会打破你从前的思维模式。它将显著改变你对市场的看法、思考方式，以及你的行为。[7]下面是3个关于重塑领导者的市场观念的案例。

竞争者洞察：一个业内籍籍无名的企业可凭借一次收购和投资研发的转向，在三年内产出领先同行一到两代的客户方案。

我们假设有一家名为Abso的商品公司，Abso公司从前认为小公司难有大作为，不能创造出卓越的产品或方案，他们预计未来3年或出现产品的重大突破。[8]

Abso公司研发部的资金流风险远超预估。于是该公司与技术团队合作进行产品的改进，迅速采取一系列措施，包括重新定位市场和预期、精简研发人员、寻找潜在的研发合作伙伴、在相关产品线中寻找机会。

客户洞察：客户没有意识到设备管理经验不足和处理流程单一将如何影响产品运营。高效运营不但具有成本效益，还可以在一定程度上提高产品质量和产量。

据客户称，公司之前认为客户已经拥有了成熟的管理体系，其中可运作的空间很小。

为解决这一问题，公司设计了一个替代方案并在小范围的客户中进行测试。

技术洞察：一系列的新兴技术表明，如果某公司在数个特定领域有所成就，且能在3年内实现这些领域的融合，那么该公司就可以开辟出一个足以替代当今主流产品的全新市场空间。

Abso公司此前认为技术的变革虽然无孔不入，但不足以撼动主流产品的地位。在意识到公司主要产品可能只有两年的保质期后，其财务总监着手研究财务损失。不出所料，结果很不乐观。管理层决定尽可能地撤出这款产品的资金，同时在相关产品领域进行融资。

洞察的内容是什么？

洞察的内容即洞察本身：就某一问题的描述。上述所说Abso公司的竞争者洞察案例启示我们，市场份额较小的竞争对手可凭借收购和改变研发计划，在三年内实现跃升。

Abso公司对竞争者洞察的内容，即对竞争者潜在行为的新理解。分析团队需要了解洞察将如何影响对竞争对手的理解，以及将如何作用于潜在的业务影响。我将在本章后面讨论评估洞察属性的重要性。

◉ 1.3 洞察的对象是什么？

想要获得决策所需的洞察力，首先要了解洞察的类型。请仔细思考下列问题：

- 分析过程中的洞察关注点是什么？换句话说，你在洞察什么？
- 哪些层级的洞察最为合适？它们之间又有怎样的联系？
- 洞察怎样造成市场变化？市场变化如何形成业务影响？（我

将二者的结合体称为情报洞察）？[9]

如果无法解答这些问题，洞察的分析工作将大大受限。你是否经常听到上面的问题？你是否进行过审慎的思考呢？

解答这些问题的第一个方向是聚焦一到两个领域：客户、竞争对手、技术、政府政策，或上述领域的某种结合。[10]但其他领域也很有可能影响你的商机、战略和运营——无论是出于任何原因而被大众所关注的任何领域。

第二个方向是将关注范围局限到特定领域。市场份额大的竞争对手常常是数据收集和分析的对象。[11]在客户方面，合作过的客户和竞争对手的客户鲜少受到关注。在技术领域，常年位居业务核心的技术才值得关注。

第三个方向为深挖特定领域，缩窄视野。这样的目的看似是了解大体量竞争对手、现有客户或关键技术的全部信息，但这种纵深的研究只会让分析工作忽视一些早期的市场变化。[12]

（1）洞察漏斗

洞察漏斗图（如图1.2所示）为上述的3个方向提供框架，展示了变革洞察（领域、竞争空间、通用市场）和影响洞察（一般影响和业务影响）的区别与联系，通过提出关键问题来检测各个等级的变革洞察的商业相关性。我将在接下来的章节中详细叙述。下面是CO商品公司的案例（如图1.3所示）。

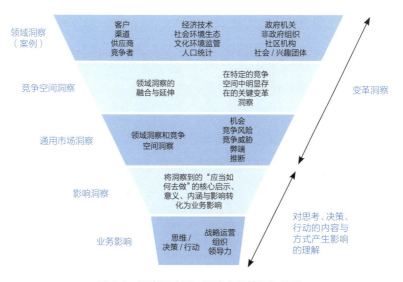

图 1.2　洞察漏斗图：洞察力的等级和关系

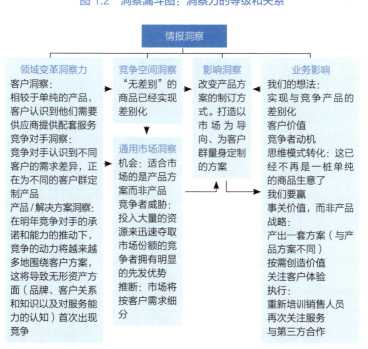

图 1.3　情报洞察：CO 商品公司案例

（2）变革洞察

变革洞察与领域、竞争空间和通用市场有关，它对你的思维、决策和行动有强大的影响力。

领域洞察

领域洞察是洞察工作的基本分析单位。如图1.2所示，它有多种形式。客户洞察、竞争者洞察、商品/方案洞察是3种主要的领域洞察（如图1.3所示）。我将在后面的章节中讲述领域洞察的审核与质量检测。

竞争空间洞察

据你观察，组织在分析市场变化时是否经常出现以下情况？

- 无法将两个或两个以上的领域变化联系起来。
- 总是在讨论哪个领域的变化更重要，但都没有结论。
- 相信某个领域的变化比其他领域更重要。
- 在可变化的主导因素间的关联性方面产生分歧。
- 不愿意接受多领域的融合变革。

上述情况说明公司并不仅仅依赖单个领域。如果组织过度侧重客户领域，可能会被技术突破引发的颠覆性变革、竞争对手眼花缭乱的战略或政府机构的政策突变击垮。虽然每个领域都会影响业务，但它们所处的空间比任何单一领域都要广阔，这就是我所说的竞争空间。当你理解竞争空间内部在发生着什么，就可以获得一种与领域洞察不同的洞察，我称之为竞争空间洞察（CSIs）。

在CO商品公司的案例中，分析团队通过关注竞争空间洞察实现了一体化商品的分离。竞争空间洞察将变化置于竞争环境中分析，这使公司内的员工感到意外。他们通常将市场中的竞争视为无差别的商品竞争，没有意识到竞争的内容还包括产品方案。是的，围绕着产品的还有服务和其他支持措施。

通用市场洞察

据你观察，当组织制定和执行决策时是否经常出现以下情况？

- 对机会是否存在意见不合。
- 就市场风险的性质和程度展开争论，如技术变革或监管政策转向。
- 对竞争对手的动向产生不同预测。
- 对当前战略的弱点意见不合。
- 即使现有的数据和论证表明预判的错误，团队仍将其采纳。

上述分歧在一定程度上体现出分析信息输入与决策制定之间的衔接不当，我将其称为通用市场洞察（GMIs）。通用市场洞察提出了领域洞察和竞争空间洞察如何帮助制定并执行战略和组织变革的问题。下列5个通用市场洞察与决策目的相关[13]：

- 市场机会
- 竞争风险
- 竞争威胁
- 战略漏洞
- 预判

只有改变了关注点，你才能将市场变化与位于战略核心的主要问题和挑战直接联系起来。

技术如何导致产品构成（以及客户功能）的错乱？监管政策的变化如何允许新的替代商品进入市场成为竞争对手？客户向外国竞争者迁移为什么会加剧竞争？类似的竞争空间洞察必须考虑以下问题：

- 市场机会是什么？
- 有哪些市场风险存在？
- 是否有可能面临很多竞争对手的威胁？
- 竞争对手当前（或未来）的战略有何漏洞？
- 对未来可能会做出哪些预判？

在CO商品公司的案例中，上述问题作为竞争空间洞察的主题，可以得出三点通用市场洞察（如图1.3所示）。

市场机会洞察： 适合市场的是产品方案而非产品，这否定了大多数公司长期秉持的观点。这种观点认为市场竞争会围绕着有形产品，特别是产品的技术特征展开。

竞争者威胁洞察： 投入大量资源来迅速夺取市场份额的竞争者拥有明显的先发优势。随之而来的舆论热议可能会加速战略的变更和执行，成为这一市场空间的新动力。

预判洞察： 市场将按客户需求细分。这种洞察会对企业的传统市场观念造成冲击。

基于上述3个通用市场洞察，毫无疑问，所有公司都需要对更新竞争空间的预判。

（3）影响洞察

影响洞察是由一个或多个变革洞察形成的高级核心业务经验。我将在第7章中详细论述。上述Abso公司竞争洞察的案例中出现了两个重要的影响洞察。

- 保持公司当前的研发投入会产生更大的风险。
- 公司需要与领先的技术源头企业合作，快速改造产品线。

这两个影响洞察对企业的下一步行动有重要的指导意义，同时也会带来一系列的问题：

- 制定战略时，公司愿意接受何种新的市场和组织做出的预判？
- 公司该如何改善目前的研发投入计划？
- 理想的技术合作伙伴应该是怎样的？
- 公司是否应该从现有的产品线中及时撤出资金？

CO商品公司的竞争空间洞察提到无差别的商品实现了差别化。结合上述3个通用市场洞察，团队进而产生两个影响洞察（如图1.3所示）：公司需要改变产品方案的制订方式，打造以市场为导向、为客户群体量身定制的方案。

我们将很快看到这两种影响洞察对特定思维、决策和行为的影响。也就是广义上的业务影响。

（4）业务影响

在将影响洞察作为决策的参考信息时，应考虑它会带来的业务影响。具体可以从以下3点出发考虑：

- 思维
- 决策
- 行动

在商业公司的案例中，公司要首先思考：如何实现与竞争对手产品的差别化？如何为客户提供实体产品以外的价值？竞争者想要实现差别化的动机是什么？公司需要决定：为客户提供什么样的方案？如何为特定客户定制方案？简单来说就是要思考如何创造客户体验。下面是一些可行的措施：

- 重新培训销售人员
- 制定具体服务内容
- 与第三方合作

（5）情报洞察

情报洞察是变革洞察与业务影响的结合，它可以回答CO商品公司高管提出的两个问题。作为洞察工作的最高形式，它为分析团队提供关于组织思维、决策和行动的最佳建议。我将在第8章介绍情报洞察。

变革洞察无论有多么独特、有趣、引人深思，它本身并不足以代表业务影响。所以变革洞察的商业价值不在于它的内容。它能帮助企业在竞争中或财务上超越对手。

◉ 1.4 洞察：理解的转变

好的变革洞察和影响洞察有一个共通点[14]，就是对眼下的议题、事件、问题和挑战有独特的新理解。Abso公司的技术洞察初步展现了变革洞察前后的巨大差异以及这种差异的产生过程。

变革前后的洞察截然不同。Abso公司对于竞争对手、客户、技术、竞争环境、自身战略和投资的理解发生了意想不到的转变。管理团队不再轻视小对手对未来业务的重要性，也不再默认当前的市场战略会持续利好并能保持近两年的业绩成果。

此外，Abso公司还认识到他们的投资承诺书可能不像此前预估的那样能够战胜竞争对手。总之变革洞察带来的差异为我们提供了另一种角度与方式看待外部环境。

◉ 1.5 洞察：数据和分析是必要的，但只有数据 和分析是不行的

我们产生了什么洞察？有什么战略意义？这样的问题可以促使分析团队突破数据和分析框架的限制，得出关键洞察为决策服务。

正如本书的案例所指，想要获得变革洞察和情报洞察，团队需要走出海量的数据与精密的分析，做出预判。

在大多数情况下，数据的使用并不是产生优质决策（洞察）的关键。[15]分析工具、技术和框架在决策情境随处可见。大数据[16]或

广义的商业智能[17]是最前沿的一种分析，它拥有海量数据库和软件，可以以五年前根本无法想象的方式进行计算。这些分析框架以创作者的名字[18]、朗朗上口的缩写[19]或好记的短语[20]而闻名，确实很受欢迎。它们可以捕捉到多种指标的变化，比如产品更新、销售方向转变和竞争动态的改变，继而产生无数关于趋势、规律和不连续性的解读。[21]

但不论你青睐的分析工具或技术能得出多么彻底的分析结果，都无法产生高质量的洞察，获得洞察的基础仍然是数据。作为对变化的理解，洞察不会从计算机生成的细致的"可视化"结果中产生，也不会从精心制作的电子表格中获得，更不会"跃然纸上"。

洞察只能在人类的大脑中产生。[22]你的思维将数据组或分析结果中所蕴含的细微差别内化。对相关情境的理解使你的思维得出结论或洞察，而这些结论或洞察在数据和分析结果中并不直观。需要我们深入了解（相关）数据、组织和业务环境。[23]比如与客户共度一天，近距离了解客户的需求和期望，这是通过其他任何方式都无法得到的信息。[24]

承认思维的重要作用后，我们需要在组织中建立产生洞察的规范流程，不能让洞察的产生成为偶发事件。即便无法将从数据到变革洞察到情报洞察的过渡制度化，也需要采取一些管理措施。

◉ 1.6 洞察力原则：思考与方法

洞察通常是属于个体的特定事件。[25]"想法就这么冒出来了""我突然想到了突破点""那时灵感乍现了""我还在等待灵感的到来",人们常常这样说。这说明人的思维在处理信息和数据时才能产生洞察。[26]

所以组织没有洞察力,组织内部的个体才有。

但我们不能依赖这种个体的偶然性。分析团队需要学习如何产生变革洞察和影响洞察,执行团队需要学习如何确保洞察工作的执行。洞察工作必须精心策划、有序开展,按照洞察力原则展开各个阶段的工作(如图1.1所示)。

- 准备洞察工作;
- 制定变革洞察;
- 制定影响洞察;
- 确定业务影响。

后面的章节将会讲述洞察力原则对方法的重视。洞察力原则对分析工作很重要。如果想要从分析结果中获取更多信息,就需要创新思考和处理分析结果的方法。我们总是在数据和完善分析结果上面花费太多时间,反而没有时间去寻找、塑造和利用洞察。

1.7 六大洞察因素

领域、竞争空间、通用市场或是影响洞察都包含理解上的转变。这种转变可以大大提升公司的市场表现和财务表现。要产生洞察,下面两个问题很关键:

- 什么会影响团队产生变革洞察?

● 变革洞察需要改变什么才能实现卓越的绩效？

我认为六大洞察因素和工作的思维与方法息息相关。每个因素指代一个动作：看、想、计划、决策、行动和感受。这几个行动的选择绝非偶然，它们概括了个体为洞察工作所做出的努力。其他研究者也注意到了单个洞察因素的相关性和影响。[27]

六大洞察因素提醒我们考虑是否为每个洞察阶段核心的研讨工作做好准备。每个洞察因素针对一个问题：你是否愿意采取不同的行动来产生洞察？[28]在洞察工作的投入阶段，不同的洞察因素着重解决不同的洞察工作障碍。不愿"另眼相看"将会错过唾手可得的价值。

抵触换位思考，世界观就难以改变；固守目标与期望，则会故步自封，停滞不前。有限的决策方式与内容可能导致你错失其他可能；长期保持单一的行为模式相当于关上了新世界的大门；忽视自身感受就难以理解自己的动机、态度与行为。依据六大洞察因素进行多角度的变通思考对洞察工作的研讨意义重大。

六大因素也和分析工作的有序开展息息相关，后者会直接影响方法思路的选择和执行，系统化处理数据和分析任务，将杂乱分散的数据转变为明晰的变革洞察，最终形成业务影响。每个洞察因素的作用如下：

看：观察并理解分析方法如何产生数据结果与指标。[29]将分析内容框架化有助于洞察的产生。

想：思维的内容和方式需要采取精心设计的方法，从各项指标中得出初步结论，形成并采纳变革洞察。

计划：你需要明确组织采取相关思路方法的意图。经营宗旨是你开展洞察工作的原因。市场上的哪些变化可能影响战略选择？在CO商品公司的案例中，这个明确的意图推动分析工作展开。明确的洞察计划十分重要——产出变革洞察，使决策者更好地进行观察和思考，做出可以提升业务结果的决策和行动。

决策：采用哪些分析方法？怎样部署？在CO商品公司的案例中，分析小组决定缓慢而彻底地执行变革洞察的各个阶段，给予每个阶段充足时间。

Abso公司案例

Abso 公司的竞争洞察很经典，它阐述了单一领域的洞察如何影响洞察因素，从而造成巨大的业务影响。当 Abso 公司以另一种角度看待竞争环境时，新的竞争空间由此展现出来。只考虑如何获得市场份额是不够的，重要的是如何占据市场。公司需要转变目标，不能单凭现有产品在市场竞争，而要为客户创造新的价值。

除了设法最大化利用现有产品或收购、研发新产品，公司别无他法。执行团队制订了新的行动计划，研发出新的产品。做出关键决策后，一些高管兴高采烈、情绪高涨，另一些则惴惴不安，担心计划难以执行。

行动：行动和感受这两个洞察因素为洞察方法注入了活力。

你需要彻底理解并完成分析工作，这是团队获取变革生产力的关键。要将下面五章中提到的个人想法转化为研讨中的重点问题。

感受： 情绪始终存在并影响着分析工作的方方面面，有必要监控管理情绪对每个洞察阶段的影响。

◉ 1.8 CO商品公司案例

六大洞察因素为研讨阶段提供了关注点，强调基本的影响问题：这些变革洞察对你的想法造成了怎样的改变？需要怎样的决策和行动？每个洞察因素都可为分析团队和其他参与者带来新的理解（专栏1.1）。以传统的方式开展业务注定失败。这已经不再是一桩单纯的商品生意。公司需要考虑新的问题和挑战：如何创造新的客户价值？如何塑造新奇的客户体验？如何识破竞争对手的意图？该公司的计划明显发生了改变。它需要在维持现有客户的基础上赢得新客户的青睐，而从前的战略会导致客户向竞争对手迁移。

> 专栏 1.1 案例

CO商品公司——变革洞察的业务影响

本案例关注洞察工作的输出阶段，阐述六大洞察因素如何检测评估一系列变革洞察的业务影响（如图 1.3 所示）。

看： 分析团队（以及后续的执行团队和相关人员）从新的角度观察竞争环境。CO 商品公司发现旧的竞争方式不再适合日新月异的新市场，需要创造新的客户价值。正如一位高管所说："一个陌生的世界正向我们走来。"

想：组织需要考虑不同的问题、挑战与可能性。要思考新的市场战略应该是怎么样的；如何设计下一代产品／产品方案；如何制订合适的定制化方案。总之，组织需要的是重构思路（基本的商业预判），而不是渐进式的改变。

计划：观察角度与思路的重大变化必然会影响所设立的目标。在分析团队结论的鞭策下，公司只好着手新的目标：能否制定一项战略让公司占据市场并赢得竞争？公司的计划是不让市场维持原状。

决策：洞察往往导致现有战略的重大转变，甚至催生新的决策。公司很快会面临新的抉择：是否在市场领域中实现了当前产品的最大化利用？是否需要更改或增加研发项目？是否需要聘请特定市场的专业人员或相关技术人员？

行动：只有当洞察直接影响行动时，才能提高市场表现和财务结果。有时这些行动还能促使组织走上新的道路，朝新的方向发展。当然，决策最终决定了这些行为的发生。

感受：如果不能管理相关工作人员的感受（情绪），任何洞察都无法形成新的观察、思考、决策与行动。有些成员觉得开展新的分析工作与思维风暴引人入胜且新奇有趣；有些成员则对踏上新的学习之路感到焦虑、沮丧和不安。

CO 商品公司必须做出新的决策。是积极投身开发新一代产

品，还是等待进一步的市场数据来确定新市场的发展速度？内部
和外部的行动需要同时展开。比如讨论完善新设想对当前和未来
决策的影响；与潜在的外部技术合作伙伴建立联系，初步开展市
场细分，同时也要顾忌成员的情绪。分析团队发现，在业务影响
的研讨过程中，许多人对CO商品公司成功地采取新战略及公司的
业务转变感到兴奋。

　　总而言之，六大洞察因素可以帮助你评估任何变革洞察的市
场影响和组织影响。他们尤其关注变革洞察如何改变企业对环境
的理解，而新的理解方式决定了思维、决策与行为的意义。简而
言之，理解和决策影响的改变再次印证了本章前面提到的3个洞
察需求的重要性：要理解什么是洞察，要知道如何产生和利用洞
察，要领导和动员组织产生洞察。

◉ 1.9 洞察的重要性：企业家精神与战略

　　管理者需要了解洞察的价值，明白它为什么能产生制胜战
略。对于分析团队来说，能回答高管的两个问题的洞察就可以制
胜战略。

　　管理者及相关人员常常并不重视洞察，也不在意它对观察、
思维、计划、决策、行为和感觉方式的影响。他们大大低估了变
革洞察和影响洞察对转变思维模式、战略与决策的制定和选择以
及更广泛的日常研讨的内容和方向这3个方面的意义。那些不愿审
慎有序地打造洞察（无论出于何种原因）的人常有这样的疑问：

洞察真的会改变我们对周围环境的理解吗？值得花费时间和金钱去学习和"生产"洞察吗？[30]让我以企业家精神和战略这两个关键领域为例说明洞察的力量与价值。

（1）企业家精神：了不起的理念

创业公司的起点在于理念。这种"了不起的理念"包含对当前和未来变化的理解。这种潜在的洞察会成长为开创市场空间的公司。表1.1总结了《财富》榜单前12名创业公司的客户洞察。[31]

这其中没有任何客户洞察提到真实的市场机会是否存在、客户的需求是否真实、客户的需求量以及这种需求的动向。正如第2章所言，竞争空间洞察（客户洞察或竞争者洞察）需要转化为通用市场洞察才能发挥作用并解答上面的问题。

六大洞察因素和这些洞察的关联性显而易见。从乔布斯、赫伯·凯莱赫到马克·扎克伯格，每个洞察都发现了市场、技术或客户变化的未经之地。每个洞察都关注如何让业务起步做大，实现自己独特的商业计划。他们具有相同的目标——创造新的市场空间。每个洞察都为一种商业模式提供了基础信息，帮助创造新颖的客户方案。这些企业家总能出奇制胜，而且所有洞察都成功激励人们"放手一搏"，他们相信自己的洞察可以为创造或改变整个商界添砖加瓦。

表 1.1　造就大型企业的洞察

公司	创始人	独创的客户[32]洞察
苹果	乔布斯和沃兹尼亚克	客户需要的是一个易于理解、方便使用的计算机界面
微软	比尔·盖茨	客户从应用程序（由虚拟软件创建）中实现的价值比实体机器更多
联邦快递	弗雷德·史密斯	小微企业也需要类似大企业的"空地一体化"运输系统
亚马逊	杰夫·贝佐斯	客户希望足不出户就能买到一切，同时享受更宽广的货源、更低廉的价格、更好的服务
谷歌	拉里·佩奇和谢尔盖·布林	如果将整个网站下载到计算机上，客户可以做很多事情
星巴克	拉里·舒尔茨	客人消费的不仅仅是咖啡，还有就餐环境
脸书①	马克·扎克伯格	客户想要建立社交联系
全食	约翰·麦基	客户想要吃得更好，这多半出于健康因素的考虑，并且他们愿意为更好的食品体验买单
西南航空	赫伯·凯莱赫	如果我们重新配置航空公司的成本结构，同时利用二级机场加强客户服务，客户就会乘坐我们的飞机
沃尔玛	山姆·沃尔顿	低价进货，加大商品的包装含量，然后低价卖出。客户喜欢这种模式

（2）战略：洞察的竞争

在竞争中，战略就是在脑力、实操、业绩上赢过对手。[33]业绩通常用市场标准和财务指标来衡量；实操指的是要比竞争对手

① 现已更名为 Meta。——译者注

更快、更好、更聪明、更敏捷地行动。然而除非竞争者已经在战略上失败，否则业绩和实操都不可能产生出色的结果。战胜对手的核心在于更好地理解当前的、新兴的和潜在的变化。所以竞争的根本在于洞察——那些对新兴和潜在市场变化具有卓识的变革洞察和影响洞察（情报洞察）。

许多人都强调洞察对战略的核心作用。正如一位前CEO所说："卓越的洞察正逐渐成为商业竞争的真正起点。"[34]两位著名的战略理论家表示："高级的管理团队会争夺行业预测。"这里的行业预测是指关于未来的观点。[35]颇具声望的战略学者理查德·鲁梅尔特（Richard Rumelt）有一个精辟的论述："对竞争形势的深刻认识可以创造全新的关于优势和劣势的理解。最强大的战略源于这种改变规则的洞察[36]。"

因此，任何组织中的战略家和相关人员所面临的挑战不仅是认识到洞察对制定和执行战略的作用和重要性，还要明白如何打造和利用洞察。

◉ 1.10 影响洞察和变革洞察的期望特征

管理者需要高质量的洞察。分析团队需要一套标准来指导制定高质量的洞察。就组织的现状来说，大多数所谓的（变革）洞察名不符实。洞察这一词语的滥用导致它失去了原有的意义。那么问题来了：什么是高质量的洞察？

（1）变革洞察

真正可作为情报洞察基础的高质量洞察一般具有下列属性。

新理解： 如上文所说，在最基础的层面上，变革洞察赋予你之前不具备的，对公司、问题、主题或现象的新的深度理解。比如上述Abso公司和CO商品公司的案例中，洞察前后的理解发生了大幅的、剧烈的转变。

新颖性： 新理解的"新"不仅仅针对你的组织，还包括环境。至少要是你当前或潜在的对手还没有发觉的内容。因此真正的洞察不会是常识。比如你认为自己得出关于水供应[37]的变革洞察，即水的供需失衡将致使地区内特定产品的生产成本在十年以内增加两到三倍。如果竞争对手也发现了这一点，那么你口中的洞察就是一种常识，它不太可能形成可以显著提升市场表现的决策和行动。

易见性： 如果洞察是反直觉的或隐晦的，它就不太可能被别人发现。竞争洞察和客户洞察有时具备这一属性。如竞争洞察表明竞争者正在反其道而行之，那么观察者可能会错过改变战略方向的机会，因为它与先前的预期不符。[38]一项针对公用事业消费的研究发现一个出乎意料且不合常理的客户洞察：一些消费者因为与品牌产生联系而感到尴尬，他们觉得跟这个品牌联系在一起会让他们不舒服。

一致性： 洞察必须具有一致性。新理解是否正确体现当前或未来的环境？一致性只能借由时间验证。[39]变革洞察的一致性越高，制定情报洞察的成员了解的信息就越多。但一致性只是一种主观判断，毕竟我们没办法准确预知未来。[40]所以如同第5章和第6章所言，我们要细致彻底地检验每个初期洞察。

阐释性： 高质量的洞察不仅仅能阐述事实。这种阐述有时很好理解，有时也许晦涩难懂。捕获客户行为原因的客户洞察应该进行解释而不是简单地描述。描绘未来科技将如何互连，或科技将怎样打破某个产品领域竞争的技术洞察，应该解释为什么几年后市场会出现这种产品方案（科技的互联），以及为什么这个产品领域的竞争动态将发生变化。

持续性： 如果洞察满足了以上所有属性，但很快就会被淘汰，它也没有决策价值。CO商品公司竞争空间洞察的案例（如图1.3所示）叙述了这种持续性。随着时间的推移，洞察的资料越来越多，公司可以将其作为战略制定和执行的重要参考信息。

（2）影响洞察

变革洞察的价值需要时时刻刻接受检验，它是否根据六大洞察因素得出成果并实现卓越的组织绩效？我们可以用下列问题检验每一个符合六项洞察属性的变革洞察：它是否有助于产出包含卓越的思维、决策、行为的影响洞察？这是提升业绩的关键要素。我将在第7章详细讨论，你也可以用新理解、新颖性、易见性、一致性、阐释性和持久性这6个属性检验影响洞察。

（3）业务影响

衡量变革洞察和影响洞察的终极标准是能否影响思路、决策与行动，提升市场表现[41]和财务业绩。高管和分析团队需要思考到底什么是业务影响。

业务领域

如第8章所述，影响洞察最终都要与业务领域的思维、决策和行动相联系，包括领域中的战略、运营、组织和领导力。其中思路与决策的质量决定了影响洞察能否赢得外部市场。

业绩成果

衡量思维、决策和行为的终极标准是它们能否实现积极的成果。这种成果表现在市场表现与财务绩效两方面。市场表现为先发制人（竞争者），抢占市场和客户份额，提升产品定位。财务绩效成果包括利润、收益率和现金流。成果中包含一种比较，为我们提供了一些评估标准，如自身目标、他人期望、竞争者的定位与目标、行业标准与产业绩效。

◉ 1.11 你的公司是洞察导向吗？

初步评估

也许你刚刚开始阅读本书，这时候问你所在的组织是不是洞察导向的这个问题也不算太早。虽然公司一定会分析市场的各方各面和组织变化，但问题的答案可能不会那么显而易见。尝试回答表1.2中的关键问题，可以帮助你判断所在组织（或部门）对洞察工作的重视程度（而非仅关注分析工作）。每个问题都是研讨过程中的要点，也决定着越过分析，前往洞察之地的旅途的轨迹和目的地。我将在接下来的章节中对每个问题进行详细论述。

表 1.2　你的公司是洞察导向吗？ [42]

关键问题	后续问题
公司的关键员工、团队和职能部门是否具有相似的洞察理解？（第 1 章）	主要的专业人员和决策者是否了解高质量洞察（相对于未经审核的洞察）的特点？ 他们是否了解不同等级的洞察（领域、竞争空间、通用市场和影响洞察）？
是否有特定员工或团队负责整合各个领域和等级的洞察？（第 2 章）	关键职能部门中是否有特定员工或团队负责制定和检验洞察？ 是否有专门的团队负责整合各职能部门的洞察？
是否将洞察纳入决策制定？（第 3 章、第 8 章、第 10 章）	是否将洞察用于决策的制定（和修改）？是否根据洞察检验决策？ 是否利用可能的决策来确定相关的洞察项目？
管理者或执行者是否重视洞察？（第 10 章）	他们是否要求关键的分析项目产出洞察？ 他们是否讨论变革洞察的影响？他们通常在关键会议上提出有关洞察的问题吗？
是否要求大多数分析项目产生洞察？（第 6 章和第 7 章）	分析工作的成果标准中包含洞察吗？ 洞察是否是主要团队（如市场和运营）分析工作的日常成果？
洞察是研讨会议的重点吗？（第 7 章和第 8 章）	会议中会对结论和洞察加以区别吗？洞察是分析报告中的规定部分吗？ 是否会对洞察的效度进行讨论？
是否架构分析背景以提升产出洞察的可能？（第 3 章和第 9 章）	是否搜寻到不同类型的数据源与数据？ 是否采用多种分析框架得出了不同的结论？ 是否从不同利益相关者的视角出发考虑问题？ 是否鼓励参与者不落窠臼地看待问题？

续表

关键问题	后续问题
是否有既定方法（一套分析方案）引导从数据到洞察的转变？（第 4 章和第 5 章）	组织是否研发出一整套分析方案，用于识别相关数据和指标，形成推断，继而转化为洞察？ 是否培训团队成员使用该分析方案？
是否对初期洞察进行了检测与验证？（第 5 章和第 6 章）	洞察在被用于决策之前是否经过了正式的分析讨论？ "被采纳"的洞察是否经过决策价值的评估？
日常的分析工作是否产生影响洞察？（第 7 章）	在做出特定业务影响的决策之前，分析团队是否产生影响洞察（高级业务影响）？ 影响洞察是否作为关键要素被用于战略、运营和组织影响相关的决策当中？
是否存在用于长期监控和检验洞察的特定程序？（第 6 章）	是否掌握并监测判断变革洞察有效性的指标？ 是否有负责人监控这些指标，评估个人的洞察是否需要修改或废弃？

4I 钻石框架

CHAPTER 2

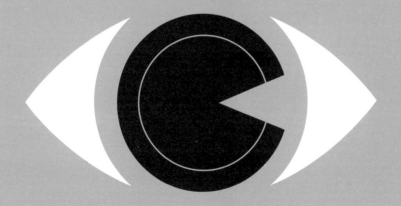

洞察力原则
建立与众不同的市场洞察机制

THE INSIGHT DISCIPLINE
CRAFTING NEW MARKETPLACE UNDERSTANDING THAT
MAKES A DIFFERENCE

最近五年，租车公司Uber颠覆了出租车领域。它的价值定位"更便宜、更便捷、更快速"源于一个核心客户洞察：人们更愿意使用线上的应用程序关联日常交通并支付费用。获得这种有价值的洞察并不容易，它是"指标（Indicators）、推断（Inferences）、洞察（Insights）、影响（Implications）"4个分析阶段的成果，我将其称为4I钻石框架。[43]（如图2.1所示）

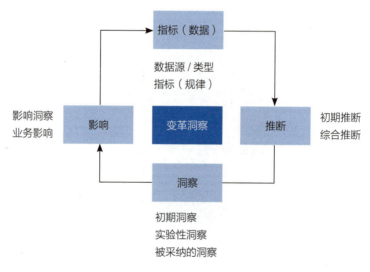

图2.1　4I钻石框架

假设一家公司名为VP公司，我将以VP公司为例进行接下来的讨论。[44]在VP公司的案例中，该公司进行了顾客分析和竞争者分析，得出每个分析阶段的初步概况。（见专栏2.1）我将在这一部分重点讨论指标和推断，然后在后续的章节介绍洞察与影响。

VP公司案例

VP 公司是一家工业品公司，向多个地区的企业客户供货。它将一个更大的公司视为直接竞争对手。在其竞争空间中，这两家公司占据了较大的市场份额。VP 公司的竞争对手开始更改它的客户价值定位。

虽然改变的幅度看起来不大，但 VP 公司的客户开始逐渐转向竞争者。公司决定观测客户对竞争对手的新价值定位是什么态度。

几个月后，公司开始分析收集到的观测数据。

◉ 2.1 指标

洞察总会产生，但不会凭空出现。它可以激发你推断它，也可以改变你的观察角度。[45]它可以相互联系，使你得出洞察。这个它就是我所说的数据，或更准确地说——指标。简单来讲，指标描述的就是过去、现在以及未来的变化。让我们借此产生推断和洞察。我们需要对指标和推断加以区分（见专栏2.2）。

数据与指标：空城计

对数据源、数据形式、指标的混淆是普遍且主要的阻碍洞察的因素。当数据源和指标含糊不清时，指标是探查和预测变化的关键。但人们往往选择去搜寻新的数据源，由此忽略了指标的重要性。如果对指标的构成不甚清晰，数据只是一大堆毫无联系的碎片。

这种混淆及其后果会在一些发言中暴露出来。在许多情况下，有关任何主题的声明都可能既是数据源也是指标。显然，竞争者或客户的声明、政府机构领导人的讲话常常引起许多指标的变化，如竞争者的计划、客户向市场新进者迁移的原因和方式、政府机构可能在几个月后出台的政策或法规变更。在某些情况下，报表也可能是关键指标。

如果某个过去从未公开发表过任何与其工作方向或状态相关言论的科技研发公司认为有必要发表声明，支持或否定另一方突破性技术的来临。该声明即为技术现状及潜在发展形势的指标。

特定领域或竞争环境中的变化数据的形式多样[46]：从偶然的评论到密集的分析[47]；从简单的预测到复杂的预测；从传闻的观测到深入细致的人种志（ethnographic）观察。数据有时可以量化，有时不可量化。但是过度偏向某一种数据是不可取的，数据只有在特定情境中才具有意义，它们也可以帮助我们理解环境。

数据源浩如烟海。任何开发数据库的组织都会发现，真正的难点在于数据源的排序和分类，而不是搜索。每一个成功的情报驱动型组织都会构建外部信息网，在需要特定类型的数据时使用。值得注意的是，组织的内部信息源（如市场、销售、工程、制造、研发、财务、人力资源、部门管理等方面的人员）可能拥有海量的数据，并有渠道获得丰富的外部一手或二手资源。

所以有关变化的数据获取不是问题。关键是要抓住当前和潜在变化的关键指标，打造洞察。与任何主题、问题、领域可能产生的数据量相比，指标的数据量相对较少、更具体且直观。

产生洞察的要求是严格的，它要求对指标进行反复思考：它们怎样体现变化？怎样相互联系？推断是怎样产生的？如何增进对竞争空间的了解？这种方法还需要对指标进行有序管理：如何寻找指标？怎样实现从数据到指标的转化？如何对指标进行分类？

表2.1举例说明了指标的作用，它是建议性洞察[48]中宏观环境的来源。[49]有时凭借单一的指标也可以形成强大的变革洞察。但通常来说，多种指标的融合产生洞察，从而形成重大的业务影响。下一部分将详细叙述指标对组织环境中的变革洞察如此重要却常被忽略的原因。

◉ 2.2 指标和推断：初步观察

指标之所以重要，是因为我们可以根据它们进行推断。也就是说，如果忽略了一个指标，你就错过了某个可能产生关键推断的机会。如果你没有注意到客户对竞争对手的产品性能极其不满的相关表述[50]，你可能就不会意识到这里存在抢夺客户的机会，直到你发现另一个竞争对手已经赢得这名客户。

作为推断的来源和过程，指标既普遍又重要。[51]试想下列简单的例子：

- 在驶向海边时，你看到厚重的云层袭来（指标）。你推测大雨将至，最好迅速离开此地。
- 你看到一辆车后窗贴着醒目的"新手上路"（指标）标签的车后，你推测该司机有可能做出意想不到的甚至危险的行为，所以你决定与他保持安全距离。

表 2.1　初期洞察来源的指标：宏观环境领域

领域	指标举例	洞察
政府的预期政策转变	政党声明；选举候选人的口头承诺	在政党和公众的大力支持下，政府的历史形象可以在 18 个月内改变（也说明在可预见的未来，它不会被轻易改变）
	立法倡议；利益集团的动态；媒体曝光率	
水是两国冲突的主要原因	供应方趋势	两国可用水量的持续下降很可能导致许多领域（媒体、区域组织、联合国）发生激烈的政治斗争。其中一国失败，失去大部分可用水源，边境军事冲突的可能性加剧
	需求方趋势	
	预计的经济活动和供应不足的后果	
	主要供应中断的可能性；公共利益团体的声明和活动	
	有关政府部门预期举措的考虑	

续表

领域	指标举例	洞察
技术发展（新技术）	科学家、技术开发人员、科学记者、公共政策专家、教授、政府机构、顾问等的发言。政府机构、专门机构（如专利局）、法人实体、研究机构、投资实体、科学期刊、投资银行、咨询公司等的行动和评论	3种融合的技术发展（以前相对独立）可能形成突破性的技术，解决特殊外科手术问题，淘汰当前的许多手术
经济形式（经济活动的整体转变）	政府机构、专门机构（如专利局）、法人实体、研究机构、投资实体、科学期刊、投资银行、咨询公司等的行动和评论	尽管政府政策有所转变，利率持续接近于零，通货膨胀率仍将保持在较低水平（相悖于政治人物和一些经济学家的言论）
监管政策（执行某项规定时的转向）	行政部门、政治代表、监管机构领导人、监管听证会上的专家、相关社会利益集团、工业和贸易代表等的发言。所有上述单位以及其他相关团体所采取的行动。	新条例将拥有广泛的自由裁量权，在许多情况下或可推迟应用

　　回到发现和理解市场变化的问题。指标和推断之间的相互作用可能会更加复杂[52]，不直观且不易理解（见专栏2.3）。我将在下一部分讨论这种复杂性，并在第4章"探查"中详细介绍从指标中提取推断的过程。

专栏 2.3 案例

指标和推断的相互作用

指标和推断的关系复杂且隐晦。下列要点可以帮助你理解二者之间的相互作用。[53]

变化的时机： 指标会形成有关过去、当前或未来变化的推断。这种变化的洞察可能引发关于过去、现在或未来的新理解。

警示性指标 / 推断： 一连串或一个规律性的指标，通常与市场的重大变化有关。指标通常是一段时间内的抓取和评估结果。要注意警示性指标的作用：初期的一两个指标使我们做出关于特定或潜在变化的初步推断；例如在贸易展览会上的新的特殊评论或政府报告中的声明可能表明竞争对手的战略变化、新的客户需求出现或某条政府法规的更改施行。

证实和否定推断： 后续的指标可用于确认或反驳警示推断。后续指标的变化可用于判断警示推断的可信度。这部分的分析是审查的核心，也是第 5 章的重点。

间接推断： 人类的大脑可以从一个或多个指标中得出无数推断。间接推断的能力可以为此证明，人们可以从其他内容的指标中得出自己所关注的变化或领域的推断。比如，有关社会价值观变化的指标可以用于推断选举结果、司法判决、政府政策的变化。如果不能进行间接推断，产出洞察的能力也会大大受限。间接推断对于初期洞察的检验同样十分重要。第 5 章和第 6 章将分别对此进行论述。

快速推断： 越早发现指标并进行推断，推断可以被越快得出。因此各组织需要缩短"监测滞后"，即从发现指标到进行监测的时间。如果几个月后才发现客户的质疑和不满，那么竞争对手很可能已经着手解决客户需求了。

还需要注意"推断滞后"，它是从监测到变化指标到得出推断的时间。如果已经得知了客户意见，但 6 个月后才产生相关的推断，这时客户变化的指标已经失去了价值。减少监测和推断的滞后时间可以极大地提升洞察工作的效率和成果。滞后的时间越短，组织就有越多的时间来应对相关变化。

强推断与弱推断： 不管是直接推断还是间接推断，都有强与弱的区别。也就是说推断的可信度有多高取决于指标和推断的核心解释。证实及支持性的指标可以增加推断的可信度。有关竞争对手行为、语言和投资的相互佐证的信息也可以增加推断的可信度。具有说服力的故事或叙述也可以增加推断的可信度。在阐述竞争对手当前和未来的行为预测时，增添行为动机的佐证可加强推断的可信度。没错，弱推断就是那些数据量少、缺乏逻辑、未经证实或者逻辑不通的推断，这可能就是明显的警报推断。第三方意见可能会产生弱推断，提醒你注意竞争对手可能会有重大的、意料之外的举动，或者监管法规的实施可能发生转变。

◉ 2.3 指标：趋势、规律与不连续性

指标提供了监测、追踪，预测趋势、规律和不连续性的方法和含义，它提供了捕捉、预测和评估市场变化的基本要领[53]。每一个趋势线代表一种指标的变化。比如，一条显示客户每年购买量的趋势线可以显示出该客户数年购买量的起伏。任何呈现趋势的图表都可以反映出这组指标随时间的变化。变化规律（如某个区域变得更加保守、人口迁移率降低、技术普及速度比10年前更快）中包含多个指标的变化。

为了证明一个地区正变得越来越保守，你需要根据下列指标监控变化情况：

- 地方、州和联邦选举的投票模式。
- 不同政府机构的决策。
- 司法判决。
- 政治家、宗教人士和其他公共领袖的演讲、声明和行动。
- 媒体报道和社论。

如果某单个指标（趋势）或多个指标（规律）对当前或未来的变化预测与从前的预测相比发生明显的变化，这种现象就是不连续性。以下是几个例子[54]：

- 政治议会（如国会或州立法机构）的控制权变更。
- 经济发展大幅下滑或显著提升，如2008年金融危机。
- 苹果公司手机市场份额的稳步上升被三星公司的增长中断；既有的产品地位被所谓的颠覆性技术颠覆。[55]

◉ 2.4 指标的作用

在整个洞察过程中，除了激发你得出推断，指标还有至关重要的作用，即识别到潜在的指标类别可以加深你对某个问题、话题或领域的理解。

VP案例：分析团队制定了一张关于竞争对手价值定位和客户回应的指标类别表。[56]在研究竞争对手的价值定位时，团队意识到成功的价值定位并不取决于单一因素，如服务、功能性、形象或关系，而是几种因素的结合，且每个因素都包含多个维度的指标。有关功能性的指标包括用途、性能水平和分类。

指标也关注具体的变化，这些变化可能是之前未被发现或者被忽略的。[57]例如，某公司近期发现了某顾问对某行业环境变化的评论（来源）。评论中包含多个指标：当前竞争者的战略转变；特定类型竞争者进入市场的可能性；制胜价值定位中细微但重要的要求以及独特客户市场定位的快速演变。每个指标都为分析师和经理应对新兴或潜在行业的具体变化提供方向。

VP公司案例：从前公司不认为竞争者和客户之间的对话与捕捉和理解客户的竞争者报价回应有关，因此竞争者与客户关系相关的价值定位被忽略了。

指标还可以使分析团队发现、开发和测试到与原始数据相去甚远的规律。不明显的规律[58]更容易让人产生新鲜而有价值的理解[59]，这就是大数据分析热潮背后的原因所在。[60]

VP公司案例：之后你会发现，某一类别指标的规律（如功能性服务）以及指标类别间的规律可以帮助团队得出更高层次的推断，且这些推断并不容易得到（如图2.2所示）。

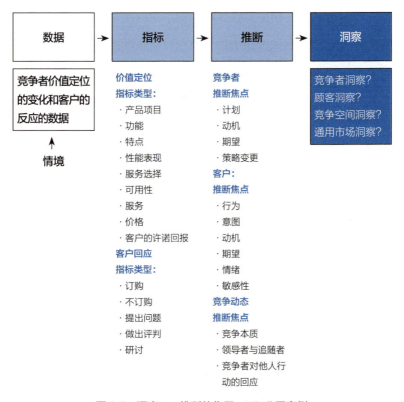

图 2.2　洞察——推断的作用：VP 公司案例

此外，这些指标还可以帮助你推导、检测、完善具有差异性或相互矛盾的指标。正如本书所讲，这些指标的变化为相互矛盾的推断提供了数据支撑。[61]

◉ 2.5 从数据到指标

在洞察工作中，从数据到指标的转化既是高效的思路方法，也是团队高质量研讨的核心。高效是指指标的及时提取。越早注意到正确的指标，就能越快地得出推断。[62]高质量指得出高质量的洞察。洞察的质量越高，产生重大业务影响的可能性就越大。

将数据转变为指标的方法和研讨需要我们"审视"的数据，识别指标并进行分类。这一过程包含3个相互联系的问题：

（1）数据中有哪些明显的指标？

这个开放性的问题需要你从数据中筛选出（可能）显示变化的指标。[63]这个角度适用于所有由数据向指标的转变工作。[64]专注于识别这种变化的指标，可以从阅读监管机构文件、行业研究、技术评估、政府报告，甚至是喜欢的商业杂志的文章中提取出更大的价值。对指标的关注使你对变化和其潜在的影响更加敏感，无目的的阅读变成了有目的地发现和变化的思考。[65]

VP公司案例：团队认识到了理解竞争者价值定位转变的重要性，在审查内部和外部的数据源时开始注重潜在指标：销售队伍的报告、营销团队的书面意见、客户拜访后主管的总结反馈、竞争者的公开声明、竞争者的网站、第三方顾问和技术专家的报告。

（2）对于固定的类别来说，哪些指标是适用的？

如未在搜集和审查数据的初期考虑以上问题，团队可能会面临一个分析挑战：如何进行指标的有效归类？这个问题的答案是确定的，你必须要观察指标的数据，这些数据可以阐述特定领域、话题或事件的关键内容。如在阅读行业级的市场调研报告或销售人员的联系清单时，你会搜寻与下列信息有关的指标：当前或潜在客户需求、潜在的客户迁移意象、客户对你和竞争对手公司价值定位的评价、客户对于新兴科技的看法。

VP公司案例： 分析小组将收集到的指标归入若干固定分类中（如图2.3、图2.4、图2.5所示）。洞察工作的重复性体现在随着团队在收集数据的步骤中不断增加的指标。

指标类别	指标样例	推断样例	综合推断	洞察
产品	产品线；产品线项目	竞争者希望创造一个独特的方案空间	竞争者明白他必须将主要精力投入某个特定产品空间（毕竟不能把所有的商品卖给每个顾客）	竞争者洞察：竞争者想建立新的方案空间；受改变客户体验的意图所驱使；未来超越所有的竞争对手，他愿意改变自己的价值定位
特征	设计风格	竞争者对于打造设计的独特性不感兴趣		
功能	性能表现	竞争者的目标是大幅超越	竞争者意识到，如果想要"大胜"，需要在功能性和品牌上（形象、声誉、服务）都超越对手	
可用性	批发渠道零售渠道	竞争者最终会对其各种渠道进行整合		
服务	服务选择	竞争者将服务视为关键的客户价值点	竞争者将投入大量资金建立品牌独特性，维护客户关系	
形象	信息内容品牌元素	竞争者打造了快速服务的品牌形象		
声誉	他人的评价与回应	竞争者希望其服务处于领先水平		
销售	销售人员的行为；使用的信息	竞争对手愿意为大多数细分市场建立咨询型销售团队		
关系	语言与行为	竞争者现在重视客户关系		
价格	定价价格折扣	竞争者以高于直接竞争对手的价格为目标		

图2.3　竞争者价值定位的变化：VP 公司案例

（3）数据中产生了哪些话题类别？

这个问题体现了将数据转变为指标工作的重复性。在仔细研究思考当前的数据之前，团队不太可能彻底完成所有相关指标类别的识别和分类。在研究指标的数据时，总会出现新的指标类别，或发现需要修改之前确定好的分类。所以对相关指标的考量会促使人们进一步的分析某种现象。

指标类别	指标样例	样例推断	综合推断	洞察
咨询报价	相关问题	客户急于了解价格	客户的反应不同往常	客户洞察：客户市场正在基于其需求细分，公司需要提供定制化的客户方案，有些客户会抛弃他们的长期供应商
与供应商谈判	对话内容	有些客户很不好对付	竞争对手的新价值定位（报价）可以带来真正的功能利益	
产品试用	谁在这样做？时间和地点？	有些客户愿意了解产品		
购买	购买者；购买数量和类型	下单的客户重视买卖关系	基于客户需求的细分市场开始涌现	
拒绝购买	谁没有订购；原因	没有下单的客户对价格的敏感度高		
使用体验	问题；优点；结果	客户看到了实在的利益		
产品/使用评价	符合预期（或不符合）；提升空间	有些客户乐于指出下一代产品的特点		

图 2.4　竞争者价值定位转变的客户反应：VP 公司案例

指标类别	指标样例	样例推断	综合推断	洞察
新兴 / 潜在产品变化	产品尺寸 / 属性；宣传方案（不是产品）	产品变革加速；方案将是竞争的重点 —— 解决方案将快速更新迭代	由产品到方案的转向易导致一些竞争对手退出市场	竞争空间洞察
围绕服务的竞争	服务类型；服务水平；服务选择	服务不再是一个可选项，而是提升方案的关键	没有服务能力将难以在市场生存	策略需要依据多方面的价值而定；它可以决定竞争的输赢；有些策略没有这种能力
无形资产的竞争	品牌投资；品牌定位；对客户关系的重视程度；销售人员的"价值推销"	大多数品牌将斥巨资重新进行品牌定位；合作将是关系发展的重点	为了赢得竞争，营销在创造和提升"无形资产"中越来越关键 —— 纯粹的价格战将难以赢得市场	
围绕价格的竞争	价格变化；价格 / 价值关系；折扣；竞争者的定价操作	为了维持溢价，产品的价值需要被传递且被看到；降价不太可能吸引顾客	客户的细分市场在寻求不同形式的新兴价值（2年内）	

图 2.5　潜在竞争动态：VP 公司案例

VP公司案例： 分析团队完成了指标的识别与归类，完善了个别指标，增加了几类指标。在竞争者价值定位的案例中，该公司没有意识到声誉和非购买行为对理解客户反应的重要性。

◉ 2.6 变化指标的开放式搜索

很遗憾，人们无法意识到自己的局限。当你遇到不了解的指标时，也许会想起这个事实。[66]很多时候指标的变化无法预测。它们常常发生在人们没有关注的地方。[67]流传在组织中的那些获取洞察的故事中，所产生的推断和洞察多半来自不常见的事件、话题和数据（见表2.2）。如果某个指标的变化对组织有潜在的影响力，那么此处可能确实存在情报洞察。

但洞察的产生不能依赖这种偶然性。团队应该采取开放式的方法搜索变化的指标。[68]

开放式是指可以在当前组织的战略、运营、问题或利益之外的地方寻求（变化）指标。为了发掘将会影响组织内技术发展的因素，科学家可能会仔细研究其他相关的研发。营销人员会仔细研究消费者在其他产品领域的行为、兴趣和消费情况，寻找潜在的消费者研究方向。

表 2.2　意外的推断源

意外的客户评价
· 既然你这么聪明，那为什么解决不了这个问题？
· 我来告诉你真正的运营挑战是什么吧。
· 想想怎样把这两种技术结合起来吧！

遇到的机会
· 我的朋友在乘坐飞机时，旁边的女士向他表达了她对我朋友的公司服务有多么不满。他推测公司在提供服务的过程中可能严重低估甚至忽略了两个因素。
· 展会上，工程师的身旁坐着某客户公司的采购部门负责人，他得知采购部门正着手修改采购规范与供应商的选择标准。他推测公司长期大力投资的产品特性对这位客户的公司而言可能不再具有吸引力。

◉ 2.7 推断：指标到洞察的桥梁

　　推断将指标转化为洞察（如图1.1所示）。所以我们需要了解推断的本质是什么、如何产生推断、推断情境的价值、思维对于推断的作用。

　　指标是一种检测、监控和预测市场变化的方式。检测到的变化可能正在发生，也可能由来已久。技术指标集可以解释该技术如何渗透于某细分市场。指标也可以预测未来的变化。行业研讨会的报告可能预示新的技术突破，新的技术突破会带来新的客户方案。"表示"和"预示"这两个词说明指标没有直接促成关于变化的新理解。指标本身无法解释问题，还需要思维的处理。[69]你可以从一个或多个指标中得出一些信息，这就是推断。本章前面驾驶汽车的例子就是一个从指标中得出了隐晦推断的日常案例。下面是一些常见的商业案例：

- 美国环境保护署宣布制定新的煤炭行业排放准则（指标）。某公司的研发负责人推断所有的竞争者会将大量的研发资金投入到可替代技术上。

- 某客户指责某项现有技术持续出现故障（指标）。该公司推断，解决方案中不涉及老套技术的公司可能拥有重大的市场机会。

- 通过产品调整，某公司成功进入特定地区（指标）。其主要竞争对手推测公司会继续调整产品，以进入相邻区域的市场。

我多次强调，任何变化的指标本身都无法构成推断，更不能形成洞察。由高密度数据堆砌而成的经济和环境的变化趋势并不是新兴或潜在经济变化的洞察，也无法指明促成这种变化的原因。更糟糕的是，如果经济发展呈上升趋势（如GDP增加、新建住宅开工率上升、利率下降，美联储未限制货币供应量、企业利润提升），经济领域的新手可能会轻易得出错误推断：经济将在下一年继续增长。这种错误的结论提醒我们，在有意或无意得出洞察的过程中推断的重要性和影响。

下面是一些（从指标变化中得出的）推断的初期结果：

- 将有关过去或现状的描述转化为未来的预测需要做出推断，也就是根据现有的指标推测未来。根据某些关键指标，你推测经济将继续增长。

- 任何推断都涉及判断。比如你说"经济会继续增长"这就是判断。

- 关键判断的产生可能是有意识的，也可能是无意识的。[70]产生这种推断的原因也许无法用语言解释，有时只是一种瞬间的反应。[71]

- 所有推断都会涉及一个或多个判断，它由数据和推理交织而成。[72]这种推理有时候很好理解，有时候不容易理解（无意识的结果）。在多数情况下，推理过程比数据重要。施加于经济指标上的逻辑（所有指标的变化趋势都表明总体经济的持续上升）通常会战胜寻求反例数据的冲动。

这些日常现象表明我们有必要仔细检验推断所描述的现象和

推断的过程。

◉ 2.8 推断：总览

没有推断就没有洞察，因此了解推断的本质很关键。推断具有许多特征。每个特征都可以帮助我们领会推断的含义和推断的过程（这也许更重要）。当你从A中推断出了B，即从指标中推断出其他信息，推断就产生了。推断由某人在某种情境下，从一个或多个关于某事的指标（个人、组织、趋势或事件）中得出。它强调变化（关于行为、行动、未来状态、动机）。[73]

所有推断都是由人得出的，这赋予它另一些特征。推断是一种包含判断的解释，需要数据和逻辑（坚实的数据和具有说服力的逻辑）作为支撑。这些数据与逻辑会被思维中的阴谋、弱点、偏见和喜好所影响。

下面我将讨论推断特征的作用和推断的过程，我们将继续以VP公司为例进行论述。

（1）推断产生于人脑，而非软件

推断是头脑的产物。电脑输出的分析结果中没有推断。不论软件能吸收容纳和处理多么复杂的因素，它最多只能揭示出原始数据中潜藏的规律，识别潜在的因果关系，呈现尚未发觉的联系。这些软件结果只能提供洞察素材。

VP公司案例：分析小组的成员以个人和集体两种形式着手研

究竞争对手价值定位的变化和客户回应。

（2）情境

无一例外，所有的推断都有其产生的情境。[74]对相关指标情境的熟悉度使你产生推断。这在所有业务情况中都很重要，因为情境很可能具有流动性。今天合理的推断到了明天就不一定了。

VP公司案例：分析团队对主要竞争对手的历史、战略和行为，竞争对手之间的竞争动态，客户对价值定位变更的态度都了如指掌。因此，他们在竞争者、顾客和竞争知识的基础上，对竞争者价值定位的变化做出解释。

（3）从一或多的指标开始

指标形成推断，继而产生潜在的洞察，它反映出变化（关于过去、当下、未来或潜在可能）。不论指标的数量是多少，你都可以从中得出推断。

值得注意的是，从推断（或洞察）的表述里可能无法轻易判断指标来源。洞察力漏斗图中各个等级的洞察都是如此。因此，通用市场洞察（如竞争者威胁，即竞争对手可能迅速进入某个新兴的产品市场，通过锁定一组关键客户来争夺后续的客户）并不显示指标来源。

VP公司案例：指标有单一指标与系列指标两种形式。系列指标是一连串相互联系的指标。这些指标与竞争对手价值定位的主要方面有关（如图2.3所示），与客户回应的各个方面有关（如图

2.4所示），还与价值定位变化可能引发的潜在竞争动态（如图2.5所示）相关。

（4）关于对象

推断显然有针对的对象。比如你可以推断出某个公司（竞争者、客户、渠道、供应商或政府机构）在未来某个时刻的行动。也可以推断出事件发生的时间、趋势变化的时间或将要发生的重大干扰事件的类型以及不协调因素。

间接推断的作用和重要性则不太直观。有时候只有在反思指标中潜藏的变化时，推断的对象才会浮现。对竞争者行为的预估（如发行新产品或宣布退出产品线）中包含一些推断，如相邻市场的预期情况、政府机构的预期回应或竞争者相关业务部的管理者可能采取的行动。

VP公司案例：如图2.3所示，团队的成员从竞争者价值定位的变化指标中得出了推断。该推断涉及3个领域（或宏观对象）：竞争者的战略意图和动机、顾客的行为和动机、潜在的竞争动态。图2.3、图2.4、图2.5展示了这两个领域（或微观对象）的个别推断。

（5）关于变化

推断一定是关于变化的，这无需多言。本书中所有推断和洞察的例子都与变化有关，如关于未来变化或当下变化的推断。[75]变化赋予推断与洞察合理性。

VP公司案例：该推断涉及上述三个领域的变化：竞争者的战

略方向、意图和动机；顾客的行为、动机和关注点；竞争动态的
潜在方向和演变。如你所见，这三个领域的变化密切相关，某个
领域的改变会影响其他领域。

（6）解释

推断和洞察将两种变化联系起来，它们通常关乎未来且鲜
少是客观纯粹的公理或推衍。所以推断中包含判断，这意味着在
某种情况指标所代表的数据会形成未来的某种状态，与对象有关
的状态。因为某项监管限制的取缔，客户将从原竞争对手投身于
新的竞争对手。产生这一推断需要做出下列判断：客户转变的原
因、转变的速度、实现转变的成本，以及目前处于优势地位的竞
争对手是否有能力维持自己的产品地位。如果团队判断失误，或
者判断发生实质性的"偏离"，那么这个推断很可能是错误的。

VP公司案例：稍加思考就会发现VP公司分析团队的成员在做
出每一个推断时都在进行某种解释，不论准确与否。举个例子，
要把竞争对手的服务内容和水平变化与客户想要与竞争者紧密合
作的动机联系起来，你需要做出解释，也就是根据数据和推理过
程做出判断。

◉ 2.9 数据和逻辑（推理过程）

推断由数据和推理过程构成。如想要推断某特定产品细分
市场的总销售额将在今年发生10年来的首次下降，就需要有指

标的支撑（经济增长、客户对这一市场的渗透率、竞争对手的营销投入、客户订单规律）和对指标代表的变化的判断（经济停滞对客户购买习惯的影响、竞争对手的营销投资是否会吸引新客户进入此细分市场）。你需要利用4V活动表（见表2.3）的审核（Vetting）、检验（Vouching）、价值检测（Value testing）和效度检测（Validating）来检验数据和推理过程。我将在后面继续讨论。

表 2.3　4V 活动表

活动	活动说明
审核	分析小组需要根据洞察的理想属性（新理解、新颖性、一致性、易见性、阐释性、持续性）审查每一个建议性的变革洞察。审核的目的是严格检验初期变革洞察，在必要时进行修改。
检验	经过审核后，团队应该抓住最后的机会回顾检验每个洞察。检验过后，初期洞察走向成熟。此时分析团队已经倾尽所能。
价值检测	接下来，团队对每一个成熟的变革洞察进行价值检验。这样做的目的是发掘影响洞察和业务影响。价值检测决定变革洞察对于组织的思维、决策和行动的影响程度，以实现卓越的市场表现和财务结果。
效度检测	变革洞察和影响洞察具有时效性，它们不会永远合理。团队需要常态化监控所有洞察，检验它们还是否有效。

（1）受制于思维偏见

推断是你的思维加之于某种情境的产物。你的思维建立某种联系（做出判断），从而做出推断。指标或情境信息中并不存在推断。我们无法了解思维的运作方式以及其中的偏见和癖好。[76]

下一章我们将探讨正视思维能力的重要性，以及在推断和产生高质量推断（洞察）过程中存在的偏见。

　　VP公司案例：在跟踪客户对竞争者价值定位变化的反应时，分析团队发现，某些客户已经在给出下一代产品特征的建议。团队成员迅速判断这些产品特征并不合理，无法实现。这几乎在一瞬间就完成了（思维的特殊能力）。其他团队成员询问这些产品特征如何为客户增值，在进一步的思考之后，团队得出推断：这些特征（及扩展特征）将在三年内出现在产品市场。

（2）系列推断

　　人们会根据一个推断做出进一步的推断。有时单个推断会激发系列推断。你可以从该公司和行业专家的近期声明中推断出苹果的下一款iPhone将包含的一系列独特功能。假设这一系列功能存在，你可以继而推断苹果将拥有明显的产品功能优势（相较于竞争对手的现有产品）。接着你推断出将有一定数量的客户会购买新的iPhone手机。

　　VP公司案例："对价格敏感度高的客户可能不会购买这个产品"的这个推断可能会引发"对价格敏感度高的客户或许是一个需求导向的细分市场（他们的需求是以低价购买基础功能性产品）"的推断，接着某些竞争者会意识到这个细分市场足以代表一种价值定位的推断。这条推断链中的每个推断都要通过现有数据和坚实推理的审核和检验。我们将在第5章和第6章讨论。

◉ 2.10 推断的等级

产生洞察的复杂性在于推断可以整合升级，最终形成我们称为洞察的结果。所以你可以从一组系列指标中得出许多新兴技术的推断，我称之为初级或初步推断。然后你可以将这些初步推断整合成关于技术具体方面、该技术的上市时间、哪些客户最有可能采用这种技术的综合推断（如客户的潜在价值维度）。想要产生洞察，综合推断非常重要。

VP公司案例：图2.3至图2.5介绍了整合系列初步推断形成高级推断的方法。在客户回应的案例中，团队对每个类别下的指标都进行了推断（如图2.4所示）。接着开展分析工作，商讨如何将其整合。这一过程从明确推断之间的关系开始。比如哪些推断与传达给客户的价值或需求导向的细分市场有关？这些问题形成了图2.4中的3个综合推断。[77]

在推断升级的过程中也需要做出判断。有时从初步推断中很难看出高级推断是否存在，间接推断尤为如此。因此，在形成综合推断的过程中，必须时刻对高级推断进行审核和检验。我将在下一章中进行讨论。

◉ 2.11 与洞察漏斗的联系

第1章的洞察漏斗图展示了推断和洞察的顺序和等级。从领域洞察（最低层级）开始，到竞争空间洞察和通用市场洞察，最高的等级是情报洞察。所有领域洞察（如图1.1所示）的得出过程（如供应商、技术、政策法规、社会价值和生态）都以VP公司案例的形式展示了推断步骤。每个成熟的领域洞察都来自系列推断，它如同一座桥梁，使初步推断转化为综合推断，再到建议性的洞察，最后成型。[78]这一流程与从竞争空间洞察到通用市场洞察的转变类似。[79]

◉ 2.12 六大洞察因素与推断的产生

下面的内容初步展现六大洞察因素对指标识别和做出推断的影响。[80]

重视六大洞察因素可帮助你和所有分析团队产生更高质量的推断和卓越的洞察。

看：将自己沉浸在指标的内容和情境信息中，这样才能摆脱固有观点的影响。如在VP公司的案例中，团队需要设想在初步推断后，客户将做出怎样的回应、这样回应的原因是什么？如果揪着数据不放，就会忽略客户需求导向的细分市场的演变过程和原因。

想：关注初步推断之间的差异与联系，提出新的问题，质疑他人的初期推断和综合推断，这样才有助于用新思维思考新事物。在VP公司案例中，团队在研讨过程中质疑特定指标形成建议性推断的原因，以及建议性的综合推断可能存在的偏见。

计划：使用系统化的方法产生推断，展开彻底的分析工作，经历人际关系问题，这些对大多数人来说并不容易，我将在下一节进行讨论。提纲挈领的目标对打造高质量的推断与洞察很重要。

决定：如果深入思考数据集，探求新理解或现存事物的新阐释，你就不会广泛搜寻指标与深层推断，也就无法产生高质量（综合）推断。你需要吸取思维的能量，做出全新的尝试。

行动：将计划和决定付诸实践需要采取特定行动，其中有些需要反复尝试。比如学习如何得出初步推断、如何进行表述、如何使推理过程简明扼要。总的来说，就是要学习新行为、调整旧习惯（之前识别相关指标并进行推断的方式）。

感受：情绪会大大增强或削弱初步推断的产生与表达。在VP公司案例中，一些团队成员对从指标到形成初步推断的步骤表现出消极情绪，起初他们不愿全情投入工作。

◉ 2.13 洞察力：从初步推断走向变革洞察

在得出初步推断后，下一步团队所面临的问题是如何得出变革洞察？（如图2.1所示）4I钻石框架的第三阶段介绍了如何将初步推断转化为各个等级的变革洞察（如图1.1所示），这常常涉及反复的分析工作和人际关系问题。

从初步推断到变革洞察的过渡将洞察观点体现得淋漓尽致。由于洞察包含着对变化截然不同的新理解，加之人们很难意识到自己的理解已经过时，因此需要进行深入思考，实现这种新旧过渡。尤其在制定领域洞察、竞争空间洞察和通用市场洞察时，关注点和内容也依据洞察类型而异。团队的研讨过程应注重以下问题：初步推断之间有什么联系？如何将初步推断整合成高级推断？怎样获得领域洞察？审慎有序的方法是洞察力原则的第二个关键，它是一套单独的分析步骤。我将在第5章详细介绍。

洞察以推断为前提。上文中推断的所有属性和特征也适用于洞察。洞察由个人产出，它针对某些情境中的变化，其中必然包含判断并直接或间接地针对未来。在产生洞察或推断前，需要仔细检查和验证数据和推理过程。洞察在某一时间点产生，为了使其具有决策价值，需要不断地评估和完善，这就是洞察的效度检测，我将在第6章讲述洞察的时效是有限的。

VP公司案例：本案例展现了由指标到推断的关键分析步骤。图2.3至图2.5中初步推断举例构成分析变革洞察的研讨要点。综合推断提供了从初步推断到领域洞察的要点。但是，从初步推断到合格洞察的举例仍然遥远。VP公司分析团队集体投身于这一任务。在第5章中，我将详细介绍VP公司分析团队从初步推断中形成洞察的步骤。

在这里我想简要叙述从初步推断到领域洞察，再到竞争空间洞察和通用市场洞察的转化过程。

（1）反复的分析

我强调以审慎有序的方式阐释变化洞察，很大部分原因在于这是分析过程的固有特征的要求。从初步推断到综合推断，到领域洞察，再到竞争空间洞察，最后到通用市场洞察，每一种转变都需要时间。这不是一个线性过程，每一种转变都涉及大量且反复的分析工作。比如所有综合推断都包含两个或以上的初步推断。当然大量的初步推断也可能形成多个综合推断（尽管数量会比初步推断少很多）。通常分析团队会制定许多潜在的综合推断，然后检测它们是否可行。换句话说，它们是否包含更高层次的理解？当你提出综合推断，在团队间发起讨论，这种关于分析工作的研讨会反复进行。

VP公司案例：团队研讨过程一定会包含反复的分析工作。如在竞争者价值定位的案例中，团队成员会将初步推断与形象、声誉、关系和价格相联系，产生有关品牌或客户体验（竞争者想提供的）的潜在综合推断。其他成员根据观察到的初步推断之间的联系，重新组织综合推断。

（2）人际关系问题

你所做的判断可以帮助你将多个初步推断联系起来，帮助你制定建议性的综合推断，甚至可以促使你阐释初步领域洞察和更高层次的洞察。同样，你也会对别人的初步推断和洞察做出评判。当初步推断和洞察中的差异渐渐凸显，人际问题就会出现，你们会对彼此的提议心存异议。通常出现这种问题的原因不在于判断和阐述上的差异（个人观点的推断过程），而由分析项目中发起特定推断的个人和小团体引发。

VP公司案例：有些成员坚信他们对指标变化的解释（推断）是"正确"的。有时这种坚持会引发如下对话："根据我们观察

到的指标变化，你应该考虑以下有关客户行为的推断。"但如果
处理得当，人际关系问题可以得出差异化的推断，这对产生综合
推断有很大益处。

◉ 2.14 综合推断

初期推断与洞察的距离还很遥远。综合推断有助于产生洞
察。从初步推断到综合推断的过程可能崎岖又盘旋，而且初期的
综合推断失败率很高，这也是分析工作需要反复进行的原因所
在。当你辩护自己初期和中期综合推断时，团队气氛逐渐紧张，
人际关系问题产生。

造成反复分析和人际关系问题的原因在于产生初期综合推断
需要至少两个，甚至更多的初步推断结合。与初步推断一样，个
体的判断和对相关情境的了解是实现过渡的基础。因此，一系列
确定的初步推断会产生相当数量的建议性综合推断。[81]

VP公司案例：团队快速提出一些综合推断。初步推断的结
合产生了多种综合推断的表述。结合三个初步推断后（如图2.3所
示），竞争者最终会对其各种渠道进行整合，希望其服务处于领
先水平，现在重视客户关系，团队展开了一系列的研讨工作，结
合其他初步推断最终形成了综合推断：竞争者意识到他必须将主
要精力投入某个特定产品空间（毕竟不能把所有的商品卖给每个
顾客）。

综合推断的力量和价值在于它们体现了变化的理解水平，而

这种水平是初步推断无法达到的。朝着综合推断的方向发展，可以得到比任何单一或成套的初步推断所能提供的更广阔的视野和更多样化的解释。因此它们在形成洞察的道路上意义重大。

VP公司案例：在竞争者价值定位的案例中（如图2.3所示）"竞争者意识到，如果想要大获全胜，需要在功能性和品牌上（形象、声誉、服务）都超越对手"这一综合推断是由几个初步推断结合延伸而成。任何单个的初步推断都无法形成这个综合推断。

向综合推断的转变可能简单，也可能复杂。无论怎样，通过判断和推理都可以实现。简单的转变设计的初步推断较少，它们能快速形成综合推断。如在考虑竞争者价值定位时，下列初步推断"竞争者希望创造一个独特的方案空间，竞争者的目标是大幅的性能超越，竞争者在打造快速服务的品牌形象"，形成综合推断：竞争者将投入大量资金建立品牌独特性，维护客户关系。当大部分成员赞同建议性综合推断时，转变就十分容易。通过反复的分析工作对建议性的综合推断进行微调，团队就可以考虑下一个综合推断了。

复杂的转变包含反复且大量的分析工作，人际关系问题也会从中作梗。反复的原因在于初期推断可以以不同的方式结合，形成不同的初期综合推断。当你埋头于初步推断和它的整合方法时，就收获了对变化的（情境）环境的深厚理解。

VP公司案例：在探讨一系列初期的综合推断时，团队成员意识到竞争者正在改革竞争方式与客户价值定位，创造全新的用户体验。这是竞争对手难以模仿和超越的。

◉ 2.15 领域洞察

领域洞察是洞察力分析工作的基本的单位和等级（如图1.2所示），但要注意现有的领域不一定是完善的。例如，竞争者领域可以细分为当前竞争者、新兴竞争者、潜在竞争者、替代竞争者和投资竞争者。上述的每一个子领域都可以是分析的重点，产生相关的领域洞察。如第5章所述，你可以将子领域洞察整合为一个到多个竞争领域洞察，也可以整合成其他的领域洞察（可以帮助产生竞争空间洞察和通用市场洞察）。

综合推断是领域洞察的"原料"。想要形成领域洞察，探讨综合推断得出的新理解不可或缺。在分析复杂的变化时（如深入了解多重竞争者或多个客户群的行为和动机变化），综合推断为形成领域洞察提供了基石。它意在创造一种理解，这种理解不属于也不代表任何综合推断，但暂时无法成为洞察。通常情况下，如图2.3至图2.5所示，分析工作中会产生一些综合推断。

与初步推断到综合推断的转变相同，综合推断到洞察的转变通常涉及反复的分析工作和人际问题，这一点将在第5章中详细讨论。

VP公司案例：分析小组最终确定了一个竞争对手洞察（如图2.3所示）和一个客户洞察（如图2.4所示）。每个洞察都是理解的重大转变。客户洞察为"客户市场正在基于其需求细分，公司需要提供定制化的客户方案，有些客户会抛弃他们的长期供应商。"这与该公司的传统观念相悖，后者认为所有客户的需求都基本相同，提供渐增式的价值就可以留住客户。竞争者洞察为"竞争者希望创造一个独特的方案空间，竞争者期望改变用户体验，竞争者愿意改变价值定位以超越对手。"这与该公司的既定信念相斥，后者认为竞争对手满足于自己的战略地位，当前的竞争者不会引发市场动荡。

综合推断和领域洞察的审核

在初期的洞察未经审核之前，需要不断经受检测。审核是4V活动之一（见表2.3），它是从初步推断中形成洞察（如图2.3至图2.5所示）的关键。审核的目的在于确定初期洞察能否带来新的理解、是否具备差异化、差异化是否明显、对现状的描述和对未来的预测是否合理一致、是否有助于诠释变化，以及能否长期存在。

审核有两种相互关联的方法。第5章将进行详细叙述。审核洞察的目的在于判断推断的质量，剔除研讨或瞬间思维的错误结果。高质量的洞察数据和推理过程经得起检验。下一步检验该洞察是否新颖，如果众所周知，或者已经被竞争对手识别，它就不太可能成为决策的基础。质量和新颖性检测密切相关。如果洞察没有新颖性，投入大量时间进行质量测试就毫无意义。同样，如果所谓的洞察质量很低，那么投入大量时间测试该洞察的新颖性也可能毫无价值。

VP公司案例：如图2.3至图2.5中的竞争者洞察所示，客户洞察和竞争空间洞察都经历了大量审核工作。我将在第5章详细介绍。

2.16 竞争空间洞察

在形成竞争空间洞察的过程中，我们的关注点从单个领域转向更广泛的竞争空间，这可能是某行业或行业中的重要分支。如此一来，我们可以从整体上理解变化。领域洞察和对竞争空间的了解是竞争空间洞察的信息参考。

对大多数公司来说，竞争空间洞察可能是研讨中的新元素。根据我的经验，应用行业或竞争空间分析的团队，例如波特的五力模型[82]或蓝海分析[83]，很容易满足于极度详细的领域分析结果。他们深入挖掘竞争对手、客户、供应商分析或产品动态的变化，却没有直面接下来的问题：如何将分析结果整合精简成一套关键变化的驱动因素和结果报告。结果分析报告和PPT页面堆叠着大量细节，却没有关键核心的洞察。

新理解

竞争空间洞察所提供的新理解在单一领域的综合推断中寥寥无几。表2.4中的每个竞争空间洞察都代表新旧理解的转变，新理解打破了长期存在的传统观点。这些观点包括哪些竞争者将塑造竞争动态，产品配置有稳定性，技术通常不会造成剧烈的产品市场混乱，消费者购买行为有稳定性，替代性产品无法成为强大的对手。

竞争空间洞察的研讨内容明显不同于与其他专注单个或少量领域。表2.4中的每个竞争空间洞察都能够引发相关探讨。探讨的内容包括竞争动态将怎样发展，哪里存在机会与风险，什么战略可以赢得或输掉竞争及为什么，关于未来的哪些假设是正确的。[84]

◉ 2.17 六大洞察因素

　　竞争空间洞察的重要性在于他们可以从根本上改变六大洞察因素。[85]不难设想表2.4中每个竞争空间洞察对洞察因素的影响：组织如何看待相关的市场空间；它考虑的是什么（如是否需要重构预判）；组织可以如何改变计划（如考虑历史产品系列之外的市场机会）；将会做出什么决策（如将资源从现有产品转移到探索新兴细分市场）；组织如何行动（如要求主要管理者拜访新兴细分市场的潜在客户）；组织负责人和他人的感受如何（如意识到资源转移的需求后，有的人兴奋、喜悦，获得了自我价值感，另一些人则产生怀疑情绪，感觉不安）。

表 2.4　竞争空间洞察示例

新理解	旧理解
小型竞争者计划冲破三大竞争对手战略核心的价值定位，目前着手在特定客户群体中研发推出具有吸引力的价值定位，这将颠覆客户群体的竞争动态。	大型竞争对手在市场上的互动形成竞争动态；市场份额较小的竞争者难以影响任何产品领域或客户群竞争动态。
研发部门推出的新一代突破性产品正迅速占领竞争空间，这将催生新的市场领导者。	由于缺乏新研发，竞争者（尤其是市场份额小的竞争者）的产品变化在竞争空间中相当稳定。
由某资金雄厚的小公司推出的某技术发展迅速，可替代该行业当前的领军产品，解决客户的主要需求。	很多竞争对手都在研发新技术，但相关资料显示未来三年内不会出现重大产品颠覆。

续表

新理解	旧理解
消费者（尤其是低收入人群体）的购买习惯，正在向小包装、低频率的方向转变，并很可能成为长期的消费者行为特点。	食品行业的消费者购买行为大体上不会发生重大变化。
新法规实施带来的政策转变将加速新的替代产品上市，这可能会改变消费者的功能。	我们的产品在五年战略计划期不太可能面临替代产品的竞争。

洞察因素的变化会大大影响通用市场洞察的过渡，产生相关影响。如果分析团队确信某个竞争空间的变化会带来新的市场机会，应着手确认该机会的范围和规模（形成通用市场洞察），以及它对组织夺取新兴市场空间有什么思维意义（洞察一种可能的影响）。

VP公司案例：分析小组最终确定了图2.5中提到的竞争空间洞察，该战略需要依据多种价值而定；它可以决定竞争的输赢，但有些战略没有这种能力。这一竞争空间洞察对最终的通用市场洞察有重大影响。

◉ 2.18 通用市场洞察

无论竞争空间洞察能多么丰富和准确地捕捉预测市场变化，它都必须被转化为具体的业务影响。这个过程包含两个步骤。通用市场洞察是中间阶段（如图1.1所示）。在这一阶段竞争变化对决策者的意义和相关性将大大提升：从变化的观察者转变为决策制定者，识别关键的信息输入决策。

　　根据我的经验，组织从分析竞争空间到确定业务影响这一过程总是过于迅速。竞争空间洞察（和领域洞察）会对宏观竞争空间产生什么一般性后果？这个问题推动了从竞争空间洞察到通用市场洞察的过渡。这里的"一般性"是针对结果的。如对于汽车、计算机、药品、鞋或医疗仪器领域来说不需要考虑该领域内的任何单个公司。"后果"是指可能影响单个公司看待竞争空间或特定市场的观点的因素。"宏观"一词也需注意，相关竞争空间（下一章将进行讨论）包括现有的或潜在的子领域，不能只考虑大致类似的产品或方案。

　　一般性后果可以归纳为5个通用市场洞察重点：市场机会、竞争对手威胁、竞争风险、战略漏洞和宏观预判。技术如何带来产品构成（以及客户功能）的快速错位？监管政策的变化将如何允许新的替代性产品进入市场？客户流失转移向外国竞争者会怎样导致更激烈的竞争？上述与竞争空间洞察相关的理解需考虑如下问题：

- 这里可能有什么市场机会？
- 是否有可能面临很多竞争对手的威胁？
- 可能存在哪些竞争风险？
- 为什么竞争对手当前（或未来）的战略具有漏洞？
- 这里可能会出现哪些关于未来的预判？

　　VP公司案例：队员必须保持对通用市场洞察的关注度，避免掉头考虑业务影响。由此出现了4个关键的通用市场洞察：

- 市场机会：新的方案机会正迅速出现。
- 竞争风险：潜在的竞争动态将需要大笔营销资金。

- 战略弊端：一些竞争者会无法实现转变。
- 预判：几乎所有关于市场的历史预判都无法持续。

这 4 个通用市场洞察总结了研讨内容并回答了上述的 5 个问题。

◉ 2.19 影响：价值检测改变洞察

影响是 4I 钻石框架的最后一个阶段（如图 2.1 所示），指变革洞察对组织的思维、决策和行动的意义。真正的变革洞察并不一定能为组织带来价值，无论其经过多么深入彻底的审核和检验。[86]它也许无法提升思维、决策或行动。洞察工作的成功不在于得出经过审核检验的领域洞察、竞争空间洞察和通用市场洞察，而在于造就了业绩的提升。所以要继续重视情报洞察。检验领域洞察、竞争空间洞察和通用市场洞察的业务价值。第 7 章与第 8 章将讨论业务影响的问题。对 VP 公司案例的讨论在这里告一段落。我再次强调 6IFs 在分析过程的重要性，它可以确定影响洞察和主要的业务影响。

◉ 2.20 影响洞察

在由变革洞察到影响洞察的过渡中，研讨工作是洞察力原则的核心。[87]影响洞察是确定业务决策、选择和行动计划的关键步骤。它是一种基本的影响，是变革洞察后需要考虑的业务后果。

在很大程度上，因为它们针对的是市场而非单个企业，所以通用市场洞察对影响洞察意义重大。[88]与其他类型的洞察相同，影响洞察涉及新旧理解的转变。下面是一些例子：

- 亚洲市场将出现更多的重大市场机会（而不是从前认为的发达国家）。
- 与分销渠道结盟将是快速推出新产品的关键（从前我们将主要销售渠道视为竞争对手）。
- 与竞争对手相比，我们的核心能力可能会被更快削弱（从前大多数人认为其至少与对手持平）。

影响洞察是变革洞察（尤其是竞争空间洞察和通用市场洞察）的关键要素，它使分析团队在深挖思维、决策和行动的具体业务影响之前，更好地理解洞察的组织影响。

VP公司案例：围绕主要后果的展开的研讨产生了两个影响洞察：公司需要转变争夺并维持客户的思维模式；需要大幅更改组织的管理模式。洞察力原则可以确保充足的时间投入搜寻深刻而关键的变化，组织对未来的基本观点、预判和信念的思维重点。

◉ 2.21 业务影响

影响洞察本身无法说明具体业务影响的内容、地点、方式与时间。一旦影响洞察被初步采纳，团队就可以将全部注意力转向确定关键的思维影响、决策影响和行为影响，这也是六大洞察因素中的3个核心因素。我会使用VP公司的案例和六大洞察因素来划定业务影响的分析范围。[89]

（1）看和想

虽然分析团队和组织往往不会将观察到的具体现象和思维影响进行区分、描述和记录，但作为确定业务影响的关键性第一步，VP公司的案例说明了这样做的重要性。

VP公司案例：影响洞察清晰展现了该组织的未来观点是如何经历剧变的，这种剧变将对组织的决策和行为产生巨大影响。管理团队开始以另一种截然不同的视角看待未来的竞争空间和他们的战略。只销售产品的企业没有未来，单凭技术无法成为持续性的优质客户源。客户会持续在核心的公司产品以外的多个方面寻求价值。

下面三个新的核心预判中体现了这一观点。

- 相较于价格，竞争动态与无形资产的联系将愈发紧密。
- 如果我们不对价值定位进行调整（而且要快），就会流失客户。
- 如果不积极改变，组织内部对成本和流程的执着关注将成为阻碍客户成功的更大障碍。

认同上述推断的公司不再认为历史战略可以取得市场成功，因此展开了关于新的决策和行动的研讨。

（2）计划和决策

计划和决策相关的情报洞察可以具体细化到4个核心影响领域，分别是战略、运营、组织和领导者。研讨的部分主题就是探讨观察到的结果和思维的成果。通用市场洞察也可为计划和后续的决策提供思路。[90]它能指出当前战略中需要改变的内容，如争取某个新的机会、抢先对竞争威胁做出回应、预测和修改战略化解竞争风险、更改战略方向、解决明显的战略弊端。

VP公司案例：管理团队确定了以下4个决策。是否要创建以客户为中心的方案并进行检测，以及创建速度；是否认真研究不同的客户价值定位；是否增强公司的营销和销售能力；以上活动所需的时间和资金。公司成员一致决定在各个方面快速展开行动，这就带来了新的计划：抢在竞争对手之前制定出方案为导向的战略。

（3）行动和感受

行动是决策的执行。决策和行为会不可避免地引发积极或消极情绪。行动计划包括近期、短期和长期的行动。

VP公司案例：一旦决定在各个方面同时迅速行动，多套行动方案不可避免。指派一个多职能的团队制订客户方案；提拔新的营销主管负责调整营销和销售部门的职能；成立由多个职能部门的高管组成的任务小组评估所需的投资额度和分配方式。一段时间后，员工积极性提升且干劲十足。他们不再犹豫低迷，对在新市场中取得成功而感到兴奋和期待。

◉ 2.22 你的分析体现了洞察力原则吗？

VP公司分析团队的案例包含了分析步骤的4个核心阶段：指

标、推断、洞察、影响，帮助你识别检测洞察力原则是否应用于组织的决策，以及应用的程度（见表2.5）。个人或分析团队都应思考识别相关指标的最佳方法，如何根据指标捕获数据，从指标的变化中得出推断，将推断转化为洞察，在思维、决策、行动中使用洞察。左栏中的问题帮助你对初步评估研讨过程。右栏中的问题可以帮助你快速识别洞察要素是否符合分析项目的特征。表中的每一栏内容都会在后续章节进行详细讨论。

　　VP公司的案例解释了个人和分析团队采取审慎有序的方法开展洞察工作，然后得出高质量洞察的原因。这个案例同样展现了洞察力原则研讨的必要性和方法。变革洞察和影响洞察的产生不应该是偶然的。下面四章将详细论述如何产生变革洞察。

表 2.5　你的分析中体现了洞察力原则吗?

分析步骤	研讨内容	思路
指标	你的分析团队是否就下列内容进行了研讨:	你的分析团队是否提出了以下思路:
	指标对于捕捉变化的作用是什么?	是否从更大、更广阔的数据源获取数据?
	指标的类型与重要性是什么?	是否开放地搜索数据?
	数据与指标的区别是什么? 如何将数据转化为指标?	是否跨领域搜索变化指标?
	是否将指标作为推断的来源?	是否将指标与预先规定的类别相联系?

续表

分析步骤	研讨内容	思路
推断	你的分析团队是否就下列内容进行了研讨：	你的分析团队是否提出了以下思路：
	你认为推断是什么？	给成员介绍初步推断的内容？
	你推断的对象是什么？	产生系列初步推断？
	判断在推断中的作用？	鼓励成员从一个或多个指标中做出多种推断
	推理情境对推理的影响？	
	系列推断产生的原因和方式？	是否强调推断的推理过程？
	为什么不同层次的推断对产生洞察很重要？	
洞察	你的分析团队是否就下列内容进行了研讨：	你的分析团队是否提出了以下思路：
	你所指的洞察是什么？	是否将初步推断转化为一个或多个综合推断？
	为什么洞察层级是塑造市场理解的关键？	
	反复分析怎样影响洞察产生？	是否将综合推断转化为建议性的洞察？
	人际关系问题怎样影响洞察产生？	是否重视综合推断和建议性洞察的推理过程？
	领域洞察如何催生竞争空间洞察？	是否审核每个关键的综合推断和建议性洞察？
	产生通用市场的重要性？	是否检验每个团队通过的洞察？

续表

分析步骤	研讨内容	思路
影响	你的分析团队是否就下列内容进行了研讨：	你的分析团队是否提出了以下思路：
	你所指的影响洞察是什么？	是否将变革洞察转化为一个或多个影响洞察？
	影响洞察和变革洞察的区别？	
	为什么影响洞察有助于关键业务影响的思维、决策和行动？	是否审核并检验影响洞察？
		是否将影响洞察转化为特定或全面的业务影响？

第 3 章
架构：准备洞察工作
CHAPTER 3

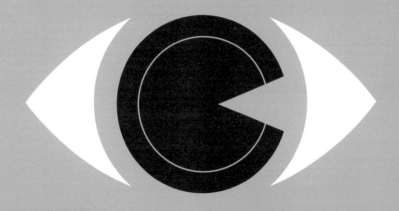

洞察力原则
建立与众不同的市场洞察机制

THE INSIGHT DISCIPLINE
CRAFTING NEW MARKETPLACE UNDERSTANDING THAT
MAKES A DIFFERENCE

　　上一章所讨论的4I钻石框架（指标、推断、洞察、影响）是洞察分析的重点。情报洞察是变革洞察和其业务影响的结合，要求熟练运用上述每个阶段。但团队在讨论时鲜少涉及每个阶段步骤的实操。VP公司案例提出要广泛收集相关指标，得出初步推断，将其转化成为更高级的综合推断，对最终形成的变革洞察和影响洞察进行审核与检验。本章和接下来三章将要介绍的4S活动（架构structuring、探查sniffing、塑造shaping、成型stipulating）可以解决上述的需求。其中每一个S（活动）都可与一个或多个4I钻石框架阶段相连（如图3.1所示）。理解每项活动的内容可以产生更高质量的洞察，使4I钻石框架产生卓越的决策价值和组织绩效。

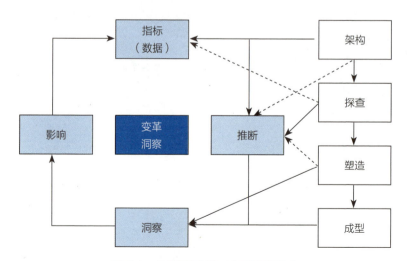

图3.1　4I钻石框架与4S活动的联系

◉ 3.1 架构：初期研讨与思路方法

洞察机会常常被团队忽略。研讨和思路方法都不太注重初期的洞察工作，这主要表现在以下 3 个方面。第一，团队投入的时间太少，无法产生变革洞察，而这种洞察对决策影响重大。这常见于不了解洞察工作重要性的组织之中。第二，团队投入管理洞察项目情境的时间过少。怎样确定数据来源的使用？如何识别不同类型的指标？如何从指标中得出不同视角的推断？这些只是其中的一些问题。[91]如果组织在理解外部环境时涉及日常的数据分析，这个现象就不足为奇。第三，团队对洞察工作不同方面的人员配置考虑不够充分，如谁负责划定洞察项目范围，谁负责用不同方式组合数据，谁负责得出初步推断。

架构可解决 3 个任务：决定洞察的关注点、调整分析情境、决定人员配置。架构过程体现了洞察的研讨方法。管理者和其他人商议如何分配洞察的时间和关注点，启动哪一个洞察项目，哪些进行中的分析项目能通过洞察原则获取最大收益。审慎有序的方法将洞察的关注点集中在合适的机会、分析情境和正确的人员配置上。

架构活动可以保障变革洞察和情报洞察的稳定产出。在组织层面，它确保将洞察原则应用于对组织的思维、决策和行动做出最大贡献的市场机会。在洞察项目层面，架构活动为产生高质量的变革洞察铺就道路。

在架构期中遇到的问题对于任何组织都不陌生。受时间和资源（人才、资本、知识和专业技术）所限，领导者常常不知道如何分配资源才能收获最大化的知识和洞察回报，或者应该关注哪些分析机会。他们都想要强化分析方法，产出既能启发决策者又能影响决策的分析结果。

◉ 3.2 让思维准备架构

洞察力原则的研讨和思路方法不会自发出现。你的大脑需要在刺激和滋养下进行观察和思考[92]，得出有趣的实质性推断，为洞察增添价值。

虽然不存在让思维做好洞察准备的简单方法，但一些思维[93]准则和数据[94]要则可供你参考。思维准则（见表3.1）建议你通过质疑他人关于思维和看法的叙述来为大脑"施肥"，保持求知欲，并意识到推断和洞察总有失效的一天。对于市场变化的理解总会遭到质疑，要让自己不断地学习了解当前状况的方法。[95]产生洞察核心的新理解需要你共享自己的预设、信念和推断，接受各方批评，在必要的时候学会放弃。

你的大脑需要一些东西来产出结果，这里的"东西"就是推断和洞察，我将它统称为数据。无论形式或来源，数据包含了洞察过程的所有参考信息。[96]虽然从神经科学和日常实践的角度来看，很难将"数据"和思维方式完全分开。[97]表3.2中的数据视角指出了成功执行4S活动的几个实践要点。永远不要将数据价值表面化，将它看作是暂行的、假设的、包含偏见的。[98]不要偏爱任

何一种数据或数据源，而且数据的情境很重要。总之，数据只是
变化分析的一个部分，它是源源不断的。一旦变化发生，新的数
据也随之而来。

思维准则与数据要则的结合将帮助你做好洞察准备。面对新
的现象与经验，你的思维会更加开放，具体体现在以下几点：你
的思维将全情投入于思考变化发生的方式和原因；谨慎地对待各
种形式的数据；愿意进行自我批评；认识到数据是不断变化的。
我们需要"摆正"思维，才能胜任这样的工作。你的思维准则和
数据要则会形成一套观念模式，它对本章和接下来3个章节所叙述
的4S活动非常重要（见专栏3.1）。

表 3.1 让思维准备架构：思维准则

准则	依据	架构准则和实践
保持开放	你的信念、预设、预判（思维模式）可能使你"屏蔽"某些当下或未来的现象	假设不存在不容置疑的东西，或者可以免于坚定且有洞察力的质疑
博采众长	只有允许别人质疑自己的思维模式，才有可能实现突破。思想和角度之间的冲突为观点的改变提供可能	确保问题、时间、机会的分析不止步于单一的解释。采用不同的思维模式、不同类型的分析和相互冲突的预判
兼容并包	事情不会是表面所看到的那样。变化总是有多种解释	对关键变化进行多样化叙述。寻找变化的其他解释方式
推断或洞察是暂时的	即使投入最大的智慧与努力，也不能保证推断或洞察能反映真实情况	清晰表述你的最佳判断（核心推断或洞察），并接受别人的评价

续表

准则	依据	架构准则和实践
保持求知	唯一不变的是变化本身，永远不要停止对方向、速度、强度变化的探究	我们对变化的理解永远都会受到质疑，不要停止探究
非指涉性思维	你无法意识到自身思维的不足；需要参考他人的视角	将自己的判断置于他人的批评和质疑之下

表 3.2　让思维准备架构：数据要则

数据要则	依据	架构准则和实践
数据应接受检验	你无法肯定数据是否反映真实环境（当前）的状态	将所有的数据都视为暂行的、假设的。在描述变化时数据可能并不准确。它不能成为判断的最终标准
数据包含偏见	数据的作用在于它的创造者，以及它们是如何被创造的	所有数据都含有偏见
不应有数据偏好	如果你对某类型的数据或数据源"情有独钟"，你就有可能失去从其他数据类型 / 数据源中学习的机会	利用多样化的数据源生成数据；坚持采用不同的数据类型
数据的情境很重要	数据的意义在于它的情境（而非数据本身）	交代数据情境；更改情境以质疑数据的含义
数据有依时性	它隶属于特定的时间段内（虽然往往并不明显）	明确时间段；询问数据能否在较长时间段内保持有效（能与不能的原因）
数据通常不是分析工作的推动力	推动力是多种多样的，比如某人提出的质疑，出现的问题	明确（分析）目的后开始数据搜索；将数据视作起点；寻找多样化的数据起点

续表

数据要则	依据	架构准则和实践
有时数据量的价值遭到误导	数据量的大小与你能从中提取的推断的质量是一样的	在合适的时候使用大型数据分析工具，用分析结果进行推断
小的数据差异也可能具有"大"意义	数据量的小幅增长有时也可以戏剧性地改变推断的产生	寻找数据的差异；思考为什么小小的数据变化会导致差异化的，甚至相互冲突的推断

专栏 3.1 案例

4S活动

　　架构活动为洞察工作奠定基础，它重点解决 3 个问题：发现应用洞察原则的关键机会；制定扩大数据和指标范围的依据；确定洞察工作早期的人员配置。从字面意思来讲，数据资料就是运用各式或精密或随意的程序处理的数据。这是为了使用不同的方法捕捉和组织数据，从而产生推断，防止一些数据被忽略。

　　探查是塑造数据体系的基础期。那么从单项指标、数据结构和数据组合中应该得出什么推断呢？这是一种主观的行动，你感觉到某种推断，去寻找它，然后表述出来。探查是上一章表 2.3 至表 2.5 中推断举例的核心。

　　塑造是最关键，通常也是最困难、最复杂的洞察阶段。在这个时期，多个初步推断被整合成为一个小的推断集，然后形成综合推断，这是洞察的关键，在第 4 章中有所叙述。这一活动需要睿智的判断（人类大脑有推理的倾向）。[99]

成型是 4S 活动最后的难点，相关人员在这一阶段敲定了将作为决策输入的洞察。这并不是无足轻重的洞察流程，细微的文字表述差异也会造成洞察结果的极大不同。

4S 活动具有反复性和交互性，它并不是一个有先后顺序的线性流程。探查期也可能要进行架构活动，比如产生竞争者初期推断时会需要利用客户或渠道的优秀体系得出进一步的竞争者推断。塑造期常常需要回顾数据，重新推理各种类型的初期推断。分析团队在成型期回顾建议性洞察的审核，这是检验洞察数据和推理过程的最后机会。

◉ 3.3 架构活动的洞察工作：关注哪里？

洞察力原则的出发点和落脚点通常都是日常的分析活动，思考哪里存在洞察机会可对决策做出巨大的贡献。这里有两个问题需要注意：组织可能采取哪些新的分析措施？目前有哪些正在进行的分析项目？

（1）新机会

每个组织都有应对各种市场变化的分析模式。第1章中提到的（如图1.1所示）市场领域间的变化中包含管理者和相关人员眼中的市场机会、问题与挑战。可选的分析情境范围很广，如潜在的收购计划、新的研发计划、全球供应链的调整、新的替代性竞争对手、客户购买行为的转变、新技术的出现、监管政策的转变，等等。

列出可选的分析情境后，你需要关注以下三点：

- 哪些分析情境对业务最重要？换句话说，哪些机会、问题和挑战会对未来业务产生巨大影响？
- 洞察力原则将如何帮助分析工作？
- 分析结果如何为组织的思维、决策和行动增添独特价值？

我想到了一个最近遇到的案例，洞察力原则本可以大幅提升决策和组织绩效。某全球制造商的战略团队成员认为，数字化水平对综合供应链的影响是当前业务模式的主要潜在威胁。团队进行初步分析后认为这种威胁有夸大之嫌。一轮调查后，我很快发现该公司违反了多项思维准则和数据要则（见表3.1和表3.2）：该组织的数字技术部门没有详细评估组织的整体思路；该组织没有制定和检验替代性假设；高管们显然不关心数字领域持续变化的原因；过度信赖某些内外部数据源，以至于由此产生的推断从未受到质疑。总而言之，该企业缺乏必要的研讨过程。

（2）当前机会

组织每时每刻都在进行许多类型的分析。每一种分析中都可能潜藏着架构的机会。理想状态下，所有的分析措施中都能体现洞察力原则。在准备应用洞察原则时，有必要对正在进行的分析措施进行筛选，发掘出最高效的架构机会。有3个问题需要注意：

- 分析工作是否重视对组织有重大影响的机会、问题或挑战？

- 分析人员是否违反了思维准则和数据要则？是否没有应用架构要素（下一节将进行讨论）？

- 你是否能提出正确应用架构的观点？这样的观点可以大大提升产出，卓越的洞察让决策大不相同。

在下列案例中，洞察力原则实现了这种转变。某工业元件市场份额领先者正在研究竞争对手在不同细分客户群中的价值定位，想要提升自己在细分市场中的价值定位。即使对价值定位稍加改变，也可以赢得新的客户的青睐，更不用说维持现有客户，因为竞争者们都在进行这种尝试。

但显然，该组织几乎违反了所有的思维准则和数据要则。例如团队认为无须复盘价值定位，导致讨论竞争对手价值定位时员工思维闭塞，也因此错失了一些有价值的客户体验。某营销咨询公司否定了某客户组织提供的信息源。由于管理者与咨询组织之间的特殊关系导致过度信赖某数据集或数据源。过度追求数据的体量会严重限制从小数据中产生新理解的可能性。由于数据的代表性有限而拒绝与客户沟通，没有去识别客户的潜在需求。只有将思维准则和数据要则纳入分析项目（特别是分析要素），才能摆脱狭隘的价值定位视角，使新的数据源得到关注，实现从客户视角出发，对公司的价值定位进行日常的检查评估。我将在下一节继续讨论。

◉ 3.4 架构分析情境：指导原则

洞察力原则可实现早期分析情境的结构化，它要求所有人参与关于分析范围和分析视角的研讨，这种研讨必然会挑战组织传统的分析模式。它还要求参与人员有序制定应用一套指导数据收集和指标探测的实践。表3.1和表3.2中的思维准则和数据要则对上述实践影响重大。

如何创建架构分析情境？我们可以将它看作对分析要素的管理。每个要素提供了一种能力，用来消除组织的洞察工作固有分析模式中的弊端。每个要素会提出若干问题，其中包含具体的选择。处理这些问题和做出选择的方式将影响到推断（下一章的内容）以及后期的洞察。每个要素引发一个具体问题：

- 范围：洞察工作的范围应该是什么？
- 框架：应采用什么分析框架？
- 关注点：如何转移专注点？
- 视角：采取什么视角？谁的视角？
- 情境：我们是否理解分析情境？
- 构想：构想的作用是什么？
- 数据：有哪些合适的数据和数据来源？
- 指标：应该重视什么样的指标？

由思维准则和数据要则形成的独特思维模式是研讨和解决以上架构问题的关键。这种模式要求我们用开放的思维考虑如下问题：如何确定范围、框架和关注点？如何纳入多种视角？它还要求我们不偏信数据，因为数据无论多么全面细致，它都无法完全反映当下（或未来）的真实情况。"我们不知道缺乏的是什么样的数据""我们需要走入分析情境""我们需要体会别人或其他公司的感受""在对数据进行处理后我们才能理解它"，组织应秉持这样的想法。数据的处理应该是开放式的。但实际上我们的方式常受限于想象力、独创力和主观能动性。这种思维模式与理论家和实践者类似[100]，在组织和变化的情境下研究系统、平衡和无序。他们重视适应性学习，认为数据是组织或系统的创造力，是学习的动力，是所有情境变化的解释。通过遵守思维准则和数据要则的适应性思维，可以发掘抽象的、反直觉的联系，从而突破思维的局限。[101]

（1）洞察工作的范围

我发现许多潜在的重大变革洞察在数据收集或分析开展之前就遭到扼杀。由于缺乏开放探索的思维，组织划定的变化情境范围过于狭窄。许多潜在的有关数据被忽略。下面是三个常见的例子：

- 竞争者分析的重点通常是当前市场份额较大的竞争者。[102]份额较小的、刚出现的、产品具有替代性的（如联盟）竞争者不会受到过多关注。但许多公司发现，成功的客户价值定位特征在赢得最初的市场份额时就初见端倪。

- 除非必要，否则大多数政治、经济、社会和技术分析中不会有生态（物理环境）分析。如某食品公司对特定农作物的天气规律、水分要求、土壤状况和农场面积进行的深入分析。

- 许多公司将技术分析的重点放在他们的核心或基础技术上，忽略了可替代主要产品的颠覆性技术的相关动态。[103]

调整分析项目范围有时会引发团队间激烈的讨论。组织中既有希望坚持组织固有分析模式（对竞争者、客户、技术或市场动态）的人，也有不愿轻易接受范围调整的人，所以在初期阶段应该拟定相对宽泛的范围。

（2）分析框架

无论分析范围大小，都需要进行数据的收集、整理和整合，从而形成推断的依据。分析框架或方法的选择对刚才提到的三项数据任务影响重大，所以它是架构活动的重点。以下两个例子说明分析框架的转向将如何影响当下和未来的议题，从而产生截然不同的推断。

- 某公司认为相较于波特五力分析框架[104]，采用企业生态[105]系统框架描绘行业细分市场的结构关系更好。很明显，类似产品领域的公司和非市场参与者（如技术公司、非政府组织、政府机构）的关系好坏对于竞争的成功愈发重要。最初的五力分析很少关注非市场参与者。

- 许多公司已经意识到预判分析可以为战略分析提供具有特殊性和相关性的框架。将分析工作从评估战略替代方案转向识别和分析相关市场和组织的预判，从而重构看待替代方案的视角。举个例子，某公司预判认为两个竞争公司会进行恶性

竞争，大幅降价。公司接受了这一预判，放弃了另外一个备
选预判。

- 采用"吊诡问题法"[106]识别市场环境中无法预测的业务
  挑战，传统战略显然无法提供正确的框架，也不清楚应该
  收集什么数据、怎样整理数据、如何进行数据整合（如怎
  样定义核心问题或核心机会）。要考虑的利益相关范围扩
  大，新的数据延展了问题的范围，答案的复杂性，这些问
  题都有待考虑。

（3）转变关注点

转变关注点的核心在于范围和框架。想要转变关注点，就需
要更改所提出的议题。思维准则倡导保持开放的思维。我们不能
理所当然地认为环境就是我们脑中的样子；数据要则倡导质疑，
特别是要质疑那些我们从前认为理所应当的问题。下面的例子描
述了关注点的转变如何形成独特的推断：

- 将客户分析的关注点从了解功能需求转为情感需求，这挑战
  了公司对客户行为的传统观念。在一个案例中，某洞察认为
  消费者对某品牌与自己产生联系感到极度不适，这是对客户
  不愿购买的最佳解释，比任何深度功能分析都直观有力。[107]
- 在竞争者分析中将关注点转移到竞争者的未来举措，而非当
  下的行动，这就会引发截然不同的议题。某近期的分析项目
  关注点从竞争对手的当前价值定位转向数年后的价值定位，
  得出关于未来竞争情境的新问题，比如新兴技术的变化将如

何推动顾客需求。

- 以未来思考现在和以当下思考未来，这二者带来的问题截然不同。如何组合驱动力可以形成其他的竞争性未来？关于这个问题的情景模拟会使分析团队产生疑问：竞争性未来中存在哪些市场机会？如果没有明显的竞争性未来，这个问题也就不存在了。[108]

（4）视角

范围、框架和关注点转变为团队带来了这样的困惑：分析工作应该采取什么视角？采取谁的视角？思维准则提倡采取质疑自身思维模式的视角；数据要则强调不应该偏重外部数据源，忽视其他数据源。采取多方视角有助于消除来自个人、职能和组织的偏见。[109]下面是两个以不同视角拓宽客户和竞争者潜在推断的例子：

- 有时从客户的思考角度出发可以改变自身的观点。在一个案例中，模拟顾客思维的员工很快意识到与竞争对手相比，产品的特点和功能并不是导致差异化的主要原因。真正的原因在于客户可以与公司合作定制方案，满足他们特殊的技术需求。
- 在竞争模拟中，团队采用不同竞争对手的立场、观点和目标挑战本公司的战略。这样通常能发掘出本公司的制胜推断或洞察。有的洞察（比如"你无法用战略取胜，因为竞争者会利用资源优势和投入战胜你"）会导致战略选择和（或）战略执行的重大转变。

（5）情境

指标和其反映的变化只有在它所处的（更广泛的）情境中才有意义。思维准则提醒我们，所有的推断和洞察都是暂时的，市场变化的滚滚波涛会吞没所有的推断和洞察；数据要则指出，数据有时间性，数据的意义在于它的情境，而不是数据本身。因此，识别相关情境是任何分析架构的关键。[110]尤其对于单个数据点或指标来说，对其情境的理解是得出强大推断的前提。请看下面这个经典案例：

某竞争对手宣布涨价。要理解相关情境就要回溯最近的竞争情况，包括当前竞争者之间的竞争动态、竞争者当前的市场战略，以及涨价的公开或非公开理由及预期后果。如果竞争对手的工厂日夜忙于生产，但利润率很低，可能产生的推断就是竞争对手想率先提价，它不觉得会有竞争对手进行价格调整（降低）。如果该竞争者大幅提升客户价值定位，客户回应积极，那么可以推断出竞争对手之所以涨价是因为客户认为这个定价值得。

对情境的了解也有助于摸清趋势的规律，当重大趋势或规律发生重大变化时更是如此。理解某项联邦或州政府机构行政法规的变化也需要情境信息。

（6）构想

没有什么比缺乏构想更能阻碍架构活动的开展。爱因斯坦曾说比知识更重要的是想象力，这很有道理。构想体现了思维的开放程度。下面的3个例子表明，构想可以创造数据。它可以防止我们偏重某些数据类型或数据源。毫无疑问，构想在本节讨论的所有要素中都有影响，有时还是主要动力。试想下面 3 个例子：

虚拟竞争者是一个用来分析竞争对手的程序，它模拟创建（构想）了一个在可预见的未来（时间为 5 年或更短）将进入市场的竞争者[111]，它的战略优于所有公司。分析团队需要构想竞争对手可能会怎么出现、它的战略和取胜的价值定位可能是什么、它可能如何执行战略、如何逐渐增强战略。虚拟竞争者的战略为团队提供了推断潜在客户需求的机会，对竞争的展开方式、竞争者当前战略的关键弱点（竞争空间机会推断）展开分析。

构想对架构数据情境至关重要，比如团队可以构想理想的客户体验，这使人们突破当下的思维。明确理想的客户体验是什么、它与当前的不同点、为什么客户会青睐有加，这也使团队有机会推断客户的需求、动机和愿望，竞争的内容（竞争空间洞察）和潜在的客户需求（通用市场洞察）。[112]

构想也在另一个用于组织数据的简单技术中发挥作用。它关注并重视未来以及后果。它整理数据的方式也与众不同（不是根据现在或过去）。如果竞争者改变战略，实现了技术突破或政策提前两年发生变化，该怎么办？所以需要监控关键指标，以此判断未来的发展走向。

（7）数据

思维准则和数据要则构成了所谓的"数据思维模式"，这是实现成功架构的必要条件。这种思维模式指出了架构分析时的许多数据问题与挑战，特别是在架构早期。思维准则提醒你，不论数据多么完美，都不要完全相信它。如果你默认客户和他们的行为方式是一成不变的，就不会去思考他们的行为、动机、投入，以及计划。错失数据会影响你的分析与行动。数据要则警示我们不要完全相信数据，认为它能正确描述现实。数据是包含偏见的，这种偏见来自数据的创造者和特定的时间和地点，只有将其置于情境才有意义。

范围、框架、关注点转变和视角会影响所收集的数据以及他们的整合方式（从而影响到产生的指标、推断和洞察）。我们的目的并不是要深入研究数据类型、数据源、收集数据的程序、存储和检索数据的方法，以及其他管理数据的经典要素，而是探讨下列架构议题：目前我们需要什么数据、遗漏了什么数据、什么数据源被忽略、还有哪些没有意识到的数据源、是否需要用其他方式处理特定数据源、怎样处理。

范围、框架、关注点转变和视角的结合说明我们有必要更近距离地了解客户、供应商、渠道、非政府组织、政府机构和其他公司。例如，你需要将客户范围扩大至从前丢失的客户，拓宽分析框架，将客户动机纳入其中。你需要了解他们选择供应商的理由以及对我们的报价和组织的看法。如果想要了解客户的个人视角，就需要和他们交流。为了实现这些目标，你需要花大量的时间与这些客户接触，了解他们的商业模式、组织实践、选择供应商的标准、他们的组织文化，以及关键决策者的偏见和视角。数据的深度和情境需要人种志研究[113]，这些信息无法通过调查或电话采访等快速的数据收集方式获得。

（8）指标

架构的最终结果是确定关键指标，掌握他们当前、过去和未来的变化。上一章中VP公司的案例说明了识别指标有助于得出推断与洞察。思维准则提醒我们，变化指标的搜索不应受限于观念、预判和预设（我们的思维模式），也不应受限于我们对某一问题或情况的理解。数据要则提醒我们，掌握指标和指标的变化往往需要我们发掘多种数据源，使用不同形式的数据（产生多样化的数据集和指标），搜寻不同指标变化模式的差异（产生有差异和冲突的推断）。

◉ 3.5 其他的架构观察

这8种分析情境要素适用于所有的分析情况。不论是否形式化，每个要素都会影响具体的分析方法。这些要素指出了容易被遗漏和忽略的问题。

（1）形式化拓展法

关注8种分析要素可以提升正式分析方法（如情景学习[114]、模拟[115]、竞争模拟[116]、替代性假设测试[117]和大数据方法[118]）产生洞察的可能。这些方法都可以进行架构处理。它们在一段时期内发生，产生并使用大量的数据，涉及多人（其中一些可能在组织之外）的视角，利用来自组织内部和外部的数据源。

关于范围的考虑使人对分析情境的"正确性"产生怀疑。如模拟某个情景探讨未来技术方向的假设。将这些假设嵌入相关的竞争空间，则可能会产生更有价值的行业洞察。如果想要预测竞争者对公司在新地区推出的新产品的潜在反应，那么采用竞争模拟这个分析框架更为合适。

情景模拟使人们置身于特定的未来情景中，以完全不同的视角来构筑自己的思维。竞争模拟将分析框架从经典的行业分析方法转向以竞争对手竞争（行动和反应）为核心的分析框架。上述方法都会产生关键的指标，应该对其进行监控，以便预测未来情况的发生。

通过运用分析情境要素，可以更系统地对大客户分析和其他数据集进行互联。范围使评估的议题更加广泛。举例来说，不要单看购买行为，要看消费者喜欢或厌恶哪些购买体验。在尝试理解数据规律时，可能出现新的议题。团队应采取多种视角的原则，我建议团队不仅要让"数据科学家"加入，还要让不同职能背景的人加入。他们可能对业务有更深的理解，可以从数据结果中产生推断。构想促使成员产生数据规律的新解读，提出独特的研讨内容。[119]

（2）非形式化的简单方法

有时，架构的优点在于可以简单而直接地进行数据整合。它使人们反思所提出议题的正确性、思考如何强化数据配置和分析方法。这样可以发现原始数据中的深层指标，扩充潜在的推断范围。试想如下两个客户案例：

- 某营销团队重新整理了所有顾客对其旗舰品牌的负面评论，将所有的投诉归纳为四类：服务、邮递、价格和违背承诺。然后他们将重点转向询问客户对公司、品牌和他们自身的感觉，由此产生的指标直接或间接地表明了某些顾客对与该公司做生意的感受。营销团队最终得出了一个强有力的综合推断[120]，许多顾客显然因为购买了该品牌而产生了负面评价。

- 在贸易展上，负责展台的人员与参观展台的与会者聊了起来。他们并没有简单地撰写访谈报告，而是翻阅访谈笔记，将受访者的发言归纳为关键话题（包括客户的潜在需求、技术变革、各种竞争对手的战略转变）。这些数据使团队能转化问题的范围和重点，比如他们之前从未使用贸易展数据来检验竞争对手的技术转变。最终得出的推断认为客户延展某项技术的能力被严重夸大，潜在的替代机会是存在的。

（3）与洞察漏斗的联系

洞察力原则对依据洞察漏斗图中市场变化水平开展分析的方式提出质疑（如图1.2所示）。参考本书的多个案例可以发现，分析工作很少在单一的变化领域展开，某（些）领域的指标变化是其他领域变化的前兆。由竞争者的转变（如竞争对手市场战略的预期转变）可以推断出客户的潜在选择和购买行为。政策、立法、司法和社会价值观的变化可以预示监管政策的转变。

　　简而言之，我们需要扩大分析范围，纳入更多的领域；延伸分析框架到不常涉及的领域指标；转化视角，关注相关领域的变革前兆；重点关注从前被忽略、压制或遗漏的问题。这样一来，产生优质指标的可能性大大增强。

　　8种分析要素也有助于实现由领域洞察到竞争空间洞察再到通用市场洞察的转变。在向竞争空间洞察过渡的过程中，范围、框架、重点、视角和情境对现行的分析方法和讨论提出了挑战。当使用五力分析框架延伸某行业分析的范围和关注点，将政治战略考虑纳入考虑时，就产生了一个竞争空间洞察"应该重视政治策略在产品—市场领域的重要性。"从市场中其他参与者的观点，包括政府机构、社区团体、工会和非政府组织的视角考虑问题，可以提出从前鲜少注意的议题。结果分析小组确定了进行监控的政治因素指标，用以预测个别外部公司的行动。

　　在向通用市场洞察过渡的过程中，范围、框架、重点、视角和情境会影响分析团队看待通用市场洞察（市场机会、竞争风险、竞争对手威胁、策略漏洞和市场预判）的方式。只需将范围、关注点和构想应用于市场机会的分析中，就可以重新定义机会。从现有产品和技术的相关机会转向产生新客户方案的机会，这些客户方案将对大半个行业领域进行洗牌。同样，分析要素也可以扩大战略漏洞的范围。在上文政治战略的案例中，缺乏连贯且运行良好的政治战略是一个主要的漏洞，但很多公司整改不力。

（4）与趋势线的联系

　　简单地说，架构解决趋势相关的问题。有效的架构活动应该考虑两条趋势线之间的联系，这可能导致范围、框架和关注点的转移。试想这两个交叉趋势：在千禧一代中，将汽车的使用视为一种需求的人数和拥有汽车的人数。如果趋势显示出更多的人需要汽车和更少的人拥有汽车，则这种架构的范围和关注点表明了千禧一代的生活方式，也可以更好地解释趋势线。他们的生活背景（包括可支配收入、支出模式、工作和休闲偏好）是趋势的情境因素。

　　有时一种趋势的变化预示着另一种趋势线的变化。替代产品第一年的销售增长可能预示着竞争对手产品销售情况下滑。有些时候，趋势线是相互关联的，失业援助的减少体现在沃尔玛销售额的下降上。最重要的是，人的大脑可以创造联系[121]，因此所谓趋势的相互联系还需要经受审核与检验。我们将在接下来的三章继续讨论。[122]

（5）消化数据（规律）

　　许多人认为[123]发掘趋势之间的联系或规律是增进对变化的理解的关键，与情境、分析类型或思考的目的无关。指标间的规律可参考第2章的VP案例（如图2.3至图2.5所示）。举一个简单的例子，竞争对手的行为（投资、市场行为、广告、主管或其他人事变动）和发言（声明、在贸易展和会议上的演讲、在报纸访谈中的反应）中的规律，可能比从上述任何结论中更能推断出竞争对手的预期战略行动。每个分析情境要素都会影响到对指标变化规律的搜索和解释，从而影响推断和洞察。

分析团队应该创新搜寻变化规律的方式。几年前，一家制药企业被动地将生物技术及相关产业指标纳入指标监测范围。该企业很快就得出有力推断：制药公司不能再依赖传统的研发方法来建立制胜的产品线。某高科技公司在扩充竞争对手和客户指标后得出推断：新的竞争空间的出现可能比技术指标中显示的要早得多。

建议使用多种分析框架，例如用企业生态系统分析和情景模拟来探测相互区别或相互冲突的指标。根据某个规律产生的推断认为价格竞争将愈发激烈，而另一个规律产生的推断显示服务和客户关系将成为竞争的焦点。

关注点可以为观察规律提供独特的视角。哪些指标能产生反映当前、未来和潜在变化的惊人规律？哪些趋势的结合可以指出全新的竞争空间？

将观察视角由当下转换到未来，可以发现新的独特推断的规律。预测竞争对手的系列市场行为（可能的规律）可以推断出未来的竞争动态，而这种推断很难从竞争对手当下的行为和言语中得出。

（6）小数据

表3.1和表3.2中的架构原则和实践可以用来发掘小数据背后的洞察。[124]小数据中存在许多的思路方法（见专栏3.2）。思路方法引发的相关研讨可得出具有洞察价值的推断。了解这些简单的架

构方法后可以更快得出推断，然后去搜寻相关的正反方数据。以下是我观察到的行业数据冲突的案例。

专栏 3.2 案例

利用小数据扩充架构

小数据集的联系不应被忽视，它是探查重要推断的一种方式。下面的情形可以说明，根据几个数据点或单个的日期点也可以产生与众不同的甚至是强大的推断。

矛盾的数据源： 多个数据源的冲突可能会带来有趣的推断。某技术专家预测技术方案将要衰落，而另一位认为其即将兴起。

数据冲突： 从相互冲突的数据中可以得出容易遗漏的推断。如果相同的产品产生不同的购买行为，团队则需要考虑潜在的顾客需求。

异常情况： 有关某公司或某进程超出正常范围或预期的数据点。如对产品大加抱怨的客户，或拒绝使用特定元件或技术的竞争者。

逸出值： 超出常规或预期的奇怪状况。比如有人认为无人驾驶汽车才是未来。

两难困境： 研究他人的选择也是产生推断的途径。如某客户难以在两个报价中左右为难。一旦他做出了选择，就可以开始推断原因了。

因果差异： 一个明显的因果关系却有两种解释。例如，两位专家就技术的发展趋势或两个组织技术研发的差异提供了不同甚至相互冲突的解释，可分别产生两种因果效应。

障碍：一系列的活动未按其预想的方式进行。监管过程中，某单位有时会阻碍多个规则的制定或回应速度。

限制：限制因素提醒分析者注意各种可能性。如竞争者的生产过程可能会因为生产力（制造技术只能生产固定数量）受限。

下意识地寻找数据冲突促使人们考虑分析情境因素。业内专家关于销售猛跌是否即将发生的言论冲突，促使人们积极寻找支持或反驳的相关指标。将数据搜索的范围扩大到行业情境的变化，也可以咨询非传统行业的人员对其行业未来的看法。关注点的转移使团队提出新的议题。当作出关于行业发生重大的销售中断（大规模的销售下滑）的假设时，要构想可能的行业轨迹。同时确定监控指标，预测行业变化。

◉ 3.6 架构洞察工作：人事程序

思维产生洞察，架构活动应关注洞察工作的各个阶段的人员配置或人员应该具备的素质，对相关人员进行筛选或培训。他们将参与洞察机会的研讨，应用前面所讲的分析情境因素。

六大洞察因素提出了一个首要的要求：相关人员应该愿意为形成与众不同的观察、思考、计划、决策、行动和感受做出努力。第1章中的六大洞察因素和其他问题可以用来评估员工"另辟蹊径"的能力和意愿。

　　思维准则（见表3.1）提出为了形成预期的六大洞察因素差异（见表3.3），个人应该具备的一些实践取向：认为事情的发生都有背后的原因；愿意突破固有的思维模式；愿意说出自己的最佳判断，能够接受批评；不会止步于每个问题最简单的答案，愿意思考。数据要则提出预期实践取向的一些进一步的特征（见表3.2）：有意愿与能力从不同的数据源中寻求多种数据；解决数据和来源中的偏见；采用多种方法整理数据和分析结果。

　　然后将这些思维和实践取向注入架构期的研讨和方法中。在所有8种分析情境要素的应用中，都应保证至少一位拥有思维和数据经验的人员参与，这样可以确保每个分析元素的充分应用。

　　还有一些其他步骤可供参考：让不同组织与职能的人员参与其中；尚未适应组织的新员工有时会更愿意执行组织期望的实践；某些情况下，也可以允许外部组织人员的参与，比如经销商、供应商、技术或监管专家。

◉ 3.7 架构和六大洞察因素

　　六大洞察因素会影响分析团队能否以及如何实现架构，提升分析结果的价值（见表3.3）。思维准则和数据要则（见表3.1和表3.2）可以确保相关人员在参与架构时根据六大洞察因素（看、想、计划、决策、行动和感受）进行变革。

　　六大洞察因素极大地影响着洞察力工作的开展方式和所产生

洞察的质量。接下来的三章会继续进行讨论。在本节中，我将重点讲述架构对六大洞察因素的影响。架构如何根据六大洞察因素发挥作用？怎样激励人们投入洞察工作？一些典型的评价也印证了架构对六大洞察因素的影响的重要性。

表3.3　六大洞察因素和架构：研讨和方法

六大洞察因素	为架构做准备（投入）	架构对因素的影响（输出）
看	设想研讨怎样提高参与架构活动的意愿；观察如何实现架构的差异化	看到应该提出的问题；看到应该研究的事件；看到可能会忽略的联系；看到了有悖于事情走向的现状
想	愿意变更思维模式（推理）；使用不同分析框架不断追问；接受多种原因解读；可以发现并解决思维模式中的偏见	思考新的话题、事件、挑战；以新的方式（未来回溯）应用思维（推理）；不仅理解数据，还理解分析情境；寻找冲突与差异的原因
计划	提倡使用架构和个体分析元素；协作部署架构要素	计划系统性的识别架构机会；在关键分析项目中部署情境分析要素；培训分析团队掌握精巧的架构设计
决策	评估架构的准备程度；评估架构的执行进程；决定将架构引入研讨的时间和方式	选择计划研究的架构；决定这些架构的排序；决定架构的人员安排；决定培训分析团队架构细则的方式
行动	学习识别架构机会，应用情境分析元素；学习寻找新的数据和指标；学习描述分析项目情境	建立识别架构机会的团队；使用分析情境元素塑造架构所需的思维模式；对旧的分析方式进行质疑

续表

六大洞察因素	为架构做准备（投入）	架构对因素的影响（输出）
感受	探讨情绪对应用情境分析元素的影响；反观自己对于开展架构工作的情绪	识别他人情绪如何促进或阻碍架构三要素的执行；将情绪方面的考虑纳入研讨内容

Dip公司[125]案例

某工业品公司 Dip 的分析团队在进行 B2B 客户领域的深入分析时，经销售人员提醒得知，某中型企业客户已经公开表示将与 Dip 公司的竞争对手合作。市场和销售团队共同研究原因后制定出解决措施。团队做出架构选择。

范围： 不将客户迁移的原因分析范围局限于经济方面。这是为了更全面地理解客户的问题与决策，拓宽分析情境。将项目分析的范围扩大到对客户的全方位研究也有助于对一系列新问题的考量，比如客户战略、投资计划、高管的动机、客户与竞争对手的关系。可以将问题延伸到其他客户的选择还有很多。

分析框架： 走出传统的客户需求导向分析。目的在于确定本公司和其竞争对手的价值定位，并进行比较。团队从各个方面分析了 Dip 公司和相关竞争对手的客户体验，而不是简单地对从前的产品和价格进行比较。

关注点： 根据收集到的数据提出问题。这是为了抓住机会刨根问底。该团队在极力避免提出预先设置好的同质化问题，这是企业文化的特征。随着调查逐渐深入，团队发现了预料之外的竞争环境因素，包括哪些非高端市场竞争者可能推出新的突破性产品。

视角：要求员工设身处地为客户考虑。目的在于暴露公司对客户、竞争对手和市场竞争的预判，然后加以验证。团队安排两名成员设身处地地为客户考虑。全面检验客户的战略、行为和行动的分析，其中不乏错误分析。比如，客户对所有供应商的忠诚度都不应被视为理所当然，而应该要去付出争取。

情境：明确竞争情境的变化将如何影响客户行为。目的在于确保研讨能尽可能多地了解与客户有关的竞争情境。结果：员工提供了分析研讨所需的竞争信息。

构想：在从数据到指标（到初期推断）的过程中多提假设问题，这样可以鼓励团队成员"向下挖掘"。询问客户的迁移决策是否有其他原因、客户战略重点的变更是否使行为背离初衷、迁移决策是否预示着没有征兆的决策。

数据：不偏好任何数据类型/数据源。目的在于鼓励团队成员寻求多样化的数据，包括各种外部的观点和判断，而不是简单地接受从前信赖的外部数据（行业专家、公认的技术领先者，以及供应商、经销商和终端用户）。

指标：将搜寻变化指标作为数据收集和分析的重点，目的在于提醒所有团队成员注意指标的目的和用途。[126]架构要素确保数据收集的目的是对指标进行检测和评估，重点在于发现变化之后理解变化，而不是汇总数据。

分析团队利用架构，为 Dip 公司提出理解客户的独特方法。架构为团队提供了一套收集和分析客户数据的原则。

VP公司案例

VP 公司的分析团队也做了几个架构选择。

范围： 不只关注竞争对手，还应重视客户和竞争环境。这些领域的变化是相互联系的，想要理解竞争者价值定位的转变，需要先理解客户的反应。

分析框架： 制定一套全面的竞争者价值定位分析框架。要熟知客户价值的方方面面，不只关注产品和价格。

关注点： 提出被长期忽视的问题。利用数据衍生出关于竞争对手价值定位、客户动机、竞争环境下的变化动态问题，这些问题都有价值。

视角： 让员工来扮演竞争者与主要客户。安排员工从竞争者的角度思考，因为竞争者会随时调整价值定位。

情境： 关注竞争环境变化对竞争者和客户的影响。仅仅考虑当下的竞争环境是不够的。如果可以捕捉到一两年后市场上可能出现的产品特征，就会有所裨益。

构想： 要求员工从每项指标中得出多种推断，这样员工可以看到指标和情境信息中更深层的信息，做出系列推断详细说明各指标之间的深层联系。

数据：走出传统的数据类型与数据源。要全面了解竞争对手新的价值定位和客户反应，需要获取公司从前忽略的数据和数据源。

指标：坚持搜寻指标，监控指标变化。只有分析团队注意到所有相关指标，才能全方位地了解竞争对手的价值定位和客户反应。

VP 公司的分析团队在工作的初期制定了这些架构原则，记录竞争对手的变化。

（1）看

八大情境分析元素旨在鼓励员工改变观察的角度。[127]范围、框架、关注点和视角提供多种看待问题的角度，比如谁是相关的竞争者、客户行为会有什么变化、监管政策计划将会如何展开。要想展开构想，首先要能"看"到。构想出虚拟竞争者可以使分析团队意识到当前竞争对手战略的局限性。无法"另眼相看"，就无法产生新的初步推断。以下两段叙述说明架构对员工"看"的影响：

直到我真正体验了一天从前客户的生活之后，我才发现他们没有成为我们的长期客户的原因。

将新兴替代产品供应商作为潜在竞争对手后，我们很快发现，被我们当作新市场机会的产品很可能遭到该产品的淘汰。

（2）想

架构会考验你的思维重点和思维方式。范围和框架提醒我们要去揣摩客户，而非仅仅关注客户需求；揣摩竞争对手不仅仅要考虑他当前的市场战略、价值链或成本结构，还应站在客户、竞争对手或监管机构的立场上，从他们的视角思考事件、挑战和难题。其中可能存在陌生的或颠覆性的问题。

架构对于思维方式的影响也许更加重要。随着将分析重点从传统的产业结构分析转向生态系统分析，团队渐渐拥有系统思考的能力，能在更广泛的行业领域内评估内部和外部参与者的行为。模拟竞争者、顾客或竞争变化的问题时，分析团队需要以未来为出发点，进行逆向思考：去思考竞争者、客户或竞争环境的影响[128]。

思维要则（见表3.2）强调想法和思维方式的变通。否则你很难说自己做好了架构的准备。准备工作包括搜寻架构机会、应用八大情境分析元素、管理架构期的人员配置。下列经典的客户评论印证了架构对思维的影响：

在运用了各种框架分析我们的主要客户（包括财务、营销、供应链、成本结构、主要高管履历及其客户联系）之后，我们终于意识到要将关注点转向客户的商业战略，否则我们无法解释客户近期的行为和决策。

将消费者的社交网络纳入分析范围后，需要将消费者看作一个整体的网络，而不是单一的个体。

（3）计划

如果组织不重视执行和部署架构，就无从发展。架构所带来的价值通常并不直观，所以架构的需求通常不会自发地产生。尤其当分析团队面临压力时，架构的需求愈发降低，投入的时间也会更少。他们在潜意识里认为当下所做的事已经无可挑剔。

此时为架构做准备显得并不明智。如前所述，员工需要经历架构才能体会它的潜在价值。这样做的好处在于，随着架构的推进，员工产生推断（和洞察）的积极性通常会增强，他们逐渐意识到范围、框架、转移关注点和采取其他视角的"甜头"。下列例子说明了改变计划的重要性：

从前我们对公司产生市场洞察的方式非常自信，这是公司年度环境分析的一环；直到领导者要求我们研究竞争者洞察、客户洞察和渠道洞察时，我们才意识到自身的市场分析方式需要改变了。

一位高管要求我们搜寻架构的关键机会。我们发现几个关键机会遭到忽略，因此打算定期进行机会审核。

（4）决定

计划需要转化成为决策。决策很可能包含新的选择和承诺，比如某员工决定评估组织思维准则和数据要则的准备程度，以及对架构的理解程度（见表3.2和表3.3）。如果他（她）想要通过架构提高分析质量，就必须确定最佳的架构方式：要分析哪些项目？如何将架构概念引入研讨会？应该侧重哪些架构元素？如何应用这些元素？（比如怎样广泛地应用范围或视角）如何决定元素的重要程度？人员参与？如何快速推进架构研讨？怎样更好地将架构方法融入当前的分析模式也是一个需要考虑的问题，如情景模拟、竞争性博弈和其他形式的商业分析。在更微观的层面上，员工在寻找趋势的联系和指标间的规律时，架构开始萌动。下列是一些有关决策因素对架构重要性的评论：

我当前使用的分析方式使分析项目陷入僵局；直到被迫采取其他的框架和视角后，我才决定改变处理分析项目的方式。

我的分析团队勉强同意使用架构要素搜寻新的架构机会。在看到应用架构要素的益处后，我们决定着手研究如何将架构快速应用到所有关键分析项目。

（5）行动

思维准则和数据要则如果不能催生行动，就只是纸上谈兵。在架构三要素的应用过程中，员工也需要行动起来。员工要评估哪些当下或未来的分析项目可以产出最好的潜在洞察。这种评估的方式也是与众不同的：坚持使用多种情境分析要素，确保没有占据绝对主导地位的框架或视角，搜寻支持或驳斥双方的指标。对分析范围、框架和视角的应用进行常态化的质疑；当关注点从当前的竞争者、行业、政治或政策分析转向未来时，员工提出了新的问题；如何才能更好地发挥构想？下列论述说明了架构活动对行动的影响。

我们总是等到项目出现之后再进行分析。实际上，第一次审核现有项目，搜寻关键架构机会也是一种日常分析工作。

　　传统的分析方法是提出一套预设的问题，以此作为核心展开关于客户、竞争者和行业的分析，所有类别的分析都是如此。但分析要素可以带领团队快速制定针对具体分析项目的问题集。

（6）感受

　　如果不加以促进或抑制，情绪可能会影响架构三要素的方方面面。如果架构的参与让人看到产生更好的洞察的可能性，让人觉得积极振奋、充满参与感和希望，那么他们可能会鼓励周围的人也以不同的方式观察和思考，由此大大提升初步推断的多样化。如果它带来更多的负面情绪，人们犹豫不决，意识到架构的参与需要个人或团队全情投入，那么就只能勉强投入工作，所得出初步推断的多样化也会大大受限。下面的论述说明了情绪的影响力：

　　我们团队需要确定情境分析要素应用的主要机会。但这一任务却让我们感受到了恼火、被轻视和贬低，因为这种任务看似简单，而且管理团队并不认可我们的选择。我们再也不想做类似的事情了。

　　当我们改变关注点，采用多种外部利益相关者的视角来观察团队对新问题的回应时，我对团队接受新的分析流程的速度感到欣慰。

3.8 架构误区

经验表明，未经历架构活动的组织容易走入4个误区[129]，影响架构的研讨和思路方法。第一，草草确定架构机会，对非显要分析项目投入时间不足。这种项目可以从架构活动中获益，但由于未意识到架构的重要性而使分析项目的研讨受阻。这一情况主要针对低价值的洞察项目。第二，只采用八大情境分析元素中的一到两种，造成团队的研讨没有将其他分析元素的价值利用起来，架构方法严重不足。第三，分析团队或分析项目缺乏新鲜元素。研讨过程由个人的传统思维主导，分析方法照旧。未将表3.1和表3.2中的架构原则和实践纳入考虑。第四，未将每一次的架构实践看作学习机会，使得架构无法做到与时俱进。

3.9 架构的实现与夯实

架构并不是一种需要精雕细琢的能力。下列步骤可以帮助你所在的部门或组织引入并夯实架构。

（1）研讨思维和数据要则

在架构的三个要素（识别洞察机会、分析情境要素、确定架构期人员参与）施行之前，思维准则和数据要则（见表3.1和表3.2）提供了研讨的关键点。表3.1和表3.2右栏关于架构原则和实践的内容为分析团队提供了架构任务的思维框架。比如不应怀有自以为是的预设、不应偏重任何数据源、不应轻信任何数据。

（2）评估组织的架构情况

不幸的是，架构工作常被夸大，人们难以全面掌握架构内容研讨与方法。所以我们需要提出相关议题，总结和评估所在部门或组织的实际情况（见表3.4）。架构方法越不直观，就越需要根据思维准则和数据要则进行研讨，利用六大洞察因素评估架构的准备情况。

（3）使用六大洞察因素评估架构的准备工作

根据每个因素延伸的议题来评估分析团队的架构准备情况。记录下团队有能力去看、去想、去计划、去决定、去行动、去感受，接受架构并愿意付诸实践的证明。表3.4将相关问题罗列出来。

表 3.4　评估组织的架构情况

主要问题	详细问题
你的部门或组织中是否存在一位公认的负责架构期工作的人员？	团队中是否有具备专业的架构资历的人员？该人是如何获得相关资历的？他是否在项目分析中受邀分享自己的专业知识？
对于新的分析项目，是否存在对架构机会的正式评估？	部门或组织是否建立了新的分析项目列表？是否存在一套标准用来评估哪些项目可以从架构中获益？是否做出了应用标准的相关行动？
是否识别现有分析项目中的关键架构机会？	你的部门或组织是否制定了实施中的分析项目列表？是否建立了一套架构项目顺序的依据？是否认真挑选评估人员？

主要问题	详细问题
是否在近期的分析项目中应用了架构，如何证明？	谁负责领导架构工作？最重视哪些架构要素？情境分析要素如何协助新数据的产生？每个要素如何产生具体指标？
是否设置讨论架构问题的会议？	会议的目的是什么？提出了什么具体的架构议题？由谁提出的？出于什么目的？下一步行动是什么？
部门或组织中是否进行了架构培训？	是否对分析小组进行了架构工作的培训？该培训的有效性如何体现？该培训与具体洞察项目的联系是什么？

（4）任命架构负责人

当组织不重视架构时，需要任命一位架构负责人指导监督架构三要素的应用。通常情况下可以将这部分架构职责赋予当前分析项目的负责人或高级职员。负责人要确保将上述的架构决策和六大洞察因素纳入研讨，以便所有相关人员了解他们面临的选择以及决策背后的理由。

（5）搜寻架构机会

在组织的日常分析工作中，架构机会随处可见。先选择一到两个架构会对其产生决定性影响的分析项目。利用下列3个问题搜寻项目：

- 当前或预期关于事件、机会或风险的分析是否对组织影响重大？

- 是否有证据表明分析工作常常没有使用架构要素？
- 能否提出论点证明正确应用架构能提升分析结果（产生卓越洞察）？

如果答案是肯定的，那么你很可能已经发现了重要的架构机会。

（6）情境分析元素的应用

在确定的架构机会中确立八大情境分析元素的核心地位。负责人提出相关元素，思考它在分析项目中的适用性。这种审慎的方法确保每个人都能参与情境分析元素如何产生影响的讨论。

（7）形成基本的架构规则

Dip公司的案例启示我们，围绕基本规则展开研讨是启动架构的有效方式。基本规则可以在一定程度上确保研讨围绕思维准则和数据要则展开。比如要预测和评估竞争者的未来战略选择[130]，而不是仅仅分析竞争者的当下战略，这对竞争者洞察项目的方方面面都影响重大。

（8）总结架构经验

每项架构任务都有经验价值，我们可以从中学习到如何单独或整体应用三个架构要素；针对每个分析情境要素可以提出什么议题；如何以适当的速度推进分析工作；在哪种情况下更多的架构时间投入无法收获相应的回报。

可以撰写一份架构经验总结来告诉员工架构的细微差别和优点，创造抓人眼球的故事，体会架构的价值。

（9）延伸架构

最后一步是将架构三要素延伸到关键的决策和绩效领域的分析当中。在市场营销中，架构要素可用于决定关键分析机会，确保多种情境分析元素的运用。

◉ 3.10 小结

架构是对洞察工作的提前介入。架构三要素为洞察工作早期阶段的分析做好准备。确保洞察工作产生有价值的推断是形成变革洞察的关键，也是下一章的重点。

探查：做出初步推断

CHAPTER 4

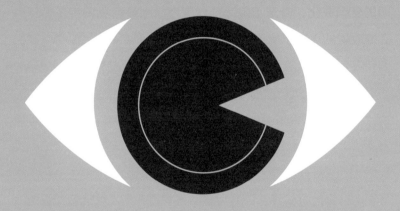

洞察力原则
建立与众不同的市场洞察机制

THE INSIGHT DISCIPLINE
CRAFTING NEW MARKETPLACE UNDERSTANDING THAT
MAKES A DIFFERENCE

架构活动产生的独特市场数据和变化指标在其他情况下极容易被忽略。指标是思维产生推断和洞察的原料，但我们往往在事后才明白应从哪些现有的数据（指标）中对某事做出推断。有时你太过投入于数据或数据情境，以至于错过明显的推断（洞察）。贸易展上某竞争对手的分析师执着于了解主要竞争者近期的营销变化，以至于她完全没有考虑到该竞争者将在半年内完成收购的声明可能引发的战略转变。就像在亲密关系中，我们即使看到了反常的行为、言语或倾向，往往也没有意识到问题的严重性。

我将在本章中讲述将指标转化为初步推断的方法，也就是探查活动。我将介绍探查的含义，3个探查核心行动以及探查的相关议题，然后解释探查和架构的联系，利用Dip公司和VP公司的案例说明探查的方法步骤，最后总结一套提升个人或组织探查能力的经验。

◉ 4.1 什么是探查？

探查活动就是得出基础或初步推断。初步体现在它在指标出现的短期内得出，迅速、本能且未经审核。随着数据浮现与指标的获得，探查开始，它产生尚待评估的推断，这是从数据走向高质量推断继而形成价值洞察的第二步。

（1）探查的普遍性

下列例子可以证明探查机会的普遍性。

- 某高管看到一则晚间新闻的报道指出，某政府部门研究小组将公布未来的十年大型基础设施（道路、桥梁、铁路和地铁）的增长数据。她立即想到相关的行业影响，于是得出了一个通用市场推断：所在行业的产出需求可能是巨大的。

- 某大客户在与营销主管的日常通话中表示，她认为公司某产品的销售业绩会与上年持平。于是该营销主管推断相关产品零件的销售很可能已经进入平稳期（尽管该公司的销售估测值很高）。

- 某国际银行全球产业分析报告中的一个脚注指出，如果未与邻国达成不改变水流方向的协议，这两个国家可能面临严重缺水。该分析师立即推断，如果发生水资源冲突，该地区的几个竞争对手的产能和产量可能会大大受限。

探查几乎可以在任何情境下发生。表4.1指出了一些引发探查机会的变化。在这些情况下，指标一旦出现，分析和管理人员就可以着手从中产生推断（如果有的话）。

虽然探查在各种相关文献[131]和实践中的关注度极低，但它存在于所有的洞察工作中。实现了数据的架构之后，下一步自然就是探查活动了。

表 4.1   探查的推断举例

数据 / 指标	探查（可得出的初步推断）
竞争者：小对手赢得了不少当地的中型客户	推断：该竞争者可能已经拥有制胜的价值定位，它可能在当地区域以外的地方具有相关性；客户正在寻求不同于以往的产品方案
客户：长期客户投身于竞争者	推断：竞争对手提出了更高的价值定位；我们要将价值传递给该客户
大多数竞争对手在某工业品领域的销售情况出现了意想不到的好转	推断：客户为产品找到了新的应用点；产品的营销策略和价值定位（与以往方法相比）发生改变；客户的销售额增加导致需求增加
某行业技术大师在接受某行业刊物的采访时断言，技术的发展大多是相关行业的技术发展，将会在 5 年内淘汰行业中的核心产品	推断：未来的中长期预判被过分夸大；行业的主要参与者对行业环境了解不足；竞争者们当前的研发投入很可能付诸东流；如果客户意识到这些技术即将问世，可能会撤回订单
某供应商正在与另一家供应商谈判，希望获得其先进技术零件的专利使用权	推断：我们的供应商计划用一年左右的时间大幅升级产品线；供应商与竞争对手之间的竞争很可能愈发激烈
某领先的经销商宣布了新条款，对产品要求更加苛刻	推断：经销商团队认为某产品将实现增长；管理团队认为该产品没有前途，想将其脱手；管理团队知道他们对所有供应商都很重要

（2）探查：三个核心行动

如果探查成为洞察工作的重点，成员需要关注它所涉及的三项行动。其中每项都可以促进数据（指标）向洞察转变。[132]

感知行为

架构的目的在于制造探查机会，人们在察觉到探查机会后得出初步推断。与客户面谈的高管或听取竞争对手季度安全分析会的经理需要留心探查的机会。很多时候探查未能产生。我们会花大功夫采取不同客户群或竞争对手的视角进行思考或重构分析框架（如详述公司的生态系统），却将探查工作推迟到架构期的结尾。将每一个新的指标视作数据收集机会，也影响了探查的展开。分析师阅读不同来源的研究结果或报告，总结关键的结论（有时非常具体），却没有尝试去进行初步推断。

推导行为

一旦识别到了探查机会，就需要从相关的数据或指标中进行推断。一方面来说，想象自己是客户，或想象自己正在阅读咨询公司的技术变革报告，会感觉到这些数据仿佛在透露特定产品市场中新的竞争动态。还可以运用思维的力量，得出关于竞争动态的具体推断和发生原因的具体推断。

表述行为

推断的产生是一个思维过程，需要以直观的书面形式记录下来。我们需要锻炼思维去表述推断结果。多种推断并存的情况也会存在，此时我们得出的推断可能是：当前产品可能比预期更快被淘汰，在一两年内，产品的差异化程度会远大于预估。表4.1列举了一些关于推断的表述。

（3）公司的指导问题

经常有人问我："我们可以从初步推断中得出什么？"问题的答案取决于你的问题对象是否为外部环境中的"行动者"，如组织和个人、趋势、规律和不连续性。如果关注点是某组织的具体指标（如高管的声明或该组织的营销战略变更），或个体（们）的具体指标（其言论和行为），可参考下列通用问题，它对外部环境中的公司或个人的早期初步推断进行了概括总结。

- 它表明或可能表明该公司怎样的意图或计划？公司客户的询问和质疑可能透露出怎样的近期采购目标？消费者对新一代产品的疑问？对当前产品的规划？有什么指导意义？

- 针对该公司的未来行为，它透露出怎样的信息？政府机构的近期发言将预示着怎样的政策法规转变？消费者生活重点的转变会如何影响消费模式？

- 怎样解释该公司当前或预期的行为？与零件供应商结盟的谣传将如何影响供应商与客户的关系？消费者可支配收入的变化将如何影响他们的品牌偏好，进而影响消费选择？

- 某公司在特定情况下采取的行动意味着什么？竞争者近期在某地域市场的行动将怎样预示其在别的地域市场可能采取的行动？消费者在某一方面的支出（如教育）对其他的支出有何影响？

- 某公司的战略动向、行为、明确计划或目标、近期声明背后的动机是什么？竞争对手对产品系列的突然削减能否说明新任首席执行官想要降低成本？消费者对特定产品类型的偏好是受新的环保意识影响吗？

这些问题启示我们，单一的指标变化也可以是多种初步推断的起点。每个推断所引申出的问题都可能引发人们对公司全新的理解，比如对消费者潜在行为的了解会使人好奇背后的动机。

（4）问题引导：趋势、模式、不连续性

管理者们投入大量时间探测和证实趋势、模式（趋势的组合）及不连续性，却很少花时间推断变化情况。如果能观察到这一点，那么你很了不起。这说明了探查思维的缺失，也意味着当前的趋势、模式和不连续性的潜在洞察价值未被发掘。你可以利用下列普遍的可变化问题来扩展搜寻初步推断的范围、框架和关注点。

- 变化程度：趋势、规律或不连续性的变化程度如何？某地的销售变化大于还是小于预估？竞争者的销售情况在持续稳定增长后突然下降（不连续性），这是不是该产品领域的新现象？
- 新兴/未来变化：趋势或规律的变化预示着什么？
- 因果联系：谁会推动变化的方向？
- 因果要素：除公司之外，还有哪些因素可能引发趋势、规律和不连续性的发生？
- 领域联系：该变化与领域内其他趋势、规律和不连续性所反映的变化有何联系（图1.2）？
- 跨领域联系：这种变化与其他领域的变化有何关系？

- 竞争空间洞察和通用市场洞察：这种变化在各领域内或各领域之间可能产生什么竞争空间洞察和通用市场洞察的后果？

◉ 4.2 思维的探查准备

探查是理解数据和指标变化的第一步。上一章中的思维准则和数据要则（表3.1和表3.2）启示我们，这种理解需要思维来完成，否则第2章VP公司案例中的一系列事件（数据转化为指标，指标产生推断，综合推断积累成为洞察）就不会发生，无论是整体流程、瞬间灵感还是长期的研讨结果。如某神经学家所言"思维是大脑的工作，它对信息进行某种处理，思考就是一种计算。"[133]

虽然无法完全掌握思维的工作原理，但神经科学发现了许多大脑的"本能"（表4.2）。没有这些基本能力，人类就无法进行推断与探查（以及整个4S周期——架构、探查、塑造和成型）。思维可以在一瞬间产生推断，从单个指标中形成多种推断，以闪电般的速度形成系列推断，有些甚至相互矛盾。对探查来说，思维的重要性在于通过它可以得出推断，激发产生关于未来的观点，而这些观点如今还并不明朗。

思维的能力也提醒我们关注探查的原理和实践（表4.2）。我们需要为初步推断做好准备，从单个（系列）指标中得出多种（相互矛盾）推断。如果可能的话，应从多方视角出发进行推断。我们应鼓励员工产生与组织的主流思维模式或团队的预判和信念相悖的推断。

表 4.2　神奇的推断生成器——思维

思维能力	探查原则与实践
思维的生产力：思维可以从任何给定的数据集（指标集）中生成推断	探查应具有目的性：发动大脑相关区域得出初步推断 使用多种思维模式，产生多样化的变化推断
思维的生产力：单一的数据点也可以引发多个推断	探查不应忽略单个数据或指标 单一指标可能引发对许多不同事物的推断
思维的即时性：思维的速度令人震惊！很多时候推断是在一瞬间产生的	探查的宣言：释放推断 不要抑制产生推断的冲动
思维的复杂性：思维可以形成一系列的相关推断	探查可以展现出一系列推断的关联性
思维的灵活性：思维可以得出相互冲突，甚至截然相反的推断	不要制约有冲突的推断：它们可能来自不同视角，有利于产生新理解；探查期要一视同仁地对待所有初步推断
思维涉及的内容：思维利用现有的数据和理论产出（关于未来的）推断	探查受思维模式推动和影响，有时受经验所限要从不同视角进行探查
思维的激发性：思维可以产生关于未来的观点，而这些观点如今还并不明朗	探查期产生的初步推断超越当下的指标和情境，描绘出未来的"图景"
思维的非指涉性：你无法意识到自身思维的不足；需要参考他人的视角	不要假定预测的准确性 即使是初步推断，也需要接受审核

　　理想情况下，探查可以成为团队或组织的一种思维方式。每位员工都应坚持搜寻探查机会（感知）。他们也许还不知道可以

从获得的数据或指标中得出什么推断（推导），可以以口头或书面方式将推断记录下来（表述）。最高级的探查思维表现是熟练执行上述步骤，尤其是感知和推导。感知、推导、表述初步推断是一个自然的过程。

人们设法理解市场领域的变化。在更广阔的竞争空间中（图1.2），你必须了解一个基本事实：思维无法直接获取外部环境的真相。[134]它只能"估测"外部环境的状态，无法确定这种"估测"（判断）是否符合甚至接近真实的外部环境。[135]关于未来的判断也存在疑问。第2章VP案例中形成的综合推断和洞察就是对现象、事件或问题的最佳"估测"。

"服务当下"对于洞察工作至关重要。第1章所指出的市场变化的普遍性和恒定性说明，在任何时候，思维对变化的理解（估测）可能都不符合外部环境的真实情况（当然也包括未来的情况）。[136]我们需要抛开观念中的某些元素，或者我们的思维模式，重组或重建其他元素，所以可以将思维和组织当作一场永不停息的理解变化的战斗。

◎ 4.3 探查：关键步骤

下意识的思维推断并不是难点，真正的难点在于如何引导和培养思维审慎地、高效地进行推理。好在我们的大脑并不需要太多的刺激。洞察力原则强调的研讨和思路为探查提供指导。

探查的3个核心行为——感知、推导和表述构成了探查方法。

这是一套分析步骤（表4.3），它推动初步推断的产生，使表4.2中的推断能力得到充分运用，进而确保探查为下一个4S活动（塑造）提供最佳输入。

表 4.3　探查的关键步骤

感知：察觉并确定初始指标

第一步：识别探查机会

第二步：明确并细化相关指标

推导：产生即时推断和初步推断

第三步：进行即时推断

第四步：提出指标及其情境的相关议题

第五步：进行初步推断

第六步：考虑能否得出其他推断

表述、检测并确定初步推断

第七步：对推断进行初步的思维检测

第八步：整合初步推断

　　探查是一种思路方法，而不是一次性的活动，得出推断并不意味着探查结束。你可能会经常思考"我们能从这些数据或指标中得出什么"这样的问题。"可能性"这个词很重要，本章后面将会提到。有关A的所有给定指标都可能产生A的直接推断以及B到Z的多种间接推断。这种"可能性"也提醒我们，从特定指标的变化和情境中首次提取出的某些内容只是初步推断，有待进一步发掘和审核，因此它们被称为初步或基础推断。

◉ 4.4 探查：联系架构

探查与架构联系紧密，几乎无法分离。架构的目的就是为探查提供思维条件和机会。这也是架构数据、搜寻指标、理解情境的原因。第3章所罗列的每一个架构分析要素都可以应用到表4.3中的探查步骤当中。

（1）范围

洞察背景的范围扩大后，探查机会从中产生。研究人员和分析人员需要明白，扩大后的分析范围中产生的新数据和指标包含着直接的探查机会（表4.3中的第一步）。这是一个常见的例子：

客户胜负分析[137]可以从旧客户中获取大量数据。确定客户的迁移原因的相关指标（第二步），如供应商行为（销售人员的行动、价格上调、高管态度）可以促进推断的产生。这样的推断是无法通过与当前客户交流得出的。在客户回答关于供应商的后续问题（第四步）时，分析师从当前供应商的报价或前供应商的员工行为中产生推断（第五步）。可能是现客户未曾注意的推断，如竞争对手产品功能的初步推断会促使分析人员搜索供应商产品性能及相关比较的指标（第六步）。所有推断过程的参与者都应进行一个简单的思维检测（第七步），评估初步推断是否可以经受住初步审核。举一个推断的例子：与产品功能相比，服务（即及时提供必要的优质服务）已成为差异化的关键。人们可以对支撑这种推断的数据和推理提出质疑。最后，分析人员或研究团队记录下他们得出的初步推断（第八步）。

（2）分析框架

分析框架的改变会催生新的数据和指标。如果分析团队无法探查到初步推断，新的分析框架也就没有价值。下面的例子印证了延伸分析框架的潜在价值。

某医疗保健公司的研究团队开始针对竞争空间中各单位日益复杂、紧密的关系进行生态分析时，表示有必要研究非政府组织（non-governmental organizations，NGOs）的作用。他们收集了一些NGO的数据和指标（表4.3中第二步），包括地域分布、对行业参与者的要求、与某些竞争者的合作原因。接着团队成员迅速探查出了一些初步推断（第五步）：NGO的地位逐步提高；NGO正在声援某一立场，这一立场可能使公司对所面临的庭审非常有利；NGO对可接受的营销实践的影响力增强。借由上述推断，可以看到一个正在变化的竞争空间。NGO的例子证实推导是一个包含多重任务的过程（表4.3）。

（3）关注点

对主要问题的关注发生转移会带来新的数据和指标，揭示探查的新机会。新的关注点越是偏离组织或分析小组的传统关注范围，就越需要对相关指标进行明确和细化（表4.3中的第二步）。举个例子：

某工业品公司获得了新的数据和指标，当他们关注终端用户、消费者及其交易数据或直接客户时，得出的推断差异较大。

在某案例中，一家防护材料和服装配料制造商决定密切关注材料的所有使用者或穿戴者，而不仅仅是制造产品的直接或重点客户。团队根据使用者和穿戴者的声明和行为收集到一套数据（表4.3中的第二步），然后得出下列即时推断（第三步）：用户希望得到最佳的保护；用户希望活下去；用户不在乎产品的制造者；用户从不关注标签和品牌；用户会听从他人的意见。团队提出了与指标及其情境相关的一系列问题（第四步），如用户会在什么情况下关注一个品牌。

其他人认为与安全性相比，这并不重要。分析团队得出了两个主要初步推断（第五步）：用户不在意"品牌"，他们关心的是服装能否在特定条件下提供安全保护。到这里似乎无法再得出反驳推断了（第六步）。无法提出反驳推断可以成为两个主要初步推断的初步思维检测（第七步）。分析团队确定并完善了第五步中的两个主要推断和一些其他推断。该团队还表示这两个推断与终端客户偏好的长期预判互相冲突。[138]

（4）视角

从他人视角出发，思考可创造独特的探查机会，它从根本上改变了你感知环境的角度。要求某人采取其他视角思考，就是让他从该视角出发进行探查。下列日常事例说明转换视角所带来的影响。

团队在竞争模拟中扮演竞争者时，需要像竞争者一样思考和行动。[139]当他们内化了竞争者的职责和特征后，开始设身处地从竞争者的角度出发思考。他们面临新的指标（第二步）：例如竞争对手正在进行的投资，正在考虑的行动，以前没有意识到的计划。团队开始探查，对自己假设的竞争对手（如该竞争者的资产在当前战略中的杠杆率较低）、情景模拟中的其他竞争对手（如某竞争对手当前战略基础比预判更强）、竞争环境（某竞争者如采取特定战略就可以轻松主导某产品细分市场）进行初步推断（第三步）。当他们深入了解竞争对手的战略、计划、资产和行为后（第四步），做出进一步的初步推断（第五步和第六步）。团队成员快速检测推断的可行性（第七步），并罗列出初步推断（第八步）。从竞争对手的角度出发，思考无疑能带来一些与众不同的推断。

（5）情境

对指标情境的阐述不仅可以加深指标认识，还可以创造探查机会。

法规： 当立法者提出修订法规时，探查活动可以推断出法规的最终形式、通过立法的时间、落实到具体政策的时间和方式、受益方和损失方。

技术： 许多分析团队发现，对新兴潜在技术的了解，可使人们推断出现有产品客户群的潜在增长率或挑战传统市场观点的竞争者的关注点。

（6）构想

构想尚未显露的事物可以使团队获得初步推断，这些初步推断难以从组织文化、观念系统和思维模式中获取。构想可以推动假设问题的产生，描绘未来的图景，检验初步推断。

虚拟竞争者：虚拟竞争者的战略为探查领域推断（如潜在的客户需求、可能的产品方案、竞争者的资源限制），竞争空间推断（如竞争博弈规则变化），通用市场推断（如市场机会的概况、竞争对手当前战略弊端）提供了许多机会。

大数据分析：通过挖掘消费行为和购买倾向的数据规律可以得出理想购买体验的初步推断，而当前的数据集无法体现这种体验。

（7）数据

所有架构分析元素都能证明，新数据是天然的探查机会。团队应该思考数据反映的话题、事件、企业、趋势、规律或现象的变化蕴含着什么。下面是一个我最近遇到的案例：

在新产品开发过程中，与医疗供给领域的知名技术专家就替代产品展开讨论，从而得出了新产品面世的可能性、发展的障碍、谁有可能最先进入市场等结论，以及可能对竞争空间产生的影响的直接推断（表4.3中的第三步）。与专家进一步就替代产品出现和市场渗透的预计时间流程进行的讨论评估（第四步）激发出两个初步推断：替代产品的出现会导致一些现有的竞争对手退出市场；另外出于技术原因，一些现有的客户群体无法继续使用该产品（第五步和第六步）。快速评估这些初步推断后（第七步）形成了一系列明确推断。回顾这一系列推断，我们发现有必要检视公司对市场的深层看法。

（8）指标

设定指标是识别和监测变化的手段，也是探查的关键。然而通常人们只关注数据，不关注指标。架构活动的指标识别、分类和评估速度越快，探查就能越快发生。在具备探查思维的情况下，感知探查机会，然后得出初步推断，是一个自然的过程。不具备探查思维就很难发现指标是否符合，就算发现了也不会投入时间进行初步推断。下面是两个错失探查机会的例子：

大数据分析：当今的分析工具或大数据产生大量精心处理的趋势和规律，它们通常与消费者的行为及其原因有关。但我发现在分析这些数据时，并没有思考可以从关键的指标中得出怎样的初步推断，而是直接产生了一些发现或结论，或许也没有对相关的变化指标进行识别与研讨。

客户：分析团队在分析近期案例时发现了一个趋势——客户需要花很长的时间才能做出购买决定。实际上可以将这一趋势看作指标（表4.3中的第一步），立即进行探查（第四步）。但事实上团队并没有这样做，他们错失了产生一些初步推断的机会，例如这一趋势是否会持续、可能怎样发展、是否会加剧、谁会对它产生影响，以及它对领域或竞争空间的影响。

Dip公司案例

第 3 章中的 Dip 公司案例[140] 描述了该公司利用一套架构原则进行分析的过程，用于分析虚拟的忠实客户迁移到其竞争对手的原因。同时介绍了探查阶段的步骤：感知、推导、表述。团队的架构选择也深刻影响着探查的方式和结果。

感知

在本案例中，感知探查机会的任务被分配给了分析团队。客户声明将离开 Dip 公司而投身另一供应商，这一变化指标很快引起业内人士的关注。显然公司需要了解客户离开的原因。然而，表 4.3 中第一步和第二步所示的感知行为并不简单。

第一步：识别探查机会

获取关键指标。本案例中的解约公告不一定是探查机会，尤其在探查多重推断时，可能存在一些相互矛盾的推断。在记录、描述、传达数据或指标的过程中，很少有相关人员思考能从中得出什么初步推断。在本案例中，由于团队遵循了关键架构原则，所以没有掉入快速推断的陷阱。实际上，团队的判断回答了"为什么"的问题，接着面临的是影响问题，"你能做些什么"。这里要遵循范围原则，即不要将分析局限在客户的迁移决策上。团队需要很快认识到探查机会的范围非常广阔，需要加深对客户、竞争对手和竞争环境的了解。

第二步：明确并细化相关指标

自认为满意且忠诚的客户突然宣布将与竞争对手合作。据

Dip 公司所知，该竞争对手基本的价值定位并无明显转变，这一举动十分让人意外。这在一定程度上促使人们接受了前一章所述的架构原则，如分析框架原则。跳出公司传统的基于客户需求的分析框架，说明团队已经意识到单凭警示指标难以全面了解客户的迁移决策，还应该去搜寻与客户相关的其他指标。

推导

除非用于推断（判断出指标发生变化的原因），否则架构原则和指标没有意义。

第三步：进行即时推断

在客户发出声明的同时，团队开始做出推断。这并不反常，只是人性的决策而已。[141] 需要考虑的根本问题也很简单：团队应该从客户的迁移中得到什么启示？根据销售人员的叙述和对客户了解，在进一步收集警示指标和情境数据之前就可以得出两个推断：客户在竞争者的报价中发现了新的价值；或由于近期公司高管与客户之间的沟通不畅导致客户部门中一些人员严重误解了 Dip 公司的承诺。[142]

在产生初步推断时，我们默认指标具有可用性。所以其他指标的搜寻应该是常态化的。在整个案例中，Dip 团队一直在寻求特定的客户指标，包括其过去的行为、当前的业绩成果、管理团队的变化、竞争对手的某些指标和与竞争环境相关的指标。

第四步：提出指标及其情境的相关议题

即便数据可能具有破绽，指标含混不清，思维模式和思维能力仍能使你得出上述两个初步推断。但这并不能成为个人或团队拒绝阐述和完善关键指标及其情境的借口。要牢记，理解任何指标变化都离不开指标情境。

Dip 公司团队采用的两项架构原则影响了对警示指标和指标情境的理解。视角原则：让两个人从客户的立场进行考虑（有别于 Dip 公司的立场），这可以矫正公司针对客户的老的思维方式。数据原则：不偏重任何数据或数据源，可以使团队得到尽可能多样化的指标和指标情境，也可以避免被某些数据类型或数据源蒙蔽，进而避免过早结束探查，影响洞察的产生。

在对警示指标（客户迁移）研讨过后，分析团队提出一系列加深指标理解的议题：该声明的具体内容是什么？谁做出声明？做出声明的时机是怎样的？声明从哪里发出？

如果不了解相关情境，回答这些问题时可能会产生极大的误导性。其他问题也与情境有关：你对客户业务有多少了解？客户与竞争对手之间是否存在某种关系？你是否忽略了一些可能表明客户对我方报价不满意的指标？竞争环境中的哪些事件可能对客户行动产生影响？

第五步：进行初步推断

由于数据搜集的目的是回答议题，而架构关注原则，在收集数据时提出的相关议题影响着初步推断的产出和数量。早期的研讨内容关注快速推断，着重讨论下列问题：为什么做出这一举动？竞争者做了什么诱导行为？客户对我们公司不满的表现和原因是什么？

团队很快得出下列推断：[143]

为了满足客户表达出来的具体需求，竞争者改变了价值定位。

竞争对手也许正在进入新的战略阶段——为细分市场领域订制方案。

客户重设了对方案（来自任何竞争对手）的要求。

该客户可能之前就与竞争对手有合作关系，并且双方已经进行了一段时间的沟通。

第六步：考虑能否得出其他推断

人们很容易过早结束推断。团队成员以为他们已经穷尽了得出新的推断的可能，无法发现新的可用指标。我们要常常思考能否再得出其他推断。两个架构原则可以防止推断过早终止。从数据到指标再到推断的转化过程中，构想原则注重提出独特的假设问题。"如果客户与竞争者之间存一些特殊关系呢？"架构的指标原则将识别变化指标置于数据收集和思考的中心，鼓励团队去搜寻变化的指标，而不单单进行数据整合。比如在搜索销售人员的意见时，团队的工作方式由简单的评论、分类、整理改为搜寻这些评论中的变化指标。分析团队对相关竞争情境进行思考后，进一步得出两个推断：

或许是出于对老供应商彻底退出市场的担忧，客户试图与新的供应商建立合同关系。

供应商之间的竞争过于激烈，导致客户担忧某些零部件的功能质量。

表述

架构原则鼓励分析团队"广撒网"，然后从中产生初步推断。

但在投入更多时间却无法获取收益时，它也可以提醒团队何时收手。表述的过程不仅包括罗列初步推断，还要对其进行初步的思维检测和快速审核。

第七步：对推断进行初步的思维检测

乍看之下，所有初步推断都合情合理，但其实它们有待审核。这里的审核与下一章的塑造活动的正式审核不同。[144] 这里的审核指分析团队的成员对每个推断进行快速思维检测。哪些数据和推理过程可以用以支持或驳斥初步推断？这时要对初步推断进行简单的修正，但不用太完美。

第八步：整合初步推断

最后，作为塑造活动的"原料"，团队需要将初步推断以书面形式记录下来。有时还需为推断归类，这就是探查的结果。记录下来的列表数量也许非常可观，不必担心，下一章会解决这个问题。

VP公司案例

本案例在上述案例的基础上进行拓展。需要再次强调的是，探查活动是一个长期"进行"的过程。

感知

探查机会的感知不是一锤子买卖。在 VP 公司的案例中，营销和其他部门的人员很快就注意到了客户更新价值定位所形成的挑战，也感受到了客户的明显回应，但他们没有立即着手进行探查。他们得到了一些具体的指标，但直到其他同行也开始关注竞争者的计划和行为，他们才得出初步推断，而这时已经错过了探查早期的推断"红利"。

推导

和上述案例相同，新指标的出现有助于形成初步推断。第 3 章详述的架构原则可以弥补探查架构思维的缺失，引导分析团队扩大可变指标搜索和初步推断的范围。探查思维也在分析的过程中得到发展。成员意识到了得出初步推断的重要性；一旦新的指标出现，就着手进行推断（图 2.3 至图 2.5）；他们领会到审核初步推断的益处（表 4.3 中的第七步）。探查思维也在一系列的探查操作中走向成熟。

整合初步推断随时间推移使阐明每个推论都变得更加重要。VP 案例中的分析团队在看到一系列具体的初步推论雏形时，意识到了扩展每个关键分析领域推论范围的重要性——即竞争对手的价值主张、客户的反应和竞争环境。其实在塑造和成型之前，团队成员就已经意识到，他们必须重新构建对所有竞争对手的了解，包括他们的价值主张，客户对他们价值的反应，以及价值主张与客户反应之间的相互联系。

◉ 4.5 探查的推断：走出单一推断

　　思维是信息处理的动力，它以我们尚未了解的方式和速度工作。它可以在一瞬间产生直接（间接）推断，甚至能产生一系列的推断。表4.2中的每一种思维能力都能得出远超搜寻范围的初步推断。

直接推断与间接推断

　　当你明白指标A的变化可以形成BCD的间接推断，早期推断的价值[145]就显现出来了。思维建立了这种令人震惊的间接联系，我们需要对它有所察觉并加以利用。推敲指标的细节和情境也有助于产生间接推断。给予适当的刺激，思维就可以建立联系。

　　间接推断提出了一个分析困境。思维的独特之处在于它能够提出假设的问题，思考不同于现在的包括关于未来的可能性，构想当下[146]和未来情况。因此，思维的卓越之处在于它能将一种情况下的变化与另一种变化联系起来，得出间接推断。探查的优点则是证明看似虚无缥缈的间接推断的有效性，它创设了产生新理解的研究路径。试想下面这个真实的案例：

　　某业务分析员在展会上听取主要竞争对手的副总裁发言（指标）："公司可能在18个月内进行一次被动收购，这是前所未有的决定。"她立即得出推断：在未来三年内，最大的产品–客户的竞争空间动态会有较大起伏（可能对我们当前的战略产生不利影响）。她将这一推断传达给战略副总。团队进行了案例模拟，试图预估如果一方进行收购，另一方会有怎样的行为回应，然后将分析报告呈给了董事会。该分析报告对公司的收购决策产生了较大影响。

探查的弊端体现在分析和洞察工作的后期。员工会产生无法被数据和推断证实的间接推断，这是想象力和纯粹的思维产物。不过表4.3中的探查步骤可以排除这种低质量的间接推断。推断初期的思维检测或非正式的审核也有助于剔除明显的错误推断。

情境的重要性

间接推断的困境印证了理解指标细节与指标情境的重要性。如果不了解产品在客户运营中的契合点，不了解客户的痛点或产品应解决的问题，不了解客户的购买能力，就无法准确预测客户对替代性产品上市的潜在回应。对相关情境的了解越深，得出间接和直接初步推断的速度就越快，可信度越高。

（1）间接推断的普遍性和重要性

得出间接推断的机会远比想象的更多。

趋势

间接推断产生于单个趋势中，这是最基础的分析单位。趋势的变化也就是某个指标的变化，我们可以据此得出对趋势走向的推断，这是典型的直接推断。如凭借某客户群的整体销售颓势可快速推断出销售情况将保持停滞或增加或下降，这取决于个人对客户群的竞争环境变化的预期。但是就变化的理解而言，间接推断能更好地捕获趋势中的变化，还有可能帮助我们理解其他领域的变化。因此由某客户群的销售颓势可以推断出当前和潜在的竞争动态的变化（比如某些竞争对手会采取降价措施，某些竞争者将增强产品功能）、客户行为解释（比如某些顾客在等待新产品进入市场）或优质产品的出现（比如某新进者提供的性能优越的产品）。

领域内

初步间接推断在各个分析领域内占主导地位（图1.1）。由竞争对手即将发布的研发部门报告反映的变化（如研发突破）可以间接推断出其新产品上市时间、市场和销售策略的转变、产地和制造方式，以及需要的人才类型。

跨领域

在很多情况下，思考指标变化会如何影响其他领域更加重要。即将发生的政策变化可能使分析人员立即对某些竞争者的行动、政治领域的发展方向或技术的演变做出初步推断。竞争者价值定位的变化推动客户需求的相关推断。

规律

有效的间接推断通常来自领域内部和跨领域的指标趋势规律。从在都市长大的千禧一代的消费行为的趋势，可以间接推断出他们的汽车购买行为和使用情况。跨领域的趋势可以阐释投票行为的规律，进而间接推断出可能提交法院的案件类型或多种基础设施的投资情况。

不连续性

可以成功升级洞察的推断往往是关于不连续性的推断。根据最高法院推翻的判决常常可以间接地推断出其他领域问题和决策的变化（政治、社会、监管、科技、经济、生态）[①]。竞争对手某一产品线销量的突然下降能间接推断出客户的购买行为、相关产品领域的技术发展或某监管规则即将发生变化。对间接推断的审核是必要的。要对从指标变化到产生推断之间的推理过程和依据进行检验，所以清晰表述间接推断非常必要。

（2）推断的范围

如果探查过程被过早画上句号，只满足于所得出的寥寥推断，团队可能会错过一些潜在的价值。探查活动的本质就是得出多种间接和直接推断，很多时候它还可以生成一系列令人惊讶的快速推断。团队应该重视这种间接推断。试想在美国：

在围绕所有政府（联邦、州或地方）议会或行政监管机构未来的投票架构数据时，可以对政府领域展开直接推断（谁可能会影响投票结果，投票是否会遵循政党路线，个体会如何投票，为什么采取这种方式投票），对政府领域展开间接推断（投票结果会如何影响其他进行中的投票，如何将新的问题提上议程），对其他领域展开间接推断（投票最终导致的司法决策，投票的后果）。

随着事件的展开和情况的变化，思维会自动依据架构思维进行推断。你的目的在于了解事件发生的情况和背后的原因，也就是了解投票的结果，而不能等待它的发生。[147]

---

① 此处指美国地区。——译者注

（3）系列推断

思维的卓越之处在于它能以下列形式产生一连串相互联系的推断：由A得出B，由B得出C，如果C那么D，等等。[148]竞争者领域是初步系列推断的常见来源。

我们讲回竞争对手即将宣布的研发声明，探查活动得出竞争对手即将宣布一项技术突破，一连串相互联系的初步推断进入脑海：技术突破需要新的制造工厂，而这又需要新的供应商参与，进而产生新的人才需求。将这些初步推断结合起来可以产生有关其他领域的推断。对即将进入市场的新客户的推断可能会反过来影响现有竞争者的长期行为，进而影响竞争者在当前市场的短期战略。然后分析团队可能会继续进行初步推断，认为竞争空间可能会被重塑（第1章和第2章中的潜在竞争空间洞察）；这种竞争空间洞察又可能被大多数竞争对手视为重大风险（第1章和第2章中的通用市场洞察），从而推断出某些领先的竞争对手别无选择，只能大幅改变历史战略。

一连串相互联系的直接和间接推断阐明了将这种联系表述出来的重要性，也就是探查的第三步，以便进行非正式和正式的审核。[149]

◉ 4.6 连接洞察漏斗

探查活动与洞察漏斗图中的每一种转化相关（图1.2）。上文已经讲过，思维可以快速探查到推断，产生竞争空间洞察和通用市场洞察，甚至产生影响洞察，最终形成业务影响。实际上，借助间接推断也能快速发现潜在的竞争空间洞察或通用市场洞察。下面是一些例子[150]：

（1）从领域到竞争空间洞察

一组初步客户推断中的某个规律往往能产生竞争空间洞察。例如关于某产品市场或细分市场增长中断的可能性的推断。某项新制造技术的产生声明或某个竞争者计划退出某一地区的发言可以产生关于竞争威胁和竞争强度变化的间接推断。

（2）从领域到通用市场洞察

对竞争者战略潜在变化的初步推断可能很快催生间接的通用市场洞察，比如对市场机会可能减少的推断。

（3）从竞争空间洞察到通用市场洞察

第2章的VP案例中，在针对竞争空间洞察进行研讨时，战略的制定需要参考多方价值。它将决定竞争者的输赢，决定哪些公司将无法实现过渡。相关的初步推断表明市场的长期主要预判以及竞争的制胜因素将发生大幅变化。

（4）从通用市场洞察到影响洞察

在研讨通用市场洞察时，团队可以在瞬间得出影响洞察的初步推断。从初期对新兴市场机会或战略漏洞的相关叙述中可以快速推断出某机会是否与公司相关，或者公司的当前战略是否也存在类似漏洞。

这里需要再次强调，这些只是初步推断，它们可能无法通过将在下一节详述的审核，所以它们不是决策和行动的基础，只是在收集数据时得出的经过架构的初步推断。

◉ 4.7 探查和六大洞察因素

六大洞察因素可被用来评估探查思维是否存在。如果没有发现新的探查角度，未鼓励其他人员参与探查，也没有推导和阐述多种推断，那么就很难证明存在探查思维。如果团队没有看到从指标中提取多重推断的价值，不愿思考间接推断之间的联系，也没有兴趣搜寻探查机会，他们大概率不会执行探查方法。

即便不具备探查思维，六大洞察因素也可用于检测个人或团队探查工作的准备情况。根据每个因素提出不同方面的探查问题，判断个人或团队是否使用探查活动来产生洞察（表4.4）。比如在某案例中，有些人非常抵触思考与得出间接推断，他们只想等到各种逻辑毫无漏洞、万事俱备的情况下进行推断。在另一个案例中，有些人认为制定推断，寻找不明显的指标，质疑公司资源配置的指标没有意义。他们的探查准备做得十分有限。

表 4.4　探查与六大洞察因素

六大洞察因素	探查输入	探查输出
看	察觉架构机会	察觉延伸指标范围的需求
	意识到探查对换位思考的潜在价值	理解当前的变化怎样预示未来的变化
	意识到规律作为推断源的重要性	意识到要对既存的思维模式稍加改变
想	提取间接推断；梳理出直接和间接推断的顺序；对新的数据或指标变化进行换位思考	注重指标之间的新联系
		关注新的变化因素
		提出关于变化的新议题
		鼓励产生不明显的推断
计划	形成探查思维	投入时间与精力突破初步推断
	鼓励他人加入探查	锻炼探查技能
	关注自身探查能力	
决定	确定探查的重要性并投入行动。提取可能的推断。阐述推断以便他人进行检验	投入资源利用探查结果。创设合适条件，生成并整合初步推断
行动	积极寻求探查机会	了解探查失误，学习如何预防
	提取更多推断	
	搜寻间接推断	与他人合作讨论和检测初步推断
	制定系列推断	
	请求他人评估推断	
感受	保证产出和检测初步推断时的积极情绪	在推断过程中感受良好
		反思情绪如何影响探查的每个步骤

　　判断的结果可以动员人们建立探查思维，执行探查方法（下

一节将继续讨论）。

　　与架构相同，在团队进行探查后，可利用六大洞察因素评估探查的结果。从洞察工作制度化的角度出发，可以重点关注下列3个标准。第一，技能与知识：员工是否打算为提高探查能力做出努力，并决定了提高方法？第二，研讨：团队是否将探查的产出（初步推断和系列推断）作为对话的依据，拓展新的思维和行动方式？第三，持续学习：个人或团队是否反思自身行为方式，从每一次探查活动和项目中吸取经验？比如团队是否创设相关条件复盘提高探查的方式，尤其是消除探查失误的方式。

◉ 4.8 探查：作用与重要性

　　探查在洞察工作中的作用和重要性不言而喻。缺失探查思维与探查实践会严重阻碍洞察的产生。试想这个常见的案例，高管们与客户进行深入交流，内容涵盖了供应商与客户关系的各个方面，但高管没有积极探查推断潜在的客户需求或客户对即将上市产品的预期反映。显然，客户发言和表现中的潜在影响就这样被错过了。对于已经注意到的信息，由于缺乏重视度也未经评估。这次客户访问没有收获应有的价值。

　　架构并不是终点，它给予探查便利性和机会。探查（和架构）为后续的4S活动铺就道路，它的目的不是获取完美的数据配置。

　　探查强调不要等到数据架构完成才开始推断工作，这样会耽误推断的产生，甚至因为过于重视数据架构而无法获得相应的收益回报。执着于从最广泛的数据源获取"质量"最高的数据，尤其是高准确度的数据。这是组织常见的误区。

开始探查活动后，不论产生的初步推断多么不成熟，往往都需要改善。情境分析要素提供了独特的架构方向。在Dip公司的案例中，第一个初步推断改变了分析团队的分析范围和重点：理解竞争者与理解客户同样重要，有时甚至更加重要。团队认识到客户决策的情境信息必然包括竞争者和更广泛的竞争情境。

◉ 4.9 架构：预防主要错误

对于在组织文化下工作的员工来说，培养探查思维，进行探查实践并不容易。 组织存在固有的工作流程，要求快速回应上级的问题，所以出现表4.5中的错误是正常现象。对这些错误加以识别和预防可以大大提升探查的效率和质量。下面强调的错误也侧面反映出探查对洞察工作的巨大作用。

表 4.5　基本的探查错误

感知

· 否定探查思维的必要性。"我能发现探查机会的存在。"

· 没有对数据和情境进行架构。"情况很简单，没有必要从多个角度出发考虑数据。"

· 忽略其他可用指标。"其他数据 / 指标没有价值"。

推导

· 在数据收集整合的尾声才开始探查。"掌握了所有数据之后才能更好地进行推断。"

· 局限于单一的概念性框架或视角。"没有必要对营销以外的事物进行推断。"

表述

· 没有对即时推断进行表述和修改（尤其是当它被认为具有洞察价值时）。
  "我已经想到了；我会记住的；我了解它。"
· 过早地结束推断。"这是从这些数据中可以得出的最关键的推断了。"

（1）感知

即使意识到探查的重要性，员工有时候可能无法积极地寻求探查机会，研讨也没有发挥作用。Dip公司案例中的一些员工最初也没有意识到可以从竞争对手那里吸取经验。

（2）推导

作为变化的新理解，洞察常常会对个人和组织固有的思维模式形成挑战。[151]如果不改变这种思维模式，那么围绕探查到的赞成或反驳推断（即使是不成熟的推断）的研讨工作就难以展开。如果某人发现某项推断与自己的思维模式产生冲突，又没有将这个推断阐述给他人进行评判，这就是严重的探查错误。[152]在某案例中，两名员工没有说出"一些客户把服务视为最重要的差异化因素"的这个推断。因为高管团队已宣布服务不是影响客户购买标准的重要因素。

从一个（组）指标中只得出单一推断会弱化探查的价值。引发新的综合推断或洞察的往往是第二或第三个初步推断。这就需要多名员工参与其中，其目的与架构的目的相似：范围、关注点或视角的转变有助于产生多样化的推断。

另一个常见的错误是过早结束对初期推断的探究。这样的推断即使准确，也可能无法解释具体的市场变化。比如某员工信誓旦旦地推断："一些客户对某产品的功能评价颇高。"如果这一产品即将被新产品淘汰，那么这一推断就失去了价值。

（3）表述

围绕未来市场变化的研讨往往很短暂，如果初步推断没有被清晰地表述出来，研讨甚至不会开展。比如客户很可能被其母公司出售；或消费者正在从低质的社交媒体上获取产品的关键信息。如果这样的初步推断没有分享给其他成员，关于其效力和业务影响的研讨也就无从产生。

◉ 4.10 提升探查能力

针对你的部门或组织，利用下列三个问题进行自省：你将多少精力用于提取指标变化的全部价值？谁是一个好的探查者？你对自己的探查工作评价如何？根据我过往在不同组织中的经验，我猜想你的答案已经证明有必要为提高组织的探查能力做出行动了。下列是一些提高探查能力的方法：

（1）评估探查现状

判断分析项目中是否进行探查、探查工作的程度如何。依据探查方法的步骤对员工提问。比如：是否阐明指标情境？是否积极搜索其他指标？是否快速得出初步推断？是否对得出的初步推断进行初步检测？是否将推断阐述出来并进行分类？

（2）使用六大洞察因素

在单个的分析团队中使用六大洞察元素。依据探查的不同方面提问（表4.4），比如员工是否看到了探查的价值所在？他们是否从中得出初步推断，进一步思考关于客户和竞争对手的问题？是否就探查的作用进行研讨，以便发掘新的洞察目的？如果参与了探查，他们的感受如何？假设问题可以很快反映出团队对探查的理解和实践情况。

（3）制定探查教程

如果团队没有意识到探查的重要性，不了解它是激发和推动洞察过程的推断源，也不知道如何施行探查，组织或许应该为员工提供某种形式的探查指导。这种指导应该侧重于探查的目的、探查方法的顺序（表4.3）、相关的研讨重点，以及如何预防典型探查错误。即使这种指导只有一个小时的时间，也可以利用一组探查案例为分析团队介绍探查过程的注意事项。

（4）判断：你是一个探查者吗？

探查总归是需要人来执行的，有必要对自己的探查效率进行评估。提出并尝试回答表4.6中的问题来判断三种探查行动的表现。

表 4.6　你是一个善于探查的人吗？

感知

- 你想过探查者应该是怎样的吗？
- 你是否在日常工作中寻求探查机会？
- 你能否在工作中发现无法进行探查的时刻？
- 你是否会针对某个话题、时间和问题搜寻多种指标？
- 你能否动员其他人一起研讨识别探查机会的必要性？

推导

- 你是否很快得出初步推断？
- 你是否重视间接推断？
- 你是否产生系列推断？
- 你是否在推断中寻找规律？
- 你是否对看似重要的初步推断进行快速检测？
- 你是否与他人一起探讨你得出的初步推断？

表述

- 你是否重视阐述初步推断？
- 你是否利用多种方式进行阐述？
- 你是否请求他人质询你的初步推断？

（5）提高个人探查技能

　　评估自身的探查能力可以发现需要提高之处。某些提高探查技能的建议（表4.7）需要自我反思和同事的评估。选出一个分析项目，将你所做的探查工作列举出来，然后进行评估，这是一个好的思路。然后认真考虑怎样提升自己的表现。如果你没有去搜寻分析团队或组织传统范围之外的指标，就思考一下如何怎样实现这一点。

表 4.7　提高探查技能的方法

感知

- 挑选一个你参与的分析项目，然后回答以下问题：
- 你能确定哪里存在探查机会吗？
- 你能看出探查的增值点吗？
- 你会不会和他人一起思考你们是否错过了探查机会？
- 熟悉主要的感知误区，学习杜绝方法（表 4.5）。

推导

- 选择某个指标：你能从中得出什么类型的推断？
- 你得出推断的速度有多快？
- 能否得出关于其他主题或公司的推断？
- 你能否观察到推断之间的规律？
- 你能看到推断中可能的矛盾点吗？
- 参考他人从这一指标中得出的推断。
- 你是否错过了某些推断？为什么呢？
- 为了得出新的推断，你需要了解该业务及其竞争环境的什么信息？是对客户、竞争者、市场动态的更准确的理解吗？
- 了解主要的推断误区，学习杜绝方法。（表 4.5）

表述

- 你能快速地将推断以书面形式表述出来吗？
- 当获取了更多情境信息后，你会对推断进行重新思考吗？
- 是否询问他人如何更好地表述推断？
- 了解主要的推断误区，学习杜绝方法。（表 4.5）

如果你的推断内容只围绕着某些主题或公司（如客户或科技），那么你需要考虑扩展初步推断的范围。

（6）预防探查错误

识别并学会避免常见的探查错误（表4.5）有利于提高探查技

能和自我评估的效果。如果你意识到不能将探查推至数据收集的后期，就会在数据出现的同时着手得出初步推断。

（7）探查项目的制度化

假设分析团队的成员已经完成了上述探查步骤，收集了数据并获取了指标。[153]成员发现探查机会，得出初步推断，并将其视为早期分析项目加以阐述。在员工取得探查经验的同时，探查工作也随之自动展开。

◉ 4.11 小结

探查活动是由指标形成推断的过程。它促使思维注意到指标中隐含的变化，并加以思考。探查方法是一套适用于单个或多种指标的分析步骤，所得出的一系列的初步推断为塑造洞察铺路架桥。下一章将对此进行讨论。

塑造：打造变革洞察

CHAPTER 5

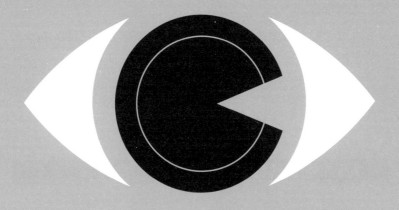

洞察力原则
建立与众不同的市场洞察机制

THE INSIGHT DISCIPLINE
CRAFTING NEW MARKETPLACE UNDERSTANDING THAT
MAKES A DIFFERENCE

　　洞察工作中的研讨工作是探查结果向变革洞察转变的最佳体现。反复的分析工作和复杂的人际问题使这一过程充满各种可能。这样繁杂冗长的过程与决策的及时性相悖，但分析过程过短又会影响洞察的质量，因此审慎有序的方法必不可少。初步推断→综合推断→初步洞察的这一转变的过程就是"塑造洞察"的过程。

　　本章主要介绍塑造活动的核心方法，阐明方法之间的联系和指标在研讨中的作用，最后提出提高组织"塑造水平"的方法。我将使用上一章中的Dip公司案例、VP公司案例，以及新增的"猩猩竞争者"案例来介绍相关步骤。

◉ 5.1 塑造洞察：研讨与方法思路

　　研讨和思路方法是洞察力原则的两大关键，塑造工作也围绕这两部分展开，二者协力产生塑造活动的成果即暂定洞察。表5.1中总结的分析方法指导我们开展初步推断和初步洞察的分析。在VP公司案例中这些步骤都有所涉及。这一方法可以提升原始数据或初步推断中产生高质量洞察的可能性。确保分析工作不会被其他紧迫任务中止，也不会被个别成员为了争夺头筹的蓄意阻挠而破坏。

表 5.1   塑造活动的关键步骤

反复的分析工作和复杂的人际关系使初步推断向洞察的转化过程充满各种可能。但其中也存在应该遵循的关键步骤。
完善对指标和情境的理解
第一步：完善对情境的理解
第二步：明确新的关键数据点和指标，从中得出新的推断
形成综合推断
第三步：将初步推断分类
第四步：寻找类别之内和类别之间的联系
第五步：制定初步的综合推断
第六步：审核初步的综合推断
第七步：整合修改初步综合推断，形成建议性的综合推断
形成建议性洞察
第八步：审核建议性的综合推断
第九步：将建议性的综合推论整合成为建议性洞察
第十步：审核建议性洞察

（1）繁复的分析工作

VP公司案例表明，从初步推断形成暂定洞察的过程十分曲折。繁复的分析工作是从初步推断到初步洞察的必经之路：随着某人对洞察情境的进一步了解，他们的判断和观点会发生转变。我们需要思考为什么表5.1中从暂定洞察转化为成型洞察[154]的过程中会出现反复的分析工作。

（2）繁杂的人际问题

形成洞察的过程中繁复的分析工作在一定程度上是由繁杂的人际问题所致。在研讨分析时，团队的不同成员难免有差异化的叙述和判断，因此繁杂的人际问题加剧也不足为奇。表5.1中的分析方法本身不是研讨动态的体现。

　　分析团队的成员对各自的初步推断、推断类别、综合推断，以及初期的洞察论述做出回应。讨论过程中难免出现意见分歧，成员会坚持自己的叙述和判断，并进行解释，这些解释和判断也是推断的重点。[155]适度的观点冲突有益于营造创造性的氛围。[156]促使员工对彼此的论述展开质疑，使初步推断形成更高级的综合推断和洞察。

　　表5.1的塑造步骤中还有一些原因会导致人际问题：

- 团队成员的塑造目标不同：一些人希望快速完成分析，而另一些人则愿意投入尽可能多的时间理解情境（第一步）。

- 一些成员对符合自己意愿的初步推断、指标（第2步）或初期综合推断（第7步）异常坚持，不愿意听取反驳意见。

- 有些成员不赞同且不信任他人的判断，这导致直接或间接的冲突，而这些冲突与具体的推断类别（第3步）或整个塑造活动（表5.1中的所有步骤）关系不大。

- 由于角度不同，一些成员对初步推断类别（第3步）或类别内、类别间的联系（第4步）这样直观的问题产生疑问。

- 需要投入大量的时间解决成员在初期综合推断（第8步）、建议性洞察（第9步）、暂定洞察（第10步）中产生的冲突。[157]

（3）塑造的多种方法

分析工作和人际问题的复杂性形成了多样化的塑造方法（表5.1中的各个步骤）。具体采取的方法难以预料。为了得出建立在推断集（集合）上的洞察，坚持某种方法并不容易，需要大量的反思和判断和执着的分析过程。员工应该仔细思考数据和指标。[158]建议性的综合推断或洞察往往并不直观，有待后期加以修正。和架构和探查相同，你也需要形成"塑造思维"。

5.2 形成"塑造思维"：推理

塑造的研讨内容涉及数据和推理。在我们的脑海中，这两个要素难以彻底分离。[159]思维以某种形式分析输入的信息，经过计算或创造得出包括推断和洞察在内的结果。在塑造过程中，这样的推理是判断的核心，它使推断走向数据的深层。推理过程大多是潜意识作用的结果[160]：人们意识不到思维如何推理、为何这样推理。虽然无法了解推理的运作原理，但我们可以了解集中推理原则[161]，以及他们对于表5.1中具体塑造步骤的影响。

表5.2中的推理原则启示我们，最佳的推理方式并不存在。不论是得出某类推断的论点，还是产生试行的初步推断或初步洞察，没有任何分析或规则可以被称为最佳推理模式。[162]塑造的作用很明确：不偏向任何分析模式，尽可能地搜寻推断、洞察和判断的依据。这样一来，推理过程就变得直观且可供评估。

表 5.2　推理原则

推理原则	根据	塑造原则与实践
推理过程无法具象化	只有 50% 的思维工作是在意识层面进行的；你无法意识到自己的思维内容和思维方式	我们无法预料自己何时会产生综合推断或洞察；需要仔细思考数据（指标变化），将所有推断纳入论证（推理）
直觉往往是点燃推理的火花	直觉是潜意识工作的表现；思维在自动搜索得出（即时）推断的联系（规律）	鼓励让直觉推动思维产生各种形式的推断。让大脑接受各种"线索"（指标变化），以此来刺激各种类型的推论。通过"记忆"理解背景，使其成为产生推断的辅助手段
推理中常常存在偏见	思维并不是一张白纸；它进行计算（推理）的方式受很多因素影响	注意自己的偏见；识别个人和组织中的偏见，它可能影响个人、团队，以及团队提出的初期洞察中的综合推断
要对推理进行（快速）检测与修正	推理中可能存在论点或逻辑漏洞	所有的推断（不论等级）都需要接受质疑与检验
不存在最佳推理	没有颠扑不破的推断规律	提出清晰明确的论点（推理模式），评估推断或洞察中的推理过程
不应该偏向任何个人推理	面对常态化的复杂变化，没有人可以确信他 / 她对未来态势的预判有绝对的优势	确保不同的思维模式产生差异化的、相互冲突的推断和洞察（包括推理过程）
推理与情绪密不可分	情绪是大脑中的固有组成部分，它以许多形式影响着推理（往往我们意识不到）	评估情绪对分析工作各个方面的影响（我们重视的数据、使用的数据源、采用的推理类型、我们支持和反对谁的判断、我们提出和反对的推断类型）

续表

推理原则	根据	塑造原则与实践
推理常常带来概念性的创新（新的叙述和解释）	只有思维模式、理论、框架、概念保持开放，新的叙述和解释才可能产生	鼓励个人创新观察和思考的方式，阐述趋势、规律、预测、新解释（检验推理过程和抽象判断的方式）之间的新联系
推理不会停止	市场永远处在变化当中	将塑造的结果置于变化的环境下考虑
推理通常不会产生完美的（主导）推断	考虑到竞争和组织环境的复杂性，推理通常不会得出具有支配地位的推断或洞察	鼓励所有人参与塑造分析的每一步，由此产生多样化结果；确保紧迫的分析项目不会出于表面的正确性而通过不成熟的推论或洞察；彻底审核所有初步推断
推理和推理的结果会随时间而改变	新的信息会形成新的推断方式	与时俱进地研究新的分析模式（执行塑造步骤的新方法）

完美的推理模式并不存在，只有5%的推理过程可以被意识到，我们无法完全掌握思维的内容和方式（推理）。因此我们要刺激思维"开始运转"。虽然推断（洞察的核心）可能会在某个时机产生，但等待时机成熟需要时间。[163]我们会在数据和推理的道路上循环往复。[164]

我们需要整合数据进行推断、思考推断，进行各种形式的推敲，有时还需使用相互冲突或相互对立的形式进行争论（推理）。即使不知道灵感何时到来，也要做好准备，等待时机的发生。即便灵感降临，我们也无从知晓它的由来，这是思维的赠予。[165]

大脑工作方式的隐性本质意味着直觉往往是点燃推理的火花。[166]大脑会自动搜索可以得出（即时）推断的联系（规律）。将直觉看作一段过程，是思维工作中的"一环"。[167]人们观察到的线索（数据点或指标）刺激思维发现联系或规律。[168]

记忆协助完成从线索到联系或规律的转化；使我们在无意识的状态下得到信息[169]，直觉由此产生推断。实际上，这种直觉推断是我们精神世界的重要元素。[170]熟悉变化的指标，建立相关的记忆，协助思维产生洞察。[171]

直觉对推理的重要性和推动性再次提醒我们：推理中常常存在个人认知偏见[172]和组织偏见。[173]这个现象也得到神经科学、心理学和行为经济学领域的充分证实。[174]思维运作的模式不会遵循哲学中的分析逻辑或者经济学和决策学的理性定律。表5.3中列举出了一些主要的认知偏差及其对推理的影响。偏见的存在提醒我们要对所有类型的推断与洞察进行检验。[175]将多样化的思维模式[176]纳入塑造步骤，使其经受推理的检验。这一点我将在后面的章节讨论。

分析团队也需要明白，推理不会停止，完美的推理并不存在。市场的变化永不止息。不同的人受不同的生活经历、教育背景、家庭环境和推理模式的影响，会产生关于竞争形势变化的不同描述。没有哪种推断能够以一概全。例如，关于竞争者就政策转变或替代产品出现会做出的预期反应可以产生许多种推断，包含不同的行为模式及其解释。

表 5.3　认知偏见对思维的影响

偏见类型	偏见描述	对于推理的影响	对于塑造的影响和启示
确认性偏差	搜寻数据和信息证实初步推断或洞察	无法注意意见相左的推断	将反证应用于推断和洞察的审核
近期偏差	首先关注近期的数据	推理被近期数据过度影响	制定推断和洞察时将较早的数据纳入考虑
事后聪明式偏差	为了说出"我早就知道了"而更改意见	没有提出改变推理重点的根本问题	通过质疑来巩固推断和洞察
框架依赖偏差	架构问题和情境的方式决定了看待视角	选择一种框架相当于选择一种逻辑	使用多种框架产生推断和洞察
结果偏差	事件或决策的结果影响你对相关人员的判断	你会由此增加或减少对某人的推断的关注度	让多名成员参与推断和洞察的制定与审核工作
信念偏差	对论点逻辑性和正确性的判断，是基于你的主观信念	轻率的接纳或拒绝推断，缺乏对推理的评估	不要"看人下菜碟"
锚定偏差	过分重视某情境或问题显要但不重要的特征	根据非重要因素产生推理	确保推断不受非重要因素的过分影响

　　任何时候，对任何领域（竞争对手、客户、政府、环境、科技，甚至是跨领域的）的理解都无法面面俱到，甚至可能与事实不符。[177]因此，所有类型的推断和建议洞察都要接受检验或修正。[178]当你注意到某个推断或得出了某个洞察，不要自以为是，去验证它吧。在审核综合推断和建议性洞察时（表5.1中的第8步和

第10步），你会做出相应的判断：它能否通过审核？它的有效性成立吗？

观念创新是塑造思维的根本[179]，要采取可以产生新描述、新预测和新解释的推理模式。[180]思维之所以能够描绘预测未来，是因为它可以进行假设、推测和猜想，由"发生了什么"考虑到"将会发生什么"，不受我们所指的"当前事实"与"真实环境"的约束。塑造活动的作用在于鼓励人们提出新的观点，寻找指标和推断之间的新联系，产生并检验新的假设或论点，尤其那些挑战了针对顾客、竞争对手、市场和组织自身的传统信念。[181]

Dip公司案例：客户迁移的塑造工作

第3章和第4章重点介绍了 Dip 公司的分析团队如何架构分析要素、如何探查出一系列的初步推断。现在介绍将初步推断转化为暂定洞察的方法（表5.1）和研讨重点。

完善指标和情境的理解

Dip公司的分析团队很快发现，塑造活动无法通过一个下午的会议完成，它需要更长时间。因此，有大量机会暴露员工对客户，竞争者和市场环境的预判。[182]

第一步：完善对情境的理解

上一章中的探查推断是分析团队对客户迁移公告的初步分析结果。每个推断都是团队对相关环境的理解程度的反映。团队需要意识到，随着数据的不断收集，对环境的理解也应与时俱进，这种理解可以体现在如下方面：某客户群或地域的价值定位变化；竞争者对彼此价值定位和其他变化的应对举措；哪些客户正在考虑更换供应商及其原因；客户有关决策和选择、产品、客户方案、行业状况，以及需求和欲望的公开言论。随着对这些环境因素的深入理解，可以更加顺畅地修改初步推断，产出新的推断。

第二步：明确新的关键数据点和指标，从中得出新的推断

团队在更新对情境的理解的过程中发现了新的数据点和指标。第 3 章的架构分析元素是理解新指标的良好工具。例如，将关注点由客户的当前需求转向未来的需求，团队会转而考虑客户的下一步战略方向，尤其是希望给客户提供什么样的价值。将分析框架由客户的基础设施转移到客户的价值链，分析团队得以判断公司向客户提供的方案能否提高客户的运营效率，为客户带来价值。

这些新的数据和指标（客户的近期行为）也会催生新的初步推断：

- 客户对市面上某产品的方案越来越不满。
- 客户发起了内部调查，研究对该产品领域不满的根本原因。
- 竞争对手确实在努力为该客户定制解决方案。
- 竞争对手打算采用新技术，该技术将在 12 ~ 18 个月的时间内大大提升为客户提供的产品方案的品质。

形成综合推断

综合推断对形成暂定洞察十分重要，在 VP 公司案例中也有所体现。它能提供客户、竞争者和技术等领域的新理解，这是初

步推断无法做到的。形成综合推断需要整合多个初步推断。其中常包含难以表述或为他人接受的判断。由于不存在完美的推理方式，所以我们需要详细阐明关键判断背后的论据。

由此看来，产生综合推断过程中存在繁复的分析工作和繁杂的人际问题也就不足为奇了。

第三步：将初步推断分类

在 Dip 公司案例的分析中，相对简单的工作是依据已经迁移的客户、其他客户、客户选择的竞争者、和发生技术和竞争能力变革的竞争者，而将推断进行归类。然后根据推断之间的联系，将上述群体继续细分。例如，可以将已经迁移的客户群体细分为客户行为、客户动机、客户计划和客户的内部组织。

第四步：寻找类别内和类别之间的联系

大部分初步推断之间的联系是深层的，并不直观。直觉在这里发挥了作用。 能否发现这些联系是观念创新能力的体现。这需要我们体会推断情境：阅读每一个推断，思考某个指标为什么会产生某种推断、两种推断是怎样相互联系的、为什么推断与多个主题相关，比如为什么客户推断和竞争者推断结合可以产生新推断。

这有助于在潜意识层面得出推断。即使没有多加关注，思维也能自己发现推断之间的联系。举例来说，将上述两个初步推断联系起来（客户对市场上的这个产品方案越来越不满，而竞争对手打算采取的新技术将在 12 ~ 18 个月的时间内大大提升产品方案），可以产生一个竞争空间洞察推断：新的客户方案可能会在未来两年内取代全部现有产品。

第五步：制定初步的综合推断

把初步推断联系起来可以形成综合推断，这一步骤不可或缺。任务下达后，员工将多个初步推断相互联系，产生初步的综合推断。Dip 公司分析团队在总结出一定数量的初步综合推断后意识到，需要对这些推断进行概括归纳。

第六步：审核初步的综合推断

这个步骤要求将推理过程可视化。团队快速审核了全部的初步综合推断：是否还存在支撑或反驳的论点？由此将初步推断的推理过程以直观的、可评价的方式表述出来。这一阶段的审核目的是对初步推断提出质疑，在必要的时候加以修正，使团队加深对推断背景以及推断之间联系的理解。由此看来，产生综合推断的过程中存在繁复的分析工作和繁杂的人际问题也就不足为奇了。

第七步：整合修改初步的综合推断，形成建议性的综合推断

推理作为观念创新的助推器，将一系列初步综合推断转化成为建议性的综合推断。融合了各类推断的综合推断是思维创新的最佳体现。

经过反复协商，团队就下列三个建议性的综合推断达成一致。

- 客户正在寻求新的方案，这种意向由来已久，但由于客户组织内部的意见分歧，未能将真正的需求全部表述出来。
- 大多数客户开始意识到一系列关联技术的快速发展带来新的潜在方案。
- 为了赢得几个新的关键客户，竞争者正在大力调整价值定位。

形成建议性洞察

建议性的综合推断为制定和审核初期洞察提供机会。产生洞察的每个步骤（表 5.1 中的第 8 步至第 10 步）都重点关注第 1 章中的理想洞察特征。

第八步：审核建议性的综合推断

审核修改后的初步推断时，应注意两个关键推理原则：不偏向任何个人的判断和意见，避免某种推理模式占据研讨的主导地位。审核工作要求团队成员从不同视角和利益点出发分析形势并说明理由。思考人们在进行假设时必然会提出的问题，以及为得到建议性洞察（之后会成为暂定洞察）而审核经过修改的综合推断时，繁复的分析工作和繁杂的人际问题是正常现象：

- 还有哪些初步推断与修改后的暂定综合推断有关？
- 这些初步推断如何支持或反驳当前的综合推断？
- 这些推断之间可能存在什么冲突？其中存在相互对立的推断吗？
- 有没有办法协调这些综合推断之间的冲突？
- 怎样进一步完善综合推断（洞察）？

这些判断和推理无法自证，它们为综合推断中逻辑和相关证据的研讨提供空间。当团队成员对彼此叙述的综合推断表示支持或反对时，容易出现一些人际问题。

第九步：将建议性的综合推论整合成为建议性洞察

理念的创新能预测未来，解释超越市场现状的理解，它将审核后的初步推断转化为建议性或暂定洞察。重点是产生包含新理解（相对于综合推断来说）的洞察，并展开研讨。所以彻底理解每个建议性洞察的核心逻辑很重要。

第十步：审核建议性洞察

Dip 公司的分析团队就两个初步领域洞察达成一致：一个客户洞察与一个竞争对手洞察。

客户洞察：有特殊技术（当前方案无法满足客户需求，科技也在不断发展）要求的客户需求（特定业务问题）出现。团队相信借由现有的数据和判断足以满足客户的需求。

竞争者洞察：竞争对手会在 12 至 18 个月内推出新产品。竞争者已经着手在客户中试验新方案的概念和具体元素。

从领域洞察到竞争空间洞察，再到通用市场洞察

当暂定领域洞察达成一致后，另一个推理原则出现：推理（思维）是持续进行的，它在不断思考新的方向。Dip 公司的分析团队很快意识到，这两个初步的领域洞察对竞争空间洞察和通用市场洞察有很大的潜在影响。

当研讨针对竞争空间洞察展开时，表 5.1 中的塑造步骤可以再次发挥作用。团队可以根据两个未来竞争环境的领域洞察描述（第一步）寻找相关的变化指标（第二步），研究关于竞争空间变化的初期推断（第三步），对初步推断进行分类（第四步），形成初步的综合推断（第五步），进行审核（第六步），整合成系列综合推断（第七步），进行审核（第八步），然后努力得出建议性竞争空间洞察（第九步），最后总结形成暂定竞争空间洞察。由此产生了两个竞争空间洞察：

- 所有旧的竞争空间中竞争者的产品、价格、服务规则都不符合迅速发展的新兴竞争空间的情况。
- 一些竞争对手（由于内部资产、硬实力和软实力）无法适应新的竞争环境。

另一个推理原则也深刻影响着通用市场洞察：推理中常常包含个人或组织偏见。通用市场洞察与单个竞争者无关。分析的重点在于领域洞察和竞争空间洞察中的市场后果，所以分析人员需要突破个人偏好与组织利益（偏见）对思维的束缚。

Dip 公司分析团队形成了 4 个具体的通用市场洞察：

- **市场机会：** 在未来两年内将会出现比当前产品方案大得多的新市场机会（新的客户需求出现，至少有一家公司可以满足该需求）。
- **竞争风险：** 客户会逐渐接纳新产品。
- **战略弊端：** 主要竞争对手的当前战略无法适应新的竞争条件的快速变化。
- **预判：** 在未来两年内，市场动态的所有关键要素，包括产品竞争、服务、关系和价格，将与之前大不相同。

形成洞察

当上述领域洞察、竞争空间洞察和通用市场洞察通过审核后，它们就可以对业务影响（思维、决策和行动）产生作用。我们将在下一章讨论这一过程。

意外因素

正如之前所提到的，洞察包含由旧到新的对市场变化的理解。

这样的转变可能是巨大的，也可能是意外的。暂定洞察揭示了出乎团队意料的新的客户需求。在团队之前的预测中并未考虑到竞争者会在 12 至 18 个月内提出新的方案。显然，在这一暂定洞察通过审核后形成了关键的通用市场洞察，这是用于决策的对竞争环境的新预判。与两个月前相比，这个新的预判包含关键的"未来观"。

VP案例：审核的作用和影响

在 Dip 公司案例，有关塑造的内容为我们展现了审核综合推断和初期洞察的重要性。推理原则和相关的塑造原则和实践（表5.2）会严重影响塑造的研讨内容与思路方法。第 2 章的 VP 案例详细说明了审核暂定洞察的分析框架（同样适用于综合推断）。

第 2 章中 VP 公司的洞察为：

客户洞察：客户市场正在根据需求细分，公司需要提供定制化的客户方案，一些客户会离开他们的长期供应商。

竞争者洞察：竞争者希望创造一个独特的方案空间，期望改变用户体验并愿意修改价值定位以超越对手。

竞争空间洞察：团队需要多维度的价值制定战略，它可以决定竞争的输赢，但有些战略没有这种能力。

审核建议性（或暂定性）变革洞察

审核的重点即为预期的洞察属性：新理解、新颖性、非明显性、一致性、阐释性和持久性，由此形成了两种相关的检测模式。评估暂定洞察的质量，判断它的新理解是否具有一致性和一定的阐释性，或者仅仅是思维的错误输出。高质量的洞察中的数据和推理经得起检验。之后判断该洞察是否具有新颖性，如果众所周知，或者已经被竞争对手识别，它就不太可能成为独特决策的基础。质量和新颖性检测密切相关，如果无法感受到建议性洞察或暂定洞察的新颖性，那么投入大量时间进行质量测试毫无意义。同样，如果所谓的洞察质量很低，那么投入大量的时间测试该洞察的新颖性也可能毫无价值。

审核主要是一种推理工作。与未来的相关度越高的变革洞察，就越需要翔实的推理过程。需要一系列的论据作为"案例"对建议性洞察或暂定洞察予以支持。还应关注表 2.5 中推理原则的影响：注意识别会影响推理的个人和组织偏见；一视同仁地审核所有建议性洞察；参考多种观点，让没有相关经验的人参与其中，协同评估具体洞察的根据。总之，在洞察漏斗图（图 1.2）的各个层级都应重视理念创新的效用，确保相关的阐述和检验。

审核洞察质量

洞察质量主要是指所洞察的内容与当前或潜在市场变化的一致性。哲学家称之为"真实商数"，学者称之为"现实一致性"。

如果 VP 分析团队发现的各种指标（如高管的声明、安全分析师的声明、投资情况、主要的资本动态及当前产品和供应商关系的私人承诺等）都表明竞争对手没有建立新的产品方案的意向，上述竞争对手洞察就不符合基本的质量要求（一致性）检测，也就是说这个洞察是不真实的。再举一个常见的低质量洞察的例子，某顾客洞察表示消费者对竞争者的降价做出积极回应，但实际上竞争对手优越的产品性能才是吸引顾客的主要原因。这其中也存在负面决策的影响。

建议性洞察是否能通过审核？审核可能会改变洞察的实质（内容），但不会大幅改变洞察的新颖性。下面两个议题是展开审核的良好切入点：

- 什么数据或推理可以支撑该洞察的主旨？
- 什么数据或推理可以反驳该洞察的主旨？

这两个议题可以促使员工再次评估建议性洞察和暂定洞察，审视连接基本推断和综合推断再到洞察的逻辑。

对 VP 分析团队来说，审核发起对建议性的竞争动态洞察相关数据和推理的冗长审查，而战略需要根据多重维度的价值制定，许多公司都难以满足这一条件。团队成员在研讨过程中提出了他们认为具有说服力的证据，以支持或反驳建议性洞察。在达成一致的最后阶段进行适当增添扩充洞察的内容；[183] 战略需要依据多角度的价值；它可以决定竞争的输赢，但有些战略没有这种能力。团队还对暂定的客户和竞争对手洞察（见表 2.3 和表 2.4）进行审核。这些洞察是否符合上述价值要求？新的战略要求是否会决定输赢？为什么一些竞争对手需要退出市场？

团队常常可以从审核中获取很多经验。研讨过程帮助分析团队了解下列信息：赢得客户需要什么？制胜的价值定位为什么会随着时间改变？团队所在公司的市场观点是怎样的？为什么这种市场观点需要与时俱进？

该洞察是否具有阐释性？ 洞察不仅是对现实的描述，[184] 包含真正的新理解的洞察通常可以解释某种现象：它可以透过表面现象看到事物的深层信息，可以了解引起某事的原因以及没有以其他方式发生的原因，可以理解成功或失败背后的缘由。两个推理原则尤其重要：推理永无止境；推理及其结果永远处于变化当中。随着洞察情境的变化，旧的解释逐渐过时，甚至不再有效。

就 VP 案例而言，上述竞争动态洞察指出了战略成功的必要条件和某些公司被淘汰的原因。这也是为什么一些执着于价格竞争的竞争者如果无法向多角度的客户价值定位转型就会失败。暂定的客户洞察——"客户市场正在根据需求细分，公司需要提供定制化的客户方案，一些客户会抛弃他们的长期供应商"可以解释某些客户行为（例如他们在供应商所提供方案中的关注点），以及客户离开传统供应商的原因（如他们正在寻找传统供应商无法提供的价格或方案）。

相关的研讨也为分析团队提供了一个绝佳的经验分享机会：保持对公司思维模式的质疑，思考公司的观点、预判和信念是否与当下或未来某一时刻的情况一致。[185]

审核洞察的新颖性

不具备新颖性的洞察不能被称为洞察。但许多初期洞察都自认为是"开天辟地"的。"新颖性"有两个参照点，分别是自身组织和外部环境。所以团队至少要考虑下列两个问题：

· 这个洞察中是否包含对组织的新理解？

· 这种新的理解是否已经为他人所知？

这种理解是否对组织有突破性的意义？团队要重点关注两个推理原则。在评估洞察的新理解时，很容易掺杂个人偏见和组织偏见。例如"近期偏差"使人们倾向于支持近期提出的洞察，即使从前的洞察理由更加充分。事后聪明式的偏见可能导致团队成员没有提出深刻的问题；他们自认为在朝着所谓的洞察方向努力。

如果所提出的洞察不能为组织提供新理解，我们就可以将其放弃。新旧理解的转变是显著的，如第 2 章所述。

VP 案例中的每一个洞察都应满足这一标准。试想一个竞争者洞察：竞争者希望创造一个独特的方案空间，期望改变用户体验并愿意修改价值定位以超越对手。竞争者愿意倾尽全力赢得竞争。如果旧理解与此相反，公司没有意识到竞争对手打算创造新的方案空间，并对自己创造的客户体验感到满意，那么新理解的重要性就凸显了出来。

这个洞察是新生的吗？ 如果某个洞察对组织来说是陌生的，但实际上是大环境中的常识，那么我们可以断定这个洞察在整个环境中不具备新颖性。它在思维、决策和行动中产生价值的潜力是有限的。这也许是受信念偏见的影响：人们会轻易接受新洞察，但不会去思考"新"的原因。

例如，分析团队可以提问，"客户根据需求呈现分化形势（有的需要完整的解决方案，有的需要基本的解决方案），需要定制化的解决方案和需要完整解决方案的客户会迅速离开长期供应商"这一暂定客户洞察是否已经被其他几个竞争者察觉。如果是的话，那么组织仅仅在意识层面上赶超了竞争者。团队得出的结论为，该洞察要素可能是由竞争者产生的，但这一结论是否是一个完整的综合洞察还有待商榷。[186]

（1）小结

审核产生暂定洞察。暂定洞察为成型期的工作提供素材，也就是最后的推断活动（在下一章中讲述）。所有暂定洞察的审核都不会永远持续下去。个人或团队必须在某个阶段竭尽所能地完成分析工作，他们保证对推断或洞察进行了最好的分析，并愿意接受业务影响的相关评估。

猩猩竞争者案例：人际问题的影响

竞争者洞察的塑造工作常常需要在不同的甚至是相互冲突的指标和初步推断、综合推断中吸取信息。这并不稀奇，对竞争者的行为变化会有多种理解；竞争者可能大幅更改长久以来的战略或运营方式；他们常常试图掩盖真正的市场意图。由于上述种种原因，繁复的分析工作中会出现大量的人际问题。本案例主要阐述人际问题对分析工作的利弊影响。

由于长期占据庞大且不断增长的全球技术市场的产品，某竞争者被亲切地称为"800磅的大猩猩"。近期出现了该公司将改变历史战略的迹象，包括高管对市场的消极预估、新兴产品技术出现以及全球市场增长放缓。

分析团队简明扼要地指出分析工作的核心挑战：明确猩猩竞争者的当前战略，进行未来战略预估，评估当前有关竞争者的洞察，如果可能的话研究竞争者洞察力是否有助于产生竞争空间洞察和通用市场洞察。[187]

重新思考塑造活动的计划与重点

人际波动预示着塑造工作的开始。一些成员坚持认为塑造工作不能局限于竞争者单一的战略预测所产生的推断。他们严肃告诫团队成员应当只专注于开发猩猩竞争者的战略预测，紧接着应投入精力评估该战略的思维、决策和行为影响。如果只做出单一的战略预测，就不会全面关注潜在的事件和问题。例如，他们提出不论猩猩竞争者的战略预测的范围、准确性和细节多么优异，都没有解决或回答下列两个问题：

- 单一的竞争者战略预测会导致错失哪些竞争者的洞察（错失指没有深入分析）？为什么竞争对手会朝这个方向而不是其他方向采取措施？
- 如果不进行多种预测，会错过哪些洞察？

当团队决定解决上述两个问题的时候，一些成员表现出不满，表示除非先解决以下问题，否则他们不会参与任何塑造相关的工作。

- 当前竞争对手战略的核心采取什么业务模式？ 预测的战略（或其他预测）会体现出哪些变化？
- 预测的（竞争者）战略会指出对竞争者作出的哪些假设发生了变化？

· 竞争者如何解决之前的战略短板？

· 竞争者战略变化中存在哪些支撑点？

有关上述问题的研讨在很大程度上改变了塑造工作的计划和范围，猩猩竞争者战略的多样化预测有助于加深团队对竞争环境的理解。支持多样化分析方法的人认为这样还有助于产生高质量的竞争空间洞察和通用市场洞察。这也要求团队向具体成员传达观点要谨慎。

分析步骤

猩猩竞争者多样化的战略预测造成了一个人际问题：各团队成员对分析进展产生不同意见。有些人想立即进行综合推断，另一些人想要利用预测的战略进行新一轮基础推断。他们激烈辩称这样可以突破当前战略的限制因素，加深团队对竞争对手战略和杠杆点的了解。经过讨论，虽然没有达成完全一致的意见，但团队同意先产生更多的基础推断。

基础推断的分类

随着塑造工作的开展，成员们以不同的速度进行推断的分类整理。类别包括客户、渠道、产品、方案、研发、技术、客户价值、竞争对手等，其中有一些推断同属于多个类别。

与往常一样，初步推断的对象是广泛的，既可以是竞争者也可以是非竞争者。非竞争者的关注点是市场变化、潜在的机会和威胁，潜在的竞争空间洞察和通用市场洞察。

完善后的综合推断

当团队想从某类别初步推断或相关话题中产生洞察时，某些成员催促同事确认产生的综合推断（表 5.1 中的第五步），跳过打磨结果这一步骤。这样的干预使成员发掘出更多综合推断的可能性和素材。

当团队开始确认和审核初期的综合推断时（第六步），另一个人际问题出现了。一些成员立即将初步推断投入形成综合推断，甚至洞察。另一些人则表示强烈反对，这样的分析冲突有益于营造创造性的氛围：成员需要提出坚实的论据证明自己的观点。借此机会对所有综合推断（即使是临时的）进行严格审核（第六步），所有的参与者由此学习到如何得出推断和表述推断经验。

整合修改建议性的系列综合推断

没有完美的推理方法，也不存在最全面的推理结果。这两个推理原则体现于所有组织的分析工作中，经由一系列的人际问题，整合、完善、审核，最终形成少量的综合推断（第七步）。不同的推断相互结合可以产生新颖精炼的综合推断。经过多次研讨，团队一致形成了几个"精炼的"综合推断（第七步）：

- 为了造成市场冲击，淘汰市场上的大部分竞争对手，猩猩竞争者将在未来 3 年或更长时间加大对两个成熟研发项目的投入。

- 得益于范围经济（相较于竞争对手）和规模（持续的运营提升），猩猩竞争者将在未来 3~5 年内从其现有产品组合中收获越来越多的自由现金。

- 猩猩竞争者将投资某小规模的联盟，为了提高营销和销售能力，扩大全球市场影响力，也可能进行一到两次收购。

审核建议性综合推断

在所有塑造步骤中，审核并完善综合推断这一步（第八步）最能体现推理原则（推理总是包含偏见且无法摆脱情绪的影响）。个人的偏见显然会造成对某些综合推断的偏重。例如，那些有研发经验的人（一种部门偏向）坚信，猩猩竞争者会扩大研发投资，推动市场战略发展。他们促成了上述的研发综合推断。

在第 9 章中，我们将会讨论，情感的偏向可能使某人执着于某一判断。他们拒绝接受他人的理由陈述，因此延长了研讨的时间，却不一定能提高综合推断的质量。

产生初步变革洞察

我需要再次提醒大家关注这个关键的推理原则：推理常常形成观念创新（表 5.2），这是产生和审核建议性洞察的基础。分析团队从一系列未成形的综合推断得出一个并不直观的新理解。分析团队从建议性的综合推断（第八步）形成少量建议性洞察（第九步），然后形成一到两个暂定洞察（第十步），这一分析过程用时变长。几个人表现出情感偏向 [188]，他们想要审查整个分析结果，促使团队选择他们偏向的建议性洞察。这一愿望遭到强烈的反对，最终被集体"投票"否决。

形成具体的建议性洞察时，人际问题显露无遗：

- 猩猩竞争者可以利用其研发能力主导全球市场。
- 猩猩竞争者可以建立一个联盟网，以此为基础扩大其全球影响力。
- 猩猩竞争者正在通过敏锐的投资选择和专业投资人员增强

营销能力。

分析团队在寻找建议性洞察之间的关联性时，研讨围绕最初的建议性洞察展开。有人主张直接将建议性洞察当作暂定洞察，无须更多的分析。另一些人表示融合建议性洞察可以更全面、更深入地了解竞争者。由此分析团队看到了建议性洞察的改进空间，最终提出了两个暂定洞察：

- 猩猩竞争者打算通过研发和营销投入提升全球市场的领导地位，这将导致一些竞争者的生意异常艰难。
- 猩猩竞争者已经建立了良好的本地化营销战略和跨国销售能力，搭建了完善的联盟体系和渠道关系，全国性的竞争对手也几乎无法匹敌。

上述两个暂定洞察代表对猩猩竞争者的新认识，为团队指明竞争者各种言论和行为背后潜藏的战略方向。

（2）主要的塑造错误

Dip公司、VP公司和猩猩竞争者案例中的方法和研讨要求团队付出时间、行动和重视程度3个方面。每一个分析步骤的典型错误会阻碍团队的投入（表5.4）。这些错误导致步骤执行出现偏差，研讨内容变得单薄。我将重点强调影响整个塑造进程的3个错误。

急于完成塑造，没有进行深入思考会导致思维难以发现推断类别间潜藏的联系。虽然不存在塑造活动应在何时停止的硬性标准，但投入时间不足会抑制洞察的价值产生。

表 5.4 塑造步骤中的常见错误

塑造步骤	常见错误
完善对情境的理解	默认已经完成架构 认为塑造活动不会造成任何改变
识别关键的新数据点和指标	不重视新变化指标的日常搜寻工作 不愿意架构初步推断
将初步推断分类	不思考某一类别是否能继续细分 没有要求员工提出分类建议
寻找推断类别之内和类别之间的联系	没有敦促个人研究某个类别中的推断与其他类别中的推断的联系
制定初步的综合推断	拒绝搜寻潜在的综合推断 没有思考如何延伸初步综合推断
审核初步的综合推断	不注重阐述推理过程 不注重回顾初期的综合推论
精简完善综合推断清单	过快结束综合推断的完善工作 不认真思考完善后的综合推断的依据
审核完善后的综合推断	假设支撑每个完善后的综合推断的论点是直观的 不重视推断的整合
整合形成少量建议性洞察	不要求员工提出建议性洞察 没有考虑初步洞察是否提供简明且有差异性的新理解
审核并转化成为初步洞察	急于精简建议性洞察的数量 没有严格执行相关审核和新颖性检测

　　没有进行合作是团队最大的失误。塑造意味着激发思维的创造性联系，发掘更多的推断和洞察。因此人员管理深刻影响着分析工作的进行。[189]

架构原则和实践也与塑造活动有关。范围、关注点和视角的转变为推断和洞察的产生提供新的机遇挑战。

5.3 六大洞察因素：推动塑造

对采用完全不同的分析程序和人际行为的组织来说，上述几个案例中的塑造方法也许并不适用。在这种情况下可以使用六大洞察因素识别塑造中的阻碍因素，确定研讨的重点。我将在本章重点讨论塑造的投入工作，在下一章讨论如何使用六大洞察因素评估塑造期和成型期结果。我将继续使用前面的案例进行论述。

（1）看：可视化联系推断的方法和原因

推理原则、思维准则和数据要则（表5.2、表3.1和表3.2）推动员工发现数据和塑造步骤的分析结果中的隐含信息。像确定新指标（第二步）和产生可能的综合推断（第五步）这样看似简单的分析步骤，也需要员工突破组织传统的观察市场变化的模式。在从最初的综合推断中形成建议性综合推断的过程中，这种"观察"尤为重要。有些人很难将原始的综合推断重塑形成建议性的综合推断，他们就是无法看出个中关联（第六步和第七步）。围绕这些阻碍因素展开研讨可以使个人偏见和组织性障碍暴露出来。[190]

（2）想：新事物和新方式的推理

塑造思维鼓励员工用新的方式思考（推理）新的事物。为了从单个指标中得出多种推断（第二步），员工需要设法使用某种思维模式。他们总是一得出推断就止步不前。有些人觉得难以将初步推断升级成为综合推断（第三步至第七步），所以想要证明已经得出的推断的正确性。尤其是在第五步得出初步综合推断时，他们发现如果不能确信某个综合推断可以通过审核和新颖性测试，那么该推断就很难成立。此时应给予员工鼓励和支持。

（3）计划：建立一个共同的塑造（业务）目标

如果团队中缺乏共同的计划，成员们就难以投入执行上述案例中的塑造方法和研讨。这种团队公认的计划存在于Dip公司的项目初期。但VP公司的情况并非如此，所以分析负责人只得向VP团队强调洞察的价值。猩猩案例表明，洞察的塑造工作需要由业务目标（如何与猩猩竞争者开展竞争）推动进行。VP案例中，随着分析的展开，团队认识到加深对客户和竞争对手的了解具有潜在战略效益。随着建议性变革洞察产生和审核（第九步和第十步）的进行，他们有了新的营销目标：创造成功的价值定位，超越主要竞争对手。

（4）决定：确保塑造方法的执行

所有案例中的团队都需要做出一系列决策：参与分析；全面投入分析工作；努力产出初步和综合推断；检验建议性洞察；得出影响洞察，得出业务影响。有些人在做某些决策时踌躇不前。VP和猩猩公司的团队负责人采取了某种干预措施，确保所有成员全情投入洞察工作。

（5）行动：执行分析步骤

塑造原则和塑造实践导致了从初步推断到暂定洞察的过程中发生的反复分析和人际问题[191]，团队必须谨慎对待。新的分析情境要求成员采取新的措施：与他人合作加深情境理解（第一步），确定相关指标（第二步）；与团队其他成员合作提出多种初步推断并进行分类（第三步）；即使有些推断情境超出了工作范围和熟悉程度，也要积极参与（第四步和第五步）；通过提问夯实他人侧重的综合推论（第五步至第七步）；通过质疑加深对个人提出的建议性洞察的理解（第八步和第九步）。团队负责人要投入时间，确保大家了解每个步骤的目标和协作精神的重要性。

（6）情绪：利用积极情绪，改善消极情绪

情绪影响着所有的案例，并且会以某种形式表现出来。VP公司和猩猩竞争者案例中的团队成员在刚开始有些焦虑，他们认为洞察工作的启动和他们的参与都是被动的。随着分析步骤的开展，成员对其中的思维和分析挑战产生积极或消极的情绪。团队负责人和级别较高的成员应采取干预措施，鼓励成员将感受表达出来，大家一起讨论。

◉ 5.4 提升组织的塑造能力

　　培养塑造能力需要时间。它要求成员在理解塑造方法的基础上投入研讨。在应用塑造方法之前，应先完成一些任务（表5.5）。

表 5.5　提升组织的塑造能力

形成关键塑造概念的共识：
- 讨论塑造的原理和目的
- 熟悉塑造的思路方法（表5.1）。评估当前的分析方法，塑造变革洞察
- 明确当前的主要分析项目
- 介绍主要的分析模式
- 依据塑造思路进行评估
- 确定塑造的关键差距，进行自我评估
- 依据六大洞察因素进行评估
- 确定重大问题，反思塑造失误
- 预估可能出现的失误（表5.4）
- 监测每个方法步骤中是否出现关键错误

在具体的分析项目中应用塑造步骤
- 选择一到两个分析项目
- 执行塑造步骤（表5.1 中的列表），展开研讨
- 监控每个步骤的执行
- 观察分析工作的执行情况
- 注意并处理人际问题
- 确认是否需要干预措施，总结主要经验
- 收集塑造步骤中的重要经验
- 收集研讨过程的重要经验，在各个项目中贯彻塑造活动
- 总结塑造活动经验
- 将相关经验应用到新的塑造项目中

（1）形成塑造概念的共识

团队需要明白塑造方法的内容、必要性和研讨工作的重点。在塑造步骤启动之前，负责人应该向成员介绍塑造的方法思路。

（2）评估当前分析方法，塑造变革洞察

分析团队的目的是形成新的理解。可以利用表5.1中的塑造步骤评估分析模式的质量。比如竞争者分析团队可以记录他们塑造步骤的执行情况、是否有条理地完成每个步骤中的任务和完成这些步骤需要的时间。

（3）进行自我评估

团队成员可以依据六大洞察要素自我评估塑造工作的准备情况。有时候根据评估结果可能需要采取干预措施。如果有些人不认为塑造会带来新的市场理解或者不相信新的思维模式的必要性，那么就需要上述"塑造共识"步骤的介入。

在塑造项目开始之前，成员可以预先评估塑造技能。依据表5.1中的内容判断塑造步骤的执行情况。成员要特别注意是否简略了某些分析步骤，比如将未经审核和探讨的初步推断迅速转化成为建议性综合推断，然后形成洞察。

（4）反思塑造错误

塑造准备的另一个重点是了解塑造步骤的典型错误（表5.4），回避常见的陷阱，让塑造进程更加顺利。

（5）在分析项目中应用塑造步骤

执行塑造步骤是团队或组织学习和提高塑造能力的最佳途径。下列行为可能会对你有所帮助：

选择某个领域或主题。思考该领域对变革洞察的需求有多么迫切。有时由于这些领域当前或预期的变化，着手制定客户洞察或竞争者洞察很关键。

明确分析工作的决策目的。客户或竞争者洞察可以为战略变更或进入或退出产品市场的决策提供关键信息。

以团队形式执行塑造步骤。塑造工作通常需要多人提供洞察建议。尽可能吸纳多种职能或专长的人员在某种程度上总是有帮助的。

选择专业的塑造活动负责人。尽可能选择具备专业塑造技能的人员指导团队，避免出现表5.4中提到的错误。

复盘初步推断。这个步骤可以帮助成员了解将指标和数据转化为推断过程中基础性的分析挑战。对许多团队来说这也许是一种新的体验，所以有必要说明推断间的联系。

制定建议性综合推断。给予团队充分的时间制定建议性综合推断，然后进行整合精简（数量不超过4个）。

审核建议性综合推断。鼓励成员依据Dip公司案例和VP案例中的系列问题审核综合推断。确保审核工作的有序性，避免优先采纳某个（些）综合推断。

阐述完善后的综合推断。为了确保这一步骤不被忽略，负责人应鼓励成员对提出的综合推断进行质疑和修正，这同样有益于理解推断情境。

审核并表述暂定洞察。确保有充足的时间用于建议性洞察的确认与审核，然后形成暂定洞察。有时他人提出的洞察的推理依据有助于厘清潜在的洞察关联。

◉ 5.5 进行研讨

由于上述一系列繁复的步骤要求，塑造的过程很少是一帆风顺的。它要求一个或多个员工倾注心血去观察和评估并指导任务。成员会发现任务的障碍，哪个环节以及何时需要投入更多的时间，以及分析范围是否足以产出综合推断或洞察。

塑造项目的参与者和负责人要关注人际问题对工作的影响。不仅要进行监控，还需在必要时进行干预。比如营造对立的氛围，鼓励员工畅所欲言，表达自己对综合推断的质疑和逻辑支撑。

◉ 5.6 总结主要经验

要注重在过程中汲取经验并在研讨中交流分享。千里之堤，毁于蚁穴。细节至关重要。及时"温故"才能更好地"知新"。

◉ 5.7 在分析项目中应用塑造

下一步将塑造步骤代入一系列的分析项目中。在某项目中经历塑造过程的人员可以负责传授经验，他所在的团队可以合作评估具体的组织要素是有否益于塑造活动。

◉ 5.8 小结

塑造的目的是将初步推断转化为暂定洞察。本章中的3个案例表明，繁复的分析工作和人际问题是塑造活动的典型特征。因此塑造的研讨必须谨慎进行。所有希望获取洞察力的组织都应该重视培养塑造能力。

第 6 章

成型：变革洞察的检验与效度检测

CHAPTER 6

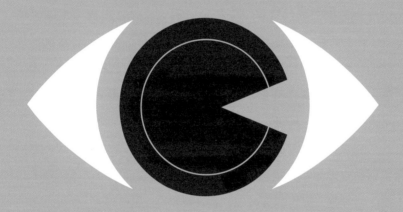

洞察力原则
建立与众不同的市场洞察机制

THE INSIGHT DISCIPLINE
CRAFTING NEW MARKETPLACE UNDERSTANDING THAT
MAKES A DIFFERENCE

　　某专业从事诊断技术的医疗保健公司得出一个暂定客户洞察：医生和实验室都没有认识到公司将在半年内上市的某新诊断技术的卓越之处。医生不明白怎样提高病人的健康水平，实验室不知道怎样更快更好地为医生和医院提供服务。对分析团队来说，这显然是一个与之前概念相悖的全新认识。由此分析团队得出两个通用市场洞察：市场机会远远大于技术发展早期的预估值，该技术的市场渗透速度也显著加快。分析团队和公司的营销部门领导对销售预测大感振奋而没有进一步评估客户洞察。为了投入决策，团队在没有进行最终评估的情况下通过了客户洞察。这一最终的评估步骤就是"检验"。

　　医疗保健公司认识到了检验的必要性，即在一段时间后评估所有的变革洞察（领域洞察、竞争空间洞察或通用市场洞察）是否依然成立，是否需要修改。在产品准备上市阶段[特别是上市的前3个月，分析团队观察记录了医生的反应（如开处方的情况）和实验室的反应（如对该产品的偏好程度）。观察得出的结果令人失望，这两个通用市场洞察过于乐观：市场机会似乎比预估小得多，初步的市场渗透预判虚高。结果公司缩减了该产品的投入，并将这部分资源投入另一条产品线的营销和早期的研发。

　　这一案例提醒我们，塑造活动在暂定变革洞察处结束。"审核"考察推断依据并进行完善。繁复的分析工作和人际问题延长了研讨进程。审核和完善工作一旦开始就难以停止，但它不能永远进行。团队要得出思考的结果，要做出决策，要采取行动。出于决策的目的，变革洞察一定会在某个时刻敲定，这就是成型的过程。

　　本章将介绍成型的变革洞察工作，它为什么对产生和利用洞察至关重要，以及怎样检验变革洞察的效度。

◉ 6.1 检验洞察

　　分析团队会在某一时刻对变革洞察充满信心，"就是这样了！它可以投入我们的思维、决策和行动了！"检验是对变革洞察的最终回顾与评估。在检验完成后，变革洞察经过充分测试已经成熟。成型的变革洞察是这个洞察过程的最终结果。[192]

　　洞察力原则的思路方法与研讨深刻影响着塑造到成型的过渡。"检验"这一步的研讨关注团队是否愿意一致通过暂定洞察，投入形成业务影响。当然确认后的变革洞察并非不容改变。它可以随着进一步的数据收集、分析与反思加以完善。[193]由于这一阶段包含最终的评价，且为个人或团队可以改变洞察内容的最后机会。所以此时研讨中的人际关系尤为紧张。

　　检验包含一套研讨分析步骤（表6.1），是一系列必要的议题与回答。它可以应用于洞察漏斗图（图1.2）所有层级的洞察之中：领域洞察、竞争空间洞察和通用市场洞察。

（1）当检验无法开展时

　　作为洞察成型的筹备阶段，检验不可或缺。首先，研讨没有明确的终止点。如果没有结束分析的共识，参与者会无休止地质疑他人的意见和评估。分析工作可能会被无限延长。其次，洞察通过后会遗留许多人的不满情绪，他们常常觉得自己没有得到发声的机会。最后，由于个人持续公开表达对洞察内容或制定过程的质疑，决策者可能也会对洞察产生怀疑。变革洞察的决策价值大打折扣。

（2）何时进行检验

在理想的情况下，检验的对象应为组织产生效益（思考、决策和行动）。没有人愿意在不必要的活动中浪费时间和精力。以下三个问题可以帮助你判断是否应该全力投入检验变革洞察（表6.1）：

- 变革洞察是否包含显著的认识转变？[194]转变越大就越需要进行检验。

- 变革洞察能否导致组织的思维、决策和行动的重大转变？[195]回答这个问题需要快速评估变革洞察的潜在业务影响。通常来说很容易判断某个变革洞察是否会对市场预判和信念产生较大影响，决策需要做多大调整或是否需要展开新行动。

- 在形成变革洞察的过程中是否出现分析冲突和人际差异？如果答案是肯定的，那么检验提供了一个机会去修正由洞察的内容差异所带来的影响。

表 6.1　检验步骤

陈述建议性洞察

第一步：宣布开始检验

第二步：陈述建议性洞察

第三步：一致同意该洞察需要检验

回顾并评估洞察

第四步：关键问题

第五步：测试洞察的价值

第六步：评估之前的分析冲突

第七步：评估之前的人际关系冲突

第八步：提出洞察修改意见

第九步：修改洞察

重述洞察

第十步：确定洞察

第十一步：确认重述的角度

洞察成型

第十二步：宣布通过当前洞察

第十三步：对所有洞察进行效度检验

（3）检验：洞察的特点决定检验的必要性

假设对上述问题的回答是肯定的，那么我认为在洞察成型以前，有必要先进行检验。原因如下。

洞察是一个过程，它不是一次性的事件，需要团队投入时间。[196]尤其在存在分析冲突和人际差异的情况下，形成一致同意的洞察结果并不容易。有时候这一过程异常漫长，终点遥不可及。作为变革洞察的确认环节，检验可以防止这种现象出现。

另一种相反的情况也很普遍：分析团队经常很快地确定某个洞察。在塑造活动完成，得出建议性洞察后，匆匆审核就予以通过。洞察的思维、决策和行动的价值没有被完全发掘。

文字表述决定洞察的内容。对检验过程中的洞察来说，任何微小的变化都会造成巨大的差异，还可能带来更高的思维、决策和行动价值。

有时人际问题只会在检验过程中凸显。这是最后一次公开讨论个人意见和情绪的机会。暂定洞察（以及潜在的综合推断）受到全面质疑，真正协调差异成为可能。如果能做到这一步，产生卓越洞察的可能性就被大大提升。

◉ 6.2 让思维准备检验

为了防止研讨中出现一些特殊问题，我们有必要做好检验的思维准备。最重要的是员工要摆脱架构、探查和塑造的影响，重新审视暂定变革洞察（塑造的结果）。由于这是最后的机会，开放的思维尤其重要。执行并不容易，员工要采用发散式思维评估自己的成果。

为了避免检验的过程流于形式，团队需要再次利用思维准则、数据要则和推理原则。非指涉性思维准则（表3.1）提醒分析团队不能默认洞察是完全准确的。除了开放的思维，还应具备持久的探索欲。从多个角度思考问题是培养开放性思维的一种方法。新的成员可以带来新的问题视角。洞察的情境也很重要（表3.2），分析团队应该再次检查暂定洞察是否符合市场环境的变化。[197]

分析团队应该首先回顾表5.2中的推理原则，这是实现开放思维的基础。"不应该偏向任何人的观点"，要求人人自由表达，营造创造性的研讨氛围。但是所有人的推理都包含认知偏见（表5.3），人们很难摆脱塑造（甚至是架构和探查）中提出的观点和判断。团队要在成型期识别出暂定洞察中的个人、组织偏见以及数据偏好。再次确认推理过程可以推动观念创新（新的描述和解释），促使员工重新思考支撑暂定洞察的逻辑或论点，坚持搜寻有力的反证数据和推理。与当前结论相互冲突的推理可以用于审核初步洞察中的根本要素。

◉ 6.3 检验思路与研讨

检验的主要任务是确认洞察，投入决策（表6.1），它包括4个分析步骤，给分析团队和相关人员提供最后一次修改变革洞察的机会。

围绕这4个问题的研讨要小心开展，既要确保每个步骤时间充足，又要避免将时间用于讨论不必要的修改意见，其中的平衡很难把握。

（1）陈述暂定洞察

第一步：宣布开始检验

重点是让所有相关人员意识到检验过程已经开始，这是最后的修改机会。

第二步：陈述暂定洞察

这一步就是将塑造的成果——暂定洞察表述出来，公之于众，向团队发出开始向检验过渡的信号。这一步看起来很多余，我曾听到某员工直白地说："我们只需要把达成共识的（暂定）洞察重复一遍就好了。"但作为检验的起点，这一过程可以将分析团队和相关人员的注意力（重新）引向洞察本身。通过重述CO商品公司案例的客户洞察，客户认识到他们需要的不仅仅是供应商提供的基本功能，他们想要的是方案而非产品。在Dip公司案例的客户洞察中，客户群体正在根据需求细分（有的客户想要整套方案，有的只需要基本方案），公司需要提供定制化的客户方案，一些客户会抛弃他们的长期供应商，分析团队和相关人员要考虑怎样修改这个洞察。在洞察最终成型，投入决策以前，任何领域洞察都有修改的可能。

第三步：一致同意该洞察需要检验

竞争空间洞察或通用市场洞察的重述是对其潜在业务影响的再次强调。成员也可以借此机会再次思考洞察是否具备相关属性（如一致性和新颖性）。以Dip公司的建议性通用市场洞察为例。"在未来两年内将会出现比当前产品方案大得多的市场机会（新的客户需求出现，至少有一家公司可以满足该需求）。"通过陈述这个通用市场洞察，所有相关人员认识到如果可以通过最后一次严格的审核，这一洞察对思维、决策和行动的影响可能是重大的。

（2）回顾并评估洞察

分析团队意识到了最后一次完善洞察的重要性，但还有一点需要注意，这里并不是要重启塑造的研讨，也不是再次执行塑造的步骤。除非分析工作出现漏洞或是人际问题影响了研讨进程。棘手的情况需要通过一些问题来判断检验的细节情况。

第四步：关键问题

研讨围绕一系列问题展开，这些问题的重点是评估和完善暂定洞察。根据问题的答案可以很快判断检验是否需要延长。

- 根据该暂定洞察的初步价值检测结果，该洞察是否值得投入时间进行完善？
- 暂定洞察每一次的修改是否合理？
- 每一次的修改怎样改变了暂定洞察？是否更加与时俱进？是否有了更广泛的适用性？[198]
- 暂定洞察的反对观点有何依据？
- 如果遭到同事的质疑，是否对自己的洞察持有信心？

这些问题（特别是前两个）指出了检验过程中面临的分析挑战。如果没有得到良好的处理，检验就变成没有价值的表面的评估，而且可能得出未经严格审核的最终洞察。

第五步：测试洞察的价值

我们可以利用一个快速的价值测试判断检验的利弊。这一测试包括两个问题：该变革洞察是否影响你的观察方式和思维方式，是否使你的信念、预判和观点发生变化？这种思维的转变形成的变革洞察是否足以影响组织的计划、决策和行为？[199]

针对Dip公司的通用市场洞察的快速测试得出这一洞察的潜在思维、决策和行动影响。结果表明可能存在着重大机会，但该公司是否有能力抓住这一机会还尚不明朗。

　　猩猩竞争者案例中的竞争者洞察"竞争者打算通过研发和营销投入提升全球市场的领导地位，这将导致一些竞争者的生意异常艰难"引起了分析团队的担忧，如果这与事实相符，公司将很难实现战略计划中的市场目标。因此团队非常愿意邀请组织内的相关人员对这一竞争者洞察进行最终评估。

第六步：评估之前的分析冲突

　　如果暂定洞察的最后阶段已经出现了分析冲突，那么团队应该考虑：投入时间研究冲突出现的原因以及对暂定洞察的影响是否值得？此时团队面临新的问题。例如，可以邀请哪些人增添新的视角、提出新的分析议题？相关的外部人员（如监管或技术专家）可能会提出被团队忽视的问题，协助分析。第二个问题：新的视角和议题会怎样改变建议性洞察？如果新视角带来的是关于市场机会规模和时机的新理解该怎么办？

　　这一思路只适用于洞察具备强有力的推理支撑的情况。这样上述的延伸分析可能导致暂定洞察的大幅（根本性的）改变。

第七步：评估之前的人际冲突

　　如果这一阶段出现了明显的人际差异，团队需要采取如下思路：投入时间研究差异存在的原因和对建议性洞察的影响是否值得？这一思路引出如下议题：例如，哪些偏见会改变洞察的方向？如果有人倾向于重新调整战略定位，他们一定会使用正面的词语描述这一机会。在分析团队确认暂定洞察的过程中会存在哪些明显积极或消极情绪？这些情绪产生的原因是什么？它们如何影响暂定洞察的确认？普遍的负面情绪的存在说明一些人对最终确认的洞察感到不满。

需要再次说明，只有当存在重要证据表明人际问题对暂定洞察产生消极影响时，才有必要采用这种分析思路。

第八步：提出洞察修改意见

大多数洞察在塑造阶段就经历了所有可能的分析和研讨，这一步关注的是暂定领域洞察、竞争空间洞察和通用市场洞察的完善和评估。如果某个修改意见大幅修改了变革洞察，那么相关的研讨重点可以参照塑造的后期步骤（表5.1的第八步至第十步）。

第九步：修改洞察

如果变革洞察不需要大幅修改，那么就可以进入下一个阶段"重述"的研讨。

◉ 6.4 确认洞察的文字表述

确认洞察的用词遣句是修改洞察具体内容的最后机会。有时候微小的改动也会大大改变洞察的内容。这一步骤与第2步研讨类似。

Dip公司案例

试想 Dip 公司案例中的客户洞察，"有特殊技术要求（当前方案无法满足客户需求，科技也在不断发展）的客户需求（特定业务问题）出现"。当团队开始研究该洞察的措辞时，也开始思考不同客户群体的需求是否类似。该洞察被改为：一种新的客户需求出现，这种需求依据不同的客户群体产生较大差异。可以发现这与之前的表述截然不同。这是一种对客户变化更深层的理解。接着，该洞察被进一步修改为：某客户运营中存在一个长期的问题，由此衍生出新的客户需求，它有特定的技术要求，需要针对不同的客户群体打造不同的方案。这个经过重新组织语言的客户洞察产生了与六大洞察因素相关的具体影响，将在本章后面讨论。

说回 Dip 公司的通用市场洞察"新的市场机会出现（客户需求产生，至少有一家公司可以满足该需求）"将会开启一个全新的竞争空间，最终淘汰当前的产品方案。经过短暂的研讨后，这一洞察改为：这个新的市场机会可能会使当前产品的市场规模扩大一倍（由一个新兴的客户需求和至少一家公司可以满足该需求推动），将打开一个新的竞争空间，最终在三年内淘汰当前的产品方案。这些改变使洞察更加明确、具体。新市场的规模将是现有市场的两倍；现有产品可能在三年内被淘汰。六大洞察因素的影响也不容小觑，将在稍后进行讨论。

猩猩竞争者案例

"猩猩竞争者打算通过研发和营销投入提升全球市场的领导地位，这将导致一些竞争者的生意异常艰难。"这一竞争者洞察也经历了几番修改。修改后的竞争者洞察如下：猩猩竞争者想要确立某产品在全球研发和营销的领导地位，如果竞争者没有强大的研发能力，无法开展跨国营销和销售合作，将在三年内惨遭淘汰。

文字表述的修改建议

经过上面的讨论，我们得出了一些修改洞察文字表述的建议。第一，除非必要，否则不要进行过分修改。第二，关注修改后的洞察是否更加清晰明确、是否增进对洞察内容的理解。在猩猩竞争者洞察中，重述的竞争者洞察确信，没有强大的研发和营销能力的竞争对手将无法在这个产品领域继续发展。第三，尽可能地实现最大程度的具体表述。可以为洞察框定一个时间点，在猩猩竞争者洞察中，这个时间点为3年。

◉ 6.5 洞察成型：最后一步

检验的最后一步是结束工作，宣布这就是你愿意投入下一阶段（得出影响洞察和业务影响）的变革洞察。猩猩的分析团队可能会采纳上述竞争者洞察。

成型的洞察为洞察工作画上句号。但洞察的研讨并未结束：相关人员（产生洞察的人员与评估业务影响的人员）需要时刻关注洞察的有效性。

（1）成型和六大洞察因素

只有当变革洞察可以造成思维、决策和行为上的不同之处时，它才有意义。团队可以将六大洞察因素用于4S活动（架构、探查、塑造和成型）的准备工作[200]，评估洞察的变化幅度。我将用"形成转变"的概念来说明六大洞察因素在检验的"投入"和"结果"两方面的独特适用性。

（2）检验的投入方面的作用

检验过程面临的一些分析和人际问题需要应用六大洞察因素来确定是否为检验做好了准备，但这里的工作内容会超越第3章中"准备架构"（表3.4）。[201]这些问题包括：检验个人的塑造工作，洞察的收尾工作，通过对洞察内容的修改重述使其更加准确，为员工创造机会在最后阶段表达自己的判断。由于人们往往难以认识到检验的意义所在，所以我们应该注重强调检验能否以及如何形成差异。每个洞察要素中提出的问题都可以用于评估检验的准备工作与参与意愿（表6.2）。

表6.2中的投入方面的问题提供了研讨重点，使团队了解检验以及它能为各种变革洞察（领域洞察、竞争空间洞察和通用市场洞察）带来的改变。通过解决投入方面的问题，团队可以体会到检验会怎样修改洞察内容、新的推理模式或思维挑战如何完善暂定洞察、检验如何为塑造结果（计划）增值。如果团队体会不到检验对洞察内容的质量提升，他们就不会认真对待审核，完善洞察。如果团队无法实现思维的突破，他们就无法发展新的推理模式审核洞察。

对看、想、计划的前期投入促使团队思考检验为什么能促进对变化所处情境，变革因素的判断以及完善暂定洞察（塑造结果）的意愿的理解。思考成型方法步骤（表6.1）可以使团队掌握利用检验实现团队目标的方法。情绪的考虑可以发掘人们不愿意开展检验的原因。如果不重视六大洞察因素，团队大概率不会赞成检验（计划）或采取行动来识别检验机会，并且认为检验只会导致负面情绪（在被要求做一些没有必要的事情时表现出的不满）。

分析团队的领导者需要发起研讨，让参与洞察工作的人了解检验的作用和目的，意识到检验将如何带来洞察内容和业务影响上的巨大改变。

（3）评估检验的结果

只有当变革洞察可以造成思维、决策和行为上的差异时，它才有意义。对提出的洞察进行价值验证也是检验工作的内容（表6.1）。检验过程中不包括对洞察的终极价值评估，这是下一步骤（确定影响洞察和业务影响）的关注点，将在下面两章中讨论。对于检验和洞察的成型阶段，表6.2中的结果问题具有参考价值。这些问题促使人们以最初的方式评估该洞察是否能在六大洞察因素的各个方面带来转变，是否为组织的思维、决策和行动提供独特的价值。

以Dip公司的客户洞察为例：某客户运营中存在一个长期的问题，由此衍生出新的客户需求，它有特定的技术要求，需要针对不同的客户群体打造不同的方案。这一全新的理解使公司看到了新的市场机会，即客户需求的产生。[202]管理团队由此开始思考是否以及怎样利用这个机会，他们需要考虑机会的规模、客户的真正需求，以及抓住这个机会所需的资本和能力。这个洞察可能会带来全新的计划和决策，比如制定重构传统市场空间的计划。公司也从未尝试研发和营销类似于预估方案的产品决策。当然，为了争取机会还必须做出其他努力。新产品的研发和营销情景必定会带来情绪上的挑战，在机会评估的早期会出现普遍的焦虑不安。完整的评估是下一步影响洞察和业务影响的研讨重点，也是接下来两章的重点。[203]

表 6.2 六大洞察因素与成型期：是否形成转变？

	投入：成型能否形成转变？	结果：成型的成果如何造成这种转变？	产出：关键问题举例
看	我们能否看到它将如何改变最终洞察的内容？	我们现在看到了什么不同？哪些是以前无法看到的？	是否看到了趋势和规律、不连续性、新的机会和风险？
想	我们是否理解检验所需的转变思维模式的方法？	思维内容和方式有什么不同？思维是否存在细微差别？	是否想到新内容？是否注意到新的预判，信念和估测？是否使用新的思维模式？
计划	我们是否理解为什么成型的目的与塑造不同？	新的洞察内容是否提出新目标的可能性或对现有目标加以修改？	是否建立新的目标？是否在新的领域建立目标？
决策	我们是否愿意思考成型造成转变的原因和方式？	新的洞察是否改变组织的计划和目标？	是否做出了新的决策？

	投入：成型能否形成转变？	结果：成型的成果如何造成这种转变？	产出：关键问题举例
行动	我们是否了解助推转变的具体行为？	行为方式会有什么变化？	是否出现新的行为方式？
感受	哪些情绪可以使成型过程更高产？	成型洞察怎样带来积极情绪、战胜消极情绪？	是否感受到新的情绪？

（4）检验：不要主观臆断

有时团队认为检验是塑造的补救措施，他们不愿意投入时间再次审核暂定洞察。但曾经的工作经验证明这一工作非常重要。理由如下：第一，人们很容易过早地将洞察定型。在暂定洞察产生的初期，人们常常对其"感觉良好"，即使只进行了寥寥评估。因此洞察过程的许多价值未能实现。第二，检验过程中的细微改变不仅可能引发巨大的变化，还可以提升思维、决策和行动的价值。第三，有时人际问题只会在检验过程中凸显。这是最后一次呈现意见差异和情绪因素的机会。

最终建议性洞察（和潜在的综合推断）通过充分的检验，实现真正地差异协调。产生卓越洞察的可能性由此大大增加。

6.6 成型期的失误

成型活动的贡献在于完善暂定洞察。这种完善有时会彻底改变洞察的内容和决策价值。表6.3中的失误可能会影响团队获得这种额外的价值。当然，最大的失误就是跳过成型这一过程。不应在得出洞察的塑造结果的第一时间将它确认为最终洞察并投入决策使用。还应注意不要出现"应付差事"的情况，过快地完成步骤。经验告诉我，一旦开始塑造活动，总会有意外之喜等着我们。

表 6.3　基本的成型失误

整体过程

- 认为成型活动没有必要："不需要再检验和修改洞察了，我们的第一版就很好。"
- 进程过快："在塑造活动中已经投入了分析时间，没有必要再进行一次检验步骤了。"
- 口惠而实不至："我们没有太多时间用于检验与完善了，现在这样不行吗？"

陈述洞察

- 没有正式宣告成型期的开始："很快就能完事了。"
- 宣告开始后，没有与团队成员合作："我们几个人就能把工作做好，不需要别人。"

回顾、评估洞察

- 没有认真对待每一次的洞察修改："没必要进行进一步修改了，这样改也不会增加任何价值。"
- 没有鼓励员工修改完善洞察："不要将时间浪费在提升洞察的文采上。"
- 没有在洞察修改的研讨中营造冲突氛围："没有必要进行对比，它们只是两种不同角度的描述罢了。"

重述洞察

- 只对洞察进行了一次文字表述上的修改："现在这样就很好了。"
- 没有考虑重述是否增进了洞察的理解："没有必要修饰洞察的表述。"

形成洞察

- 没有使用六大洞察因素对思维、决策和行动后果进行初步评估："这个洞察的影响一定是巨大的，现在没有必要加以完善。"

　　另一个可以理解的失误是对成员文字表述上的修改抱有抵触

情绪：他们无法看到其中的价值。这样也就错过了细致理解变化的机会。

最后一个需要警惕的失误是没有充分运用六大洞察因素评估洞察成果，确定业务影响。六大洞察因素能迅速揭示洞察的潜在价值，但无法评估洞察的业务影响。

◉ 6.7 变革洞察的效度检测

变革洞察中所蕴含的深刻理解可能会由于发生突发事件而失效。如果继续使用这一洞察，可能会导致错误的思维、低质的决策和无效的行动。试想下列我经历过的两个例子[204]：

- 竞争者洞察：某占市场主导地位的竞争者会大力投资市场战略，夺取非进攻性竞争对手的市场份额，一年后该竞争者被某大公司收购，后者希望通过此次收购获取现金流、稳定战略。

- 电子公司客户洞察：消费者想要某种特定的产品功能，并且愿意购买任何研发出该功能的公司的产品。这对于所谓的"早期创新者"也许是适用的，但不适用于其他大部分市场。[205]

上述案例印证了洞察的一致性：随着市场发展，洞察可能变得不再有效。因此无论变革洞察的依据多么深刻，都需要接受效度检测。效度检测就是评估成型的变革洞察是否有效。以变化的视角看待市场和组织，思考是否需要修改洞察内容。只有在洞察

通过上一阶段的检验并且成型后才可以进行效度检测。我将利用4
个变革洞察（专栏6.1）继续讨论。

变革洞察的效度检测举例

案例	洞察	内容
VP 公司	客户洞察	客户群体正在根据需求细分（有的客户想要整套方案，有的只需要基本方案），公司需要提供定制化的客户方案，想要整套方案的客户会抛弃他们的长期供应商
ABSO 公司	竞争者洞察	竞争者洞察：一个领域内籍籍无名的企业可凭借一次收购或投资或研发的转向，在三年内产出领先同行一到两代的客户方案
CO 商品公司	竞争空间洞察	无差别的商品实现差异化
VP 公司	通用市场洞察	战略弊端：一些竞争者会无法实现过渡

洞察的视角

在洞察力原则的研讨和思路方法中，除了获取信息的能力之
外，预测市场变化的能力对变革洞察的效度检测也很重要。相关
的研讨主要针对下列3个议题展开：

- 变革洞察的内容是否可以经受住时间的检验？

- 如果不能，那么应该怎样修改？
- 如果改动的幅度很大，就需要考虑它的价值问题：修改后的洞察将如何改变影响洞察和业务影响？

这 3 个问题再一次反映出洞察和洞察工作特征。变革洞察是针对未来的观点。变化永不停息。所有的洞察都有明确的"保质期"。在洞察成型时，它的核心判断是正确且有效的，但市场与组织的变化会削弱洞察的有效性，所以洞察力是持续性的过程，没有终点。

效度检测有助于形成一种侧重市场变化指标和监控变化动向的分析思路。然后团队利用这种思路开展相关研讨，及时完善洞察内容。

◉ 6.8 效度检测的思维准备

效度检测的核心问题就是判断变革洞察的内容是否有效，这需要成员系统性地监测并预估市场动向。思维准则（表3.1）提醒我们，所有的洞察都有时效性。我们要永远保持探求欲，所以有必要将效度检测加入洞察步骤，比如将其纳入年度战略计划的各个阶段或项目的预算分配。

如果缺乏对市场变化的方向、速度和强度预测，就难以彻底解决效度检测的核心问题。客户对新产品的使用、竞争对手的战略转变、技术的地域传播，这些方面的变化范围和速度都可以作为估测对象。这种预估可以指明洞察审核的早期应该关注的指标。因此，推理准则（表5.2）中提到的预测意愿和推理及其结果变化与本节内容具有高度相关性。但有时分析项目的负责人并不愿意进行预测或利用预测结果检验成型的变革洞察，导致效度检测无法开展。[206]

监测和预估变化时离不开效度检测的中心议题，所以数据信息也是一个必备项。效度检测的未来导向性使表3.2中的数据要则更加重要。数据要接受检验（你无法肯定数据能否反映真实情境）；数据包含偏见（预测结果中存在来自竞争者或客户洞察制定者的偏见）；数据的情境很重要（变化因素决定预测结果）。不应有数据偏好（指标具有多种形式，不同人对趋势、规律和不连续性的预估截然不同）。

分析团队的负责人需要领导开展研讨工作，根据相关的思维、数据、推理准则检测和预估变化。参与者要明白他们要做的不仅仅是进行简单的变化预估。第1章中曾经提过，未来是认知的建构，所以使用其他方法进行预测也是可取的，比如情景模拟法。这样可以探查到多样性的指标，尽早发现变化。

◉ 6.9 效度检测方法

效度检测是一套理解市场短期变化的步骤（表6.4）。可以根据如下洞察内容，以不同的速率执行。核心思想就是在必要的时候修改变革洞察的内容，即重制变革洞察。洞察修改的幅度或大或小。有时市场的变化过于剧烈，以至于只能将之前的洞察弃之不用。

表 6.4 效度检测的关键步骤

识别关键指标

第一步：回顾相关情境

第二步：识别洞察指标

第三步：识别情境指标

监测、预测变化

第四步：进行指标监测

第五步：得出推断

推测变化

第六步：确定变化的大致方向

第七步：变化预测

修改洞察内容

第八步：初步修改

第九步：修改洞察内容

（1）识别关键指标

效度检测注重成型洞察与当前或预期市场情况的一致性。因此员工需要确定关键的变化指标，监测（和预测）指标动态。

第一步：回顾相关情景

变革洞察产生的情境处于动态的变化当中。客户、竞争者、市场动态和技术等方面的变化有增无减。回顾洞察情境的目的很简单：识别无法通过分析变革洞察本身得出的变化情况，例如，某个意外的替代产品的出现使许多竞争空间洞察突然失效，继续使用该洞察将会对业务产生错误的影响。企业客户的动机可能会因为其内部情况的变化而变化；因此有关客户购买规律的洞察可能很快与客户的观点产生差距。变革洞察的质量可能会因为相关情境的发展而改变。

可以利用下列两个问题判断相关情境：

- 怎样的变化会影响洞察内容？

- 如何证明变化的真实性？它是正在发生还是即将发生？

团队从竞争者洞察中（专栏6.1）确定了一组可能主导竞争情境变化的指标：三个领域的技术发展、当前竞争者研发战略的变化、相关产品领域的新型竞争者、主导客户和后续客户的技术发展以及政策法规的变革。

这些指标的发展都可能对竞争者洞察产生巨大影响。举例来说，如果技术预测成为现实，竞争对手的产品方案可能会在3～4年内进入市场并改变竞争者洞察的核心内容：竞争对手的未来产品很可能领先于当前的所有同类，但落后于替代对手。

第二步：识别洞察指标

在确定情境指标之前，最好先识别相关的洞察指标。团队可以借助洞察指标来确定真正具有情境相关性的指标。所有的变革洞察都会产生与具体内容相关的指标，这些指标就是监控市场变化的关注点。

试想专栏6.1中的客户洞察。具体的指标类别包括：客户需求的相关表述、亟待解决的运营问题，以及预计投资支出；不同客户对这些方面的叙述的差异；多重技术研发公司的技术进步；贸易文献中对具体技术进步的讨论，贸易展上的技术展示和专家发言；不同的潜在供应商正在推进的方案；客户先前采纳的方案。

试想专栏6.1中的竞争者洞察。具体的指标类别包括：竞争者商业战略的发言；经营变化有关的行动；收购的具体声明；其研发项目的资源投入；与客户的互动；销售团队的行为；是否寻求技术合作伙伴。

第三步：识别情境指标

环境变化因素可以帮助确定情境指标。影响变革洞察有效期的情境变化常常发生于洞察的相关指标之外。

客户洞察的情境指标类别包括：可能影响运营方案的竞争者的声明和行动；新技术发展公告、技术上市、某技术的客户试验；新的监管政策或政府对行业发展或社会热议的回应。新技术可能会大幅转变潜在的客户需求，但也可能在实现之前就惨遭淘汰。有时监管政策的变化会重塑洞察的竞争空间，使竞争者或客户的目标落空。

专栏6.1中的竞争空间洞察提出了许多的指标类别，如竞争者目前的客户报价；客户需求的变化；竞争者营销战略的改变公告；产品/方案的客户咨询与要求；分析结果和行业观察员（顾问和技术专家）的发言。

越早意识到洞察需要修改，就可以越早调整思维、决策和行动。正如第2章中提到的，首要指标会透露市场变化的迹象。哪一类指标最先提醒修改洞察内容？这些指标已经发生了什么变化？这两个问题可以指导判断什么样的指标是首要指标。

思考专栏6.1中的通用市场洞察。两个行业指标（其实是谣传）称，某竞争对手正着手出售工厂，或者已经与供应商开启谈判以降低原材料、元件或供应物料的承诺额。显然，我们需要监测这些以及其他指标的变化，判断是否与之前的推断相符。

（2）变化的监测与预测

团队需要根据指标变化的监测结果判断变革洞察是否需要修改。如果只监测情境与指标的变化，那么检验工作就太简单了。

真正的难点在于预估未来变化，这也是产生价值之处。这需要直接判断洞察是否需要修改。可以用趋势（单一指标的变化）、规律（趋势的交会）和不连续性（趋势或规律方向的转变）叙述和预测变化。

第四步：进行指标监测

CO商品公司（专栏6.1中的竞争空间洞察）提出两个问题：差异化在竞争对手和客户中的渗透速度将有多快？两年后的竞争动态将会如何？要回答这两个问题，需要长期监测相关情境和洞察指标，根据检测到的变化进行大胆预测。根据竞争对手战略相关的指标类别，如产品配置、服务要素、促销信息、销售人员行为以及定价条款和条件，可以推断出竞争者差异化的投入和实施的广度、速度和强度。

思考专栏6.1中的通用市场洞察。竞争对手的相关监测指标包括：市场表现和财务业绩；竞争对手的言论（行业未来、获胜要素、竞争能力）；研发、技术和营销投资；客户报价的变化（产品、服务、条款和条件的变化）。

第五步：得出推断

指标的变化使团队判断最终是否需要修改变革洞察。团队需要做出两种类型的推断：变化的现状是什么？变革的未来方向是怎样的？这一过程类似于第4章中的探查。

思考专栏6.1中的客户洞察。监控上述洞察指标产生如下推断（基于他们的行为和言论），一些客户正在迅速行动获取定制化方案。分析小组由此判断（部分根据客户的努力程度），可能会有更多的客户转向定制化的客户方案。

回到专栏6.1中的通用市场洞察，监测上述主要竞争者的相关指标，推断出一些竞争者在艰难维持业务（许多指标和高管言论显示），其他竞争者在考虑淡出市场（投资减少、高管声明和第三方的评论）。

（3）推测变化

第六步：确定变化的大致方向

我们可以由变化的相关推断得出对该变化走向的预测（趋势、规律和不连续性），然后根据预测结果决定是否需要修改洞察，以及修改的幅度。这些预测的评估可以被视为另一种洞察的审核与检验。

第七步：变化预测

思考专栏6.1中的竞争者洞察。前面曾提到的变化指标指出预测的重点应为竞争情境和竞争者。针对竞争者的预测可以包括：竞争者完成收购的时间与方式；可能的收购对象（公司）；研发计划可能如何展开；与技术公司的合作将如何补充缺失的技术要素。针对情境的预测可以包括：同类和替代性竞争者的出现；竞争者的战略变化；客户购买模式和购买标准的变化。

由专栏6.1中的客户洞察可以推断并预测，倾向于整套方案的客户将很快增加，且这种倾向发生的速度将超过预期。

由上述通用市场洞察中的推断预测得出，市场上继续留存的竞争者数量将比之前预计的少许多。

（4）修改洞察内容

第八步：初步修改

分析团队最终必须决定已经通过的洞察的内容是否要做修改。我们需要回到本节开始时的两个指导问题：怎样的变化会影响洞察内容？如何证明变化的真实性？也就是说变化正在发生，还是即将发生？

这里的分析步骤和成型中的分析步骤大致相同（表6.2）：对洞察内容提出修改建议；确定洞察内容；修改确定后的洞察措辞；洞察成型；意识到需要监测成型洞察与市场和组织变化的一致性。

第九步：修改洞察内容

不出意外，许多塑造和成型的特点在这里也会出现：修改的过程可能会被延长，尤其是在缺乏强有力的指导来修改洞察的情况下。反复的分析工作表明团队想要制定出理想的洞察表述；个人或团队对洞察的偏好导致人际问题出现。

"一个领域内籍籍无名的企业可凭借一次收购或投资或研发的转向，在三年内产出领先同行一到两代的客户方案。"这个竞争者洞察被改为"某小型企业将推出包含全新市场的新产品"。

◉ 6.10 进行效度检测

短期与长期的效度检测

大部分情况下，效度检测就是对即将成型的洞察的一系列快速评估。比如根据客户访谈的数据不断检测客户洞察。在团队认为这个洞察可以通过并用于决策之前，洞察可能会被多次修改。这种快而短的客户洞察检测是理解客户变化的新方式。[207]

快速检测成型已久的竞争者洞察是为了回顾相关情境或指标的变化。通过快速评估业务影响，员工可以收集更多的数据。在本节前面的竞争者洞察案例中，竞争者执行团队的声明在决策的背书下进行，取消了密集的广告宣传计划，修改成型洞察——竞争者将此项业务视为现金来源。

◉ 6.11 效度检测中的失误

如果思维没有做好相应的准备，可能会导致效度检测的过程中出现一些关键错误（表6.4）。第一，未能意识到效度检测对思维、决策和行动的重要性，导致洞察的复查和评估遭到忽视，因此团队不愿意进行效度检测。第二，推动研讨的是效度检测前期的判断，而不是表6.4中的步骤，即使这些步骤可以很快完成。例如，在某客户洞察案例中，分析团队从第一个指标中（关于机构客户的购买标准发生根本性的变化的竞争者言论）迅速得出一些推断，并大幅修改了洞察内容，但不久后却发现他们严重误解了竞争对手的发言，结果不得不撤销这一修改。第三，不够重视洞察修改的意义和受益者。结果，为了修改洞察所耗费的大量时间和精力付诸东流。

◉ 6.12 使用六大洞察因素

表6.3中"形成转变"的相关议题也与效度检测有关。投入方面的问题可用于效度检测的准备工作。产出方面的问题使得我们可以对修改后的洞察思维、决策和行动价值进行初步评估。

将"形成转变"思维模式与六大洞察因素结合，得出表6.5中的内容。[208] 上述关于思维准备的探讨反映出个人或分析团队处理效度检测关键问题的难度：成型的变革洞察是否有效？在投入方面，每个洞察因素都可以用于识别组织在引进效度检测（表6.5）时可能遇到的挑战。这些思维挑战就是接下来的研讨重点。团队可以根据各个洞察因素讨论效度检测未被认可的原因，比如什么样的洞察因素会阻碍效度检测？分析团队可以问：为什么成员没有"看到"效度检测的价值？为什么效度检测有助于更深刻的思考？为什么成员不知道如何"行动"（效度检测需要做什么）。根据这些问题的答案判断团队需要采取干预措施，为培养效度检测能力做准备（见下节内容）。

　　每个洞察因素都可以用于创建"理想的"效度检测洞察因素状态。为培养效度检测能力提供标准。成员或团队需要考虑：如果完成了理想的准备工作并充分参与效度检测，我们能如何看、想、计划、决定和行动？例如，如果成员完成了理想的效度检测，他们会"看到"什么？他们可能会观察到效度检测应该如何执行，领会到完善后的洞察将怎样贴合新兴或潜在的市场变化，了解效度检测的最佳方法。

　　在产出方面，如成型活动的案例（表6.3）所示，你可以使用六大洞察因素确认和评估成功的效度检测的成果。重点依然是回答这个问题：效度检测和完善后的洞察可能引发怎样的变化？谁的变化？你是否看到了新的市场机会？你是否在考虑用新的方式来提升客户价值定位？你是否打算追求新的目标？

表 6.5　六大洞察因素与效度检测：思路方法与研讨

六大洞察因素	思路方法（主要挑战）	研讨（主要议题）
看	向负责人和团队成员展示效度检测方法的价值，找到阻碍因素	为什么成员看不到效度检测的价值？理想的效度检测应该是怎样的？
想	成员认为没有必要为了效度检测监控数据变化；为什么思考未来变化如此困难？	为什么成员不愿意关注预示未来变化的指标？理想的情况应该是怎样的？
计划	缺乏效度检测的目的性（即使已经了解价值）	怎样动员成员围绕目标展开效度检测？怎样为效度检测构建业务案例？

续表

六大洞察因素	思路方法（主要挑战）	研讨（主要议题）
决定	使员工和负责人开始检验，并进行必要的相关研讨	让员工就怎样做出有价值的效度检测展开讨论？
行动	使员工和负责人实施检验步骤和方法，认真开展研讨	如何教授员工执行验证方法？如何展开关于实施验证方法的首次讨论？
感受	识别情绪对研讨各个阶段的影响；参与情绪的相关研讨	怎样识别情绪对研讨各个阶段的影响？怎样参与情绪的相关研讨？

◉ 6.13 打造效度检测能力

效度检测使洞察成型，我们希望这些洞察具备第1章中提到的洞察属性。经过检测的洞察为战略和决策提供最佳的理解。因此团队需要具备效度检测能力，对组织的分析工作进行日常且高效的检测。与洞察力原则相同，这一能力的培养需要关注思路方法和研讨。

培养效度检测能力（表6.6）需要完成上文详述的效度检测步骤（表6.4的第六步至第九步）。要具备效度检测能力还需重视上述"思维准备""效度检测失误"和"使用六大洞察因素提高效度检测方法和研讨"三个方面。表6.6中的前五步非常重要，它们可以为组织进行效度检测做好准备。

由于大多数组织缺乏效度检测能力，应该优先制定效度检测的业务案例（表6.6中的第一步）。在确定了关键的变革洞察（第二步），筛选出值得检测的对象时（第三步），业务案例就会获得重视。当个人或团队担任检验负责人后会产生组织推动力（第四步），敦促效度检测的施行，监督个人的效度检测项目情况。在组建好团队进行这项工作时，效度检测工作才算完成（第五步）。

具备了效度检测的条件后，就可以开始执行检测（第六步至第九步）。确保每个项目组中至少有一位拥有相关的经验的人员是很有帮助的，这样就可以从他的经历中吸取经验教训。

每一步都包含研讨，特别是针对步骤的重要性、如何施行、如何利用以前的经验教训，以及如何在不影响分析质量的情况下快速地通过这些步骤（也许是最具争议的）。有几点值得强调。初期的研讨需要以效度检测能力为中心。"如何将其识别出来"是一个经常出现的问题。

建立业务案例的前提是拥有明确的目的：哪些是我们需要的检测能力，这其中包括什么；哪些能为组织提供益处。随着方法步骤的开展（表6.6），将研讨的重点放在培养检验能力上，比如如何提升每个步骤的执行情况、如何预测和避免每个步骤的错误、如何改善效度检测的条件。[209]

表 6.6　培养效度检测能力

建立效度检测案例
- 说明变革洞察失效将引发的后果
- 展现完善洞察内容的好处

续表

选择要检验的成型洞察

- 确定检验团队
- 根据时间紧迫性安排任务

确定效度检验的关注点

- 确定最主要的变革洞察
- 估测变革洞察的业务影响

选定检验负责人

- 任命个人或团队监督检验过程
- 必要的时候将洞察分配给具体的个人

建立分析团队

- 共同决定合适的分析框架
- 共同分析

识别情境和（每个）洞察相关的指标

- 识别相关指标
- 确定潜在的领先指标

安排各个指标的数据收集工作

- 确定数据的收集方式
- 确定数据的整理方式

展开初期分析

- 在收集数据的同时进行推断
- 确定完善洞察的初步路径

完成分析

- 确定暂定洞察的修改方案
- 完成修改

经验的总结与应用

- 总结各个检测项目的经验
- 在检测项目中应用经验

　　当修改后的洞察形成有影响力的思维、决策和行动时，也值得庆祝一场。

◉ 6.14 小结

　　我们很容易忽略效度检测的重要性，但它却是复查变革洞察的关键机会，尤其是当这个洞察可能造成重大的思维、决策和行动影响时。在市场变化的动荡之中，洞察的效度检测具有特殊的重要性，它时刻提醒所有相关人员，变革洞察总有失效的一天。

影响洞察：业务影响的前奏

CHAPTER 7

洞察力原则
建立与众不同的市场洞察机制

THE INSIGHT DISCIPLINE
CRAFTING NEW MARKETPLACE UNDERSTANDING THAT
MAKES A DIFFERENCE

你是否经常处于以下情况：你和同事围坐在桌旁复查某项分析的详细结果，可能是对推动行业变革因素、新一代颠覆性技术、不同对手的战略预测，或对市场或地理区域中客户行为的变化的分析。面对无数的各类表格，你也许已经掌握了一些领域洞察、竞争空间洞察，甚至是通用市场洞察。眼前任务很明确：确定业务影响。

但此时常常出现这样的情况：一轮又一轮地研讨展开，提出影响，进行讨论，提出另一种影响，进行进一步讨论，不断持续。不同的职位和部门提出不同的视角，对结论持有不同的偏好；潜在的行动计划具有众多的支持者。似乎没有合理的方法形成业务影响，也缺乏独特的针对这一环节的研讨。

针对这种循环式的研讨，本书提出了一个解决方法：在着手面对最终的业务影响细节之前确定关键的影响洞察。本章将对前面章节提到的影响洞察进行延伸讨论，详细说明它对情报洞察的作用。我将说明变革洞察如何为影响洞察提供素材，影响洞察怎样推动业务影响的确定。我们将首先讲述影响洞察的作用和重要性，以及区分影响洞察和业务影响的必要性。现在的组织很少进行这种区分。本章将重点介绍识别、评估和利用影响洞察。

◉ 7.1 理解影响洞察

洞察力原则重视情报洞察，也就是变革洞察及其业务影响。影响洞察是变革洞察和业务影响之间的关键因素（图7.1）。它们为组织的思维、决策和行动提供关键的高阶指导。影响洞察是对业务成果的基本假设，它由变革洞察中得出，但并不指代特定的业务影响。所以你需要学会识别并审核关键的影响洞察，这正是本章的重点。

（1）影响洞察永远包含理解的变化

想要理解影响洞察，最基本的就是要理解对取得成功至关重要的业务。[210]

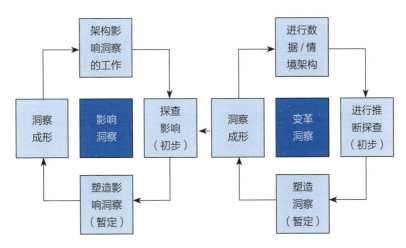

图 7.1　影响洞察的产生过程

商品公司的案例展现了少量关键领域的变革洞察使公司改

变长线战略，否则公司将面临迅速失去市场地位和份额的威胁的过程。这就是一个影响洞察改变业务影响的分析基础的案例（图1.1）。VP案例同样产生了两个影响洞察：组织需要转变吸引和维持客户的思维方式，以及组织需要重置管理方式。

以下是一些不同行业背景的影响洞察的例子（其中一些将在本章后面进行讨论）。每个例子都说明理解的关键转变可能产生新的业务影响，如改变战略方向，采取不同的新假设或变更执行方式。[211]

医疗器械：如果缺乏范围经济，我们就无法在行业中与目前的竞争者竞争（从前我们以为专注于少数产品就可以赢得竞争）。

研发密集型技术：如果要保留从前的先发优势，我们就不能再依赖自身的资源（资本、知识、技能等）作为新产品的突破口（从前我们认为可以单凭研发部门"独当一面"）。

密集型制造：想要从客户的运营问题中抓住机会，需要为不同的客户群制定独特的方案（我们习惯于向多种客户群提供相同的核心产品）。

下列影响洞察的案例说明，虽然包含理解层面的转变，但影响洞察不会明确指出业务影响。

某制药公司的经历展现出变革洞察、影响洞察与业务影响之间的联系。该公司通过行业分析得出一些竞争空间洞察和通用市场洞察。在对潜在的业务影响进行研讨后，公司得出了一个关键的影响洞察，"企业政治策略（对外部利益相关者的管理）是赢得市场的根本"（图7.2）。这个影响洞察反映出该公司在多个方面的新理解。这也是公司首次正视企业政治策略。[212]从前一些管理者认为所谓的企业政治策略根本不存在。

两个竞争空间洞察：	旧理解：	旧企业政治策略
1. 利益相关者的市场上出现越来越多的竞争 2. 竞争者正打造新的能力以赢得利益相关者市场	许多利益相关者对公司提出特殊要求。大多数要求是可实现的；公司已证明他们具有实现的能力。这些要求没什么大不了的；不会严重威胁市场战略	各个部门可以按照自己认为合适的方式与利益相关者沟通；每个部门都处理问题，这样它们不会妨碍公司市场或财务目标的实现
关键通用市场洞察	**影响洞察（新理解）**	**业务影响（新的企业政治策略思路）**
1. 与利益相关者的互动中存在新的机会（如研究的突破口） 2. 新的产业价值链联盟和主要国家的政策变化会加剧竞争风险 3. 任何建立并利用新的利益相关者关系的竞争者都会产生竞争者威胁 4. 利益相关者管理是所有公司获得市场成功的根本	企业政治策略（对利益相关者的管理）是市场战略的根本 由于新利益相关者出现，且越来越多的利益相关者建立了共同的业务目标，产品营销战略越来越关键。所以我们需要认真制定和执行企业政治策略	建立全面综合的企业政治策略指导，管理与利益相关者的互动方式；确定企业政治策略相对于研发、市场、销售、制造、供应链、法律和财务战略、计划和项目的目标。 在主要"问题"的情境下识别和评估利益相关者的要求和主张，集中处理这些问题

图 7.2　影响洞察：医药公司案例

这是公司首次一致认为某些利益相关者正在改变他们的企业政治策略，以出乎意料的新方法阻挠组织的市场目标，也是高管首次承认成功的企业政治策略是在产品市场上获胜的前提。核心的业务策略：制定政治或利益相关者策略。

（2）忽视影响洞察的危害

在研究业务影响时，影响洞察的缺失不仅会拖延研讨工作的进行[213]，还会削弱业务影响的质量。试想下面的例子：

生物科学案例： 某个由高级情报成员领导的多职能团队对塑造某治疗领域未来的行业和宏观环境因素展开分析。分析团队得出一些疑似的竞争空间洞察和通用市场洞察，但难以就主要的业务影响达成一致意见。团队中的重要人物似乎对调查结果中的思维、决策和行动的意义持有不同意见。

业务服务：团队对某专业服务的少量客户方案就"新兴市场推动力"展开了为期6个月的研究，一致得出了包含竞争空间洞察和通用市场洞察的推动因素。但在评估核心业务影响时，用首席战略官的话来形容，就是"一团乱麻"。执行团队根本无法就公司战略和运营的关键影响达成一致。

消费者案例：在近期的市场研究会议上，某负责客户洞察的副总裁分享了他的团队产生"精辟而全面"的客户洞察的过程。他特别强调要理解影响消费者购买行为的动机。当营销管理团队发现他们无法就关键的业务影响达成一致意见时非常生气。[214]他言辞激烈地指出个别营销经理似乎对营销战略的影响有一套自己的想法，并且抗拒改变。

（3）影响洞察的角色和作用

三个案例都证实了在确定"最终"的业务影响（组织应该如何行动）之前，关注影响洞察的重要性。第一，它迫使分析团队在开展业务影响的评估之前根据组织的变革洞察确定基本影响。变革洞察对企业的意义存在于少量精简但具有说服力的影响洞察中。制药公司案例中的影响洞察将所有变革洞察的相关研讨内容总结形成简练的一句话，产生一系列重大的业务影响。如果没有这样的话，就会出现业务服务和消费者两个案例中的情况：业务影响研讨冗长而低效，以及精力、注意力和情感的浪费。

识别和评估潜在的影响通常需要花费一些时间：影响洞察中的理解在变革洞察中并不直观。制药公司在大量的研讨后形成企业政治影响洞察。在第1章的商品公司案例中，分析团队与管理团队花了几个月的时间确定并通过了下列关键的影响洞察——如果不进行全面的改革，公司的战略就无法获胜（图1.3）。

影响洞察可以为业务影响的细节研讨提供关注点，这是洞察力原则的基本前提。如果制药公司没有识别并通过企业政治策略的影响洞察，那么针对这一点的研讨和分析工作将一轮又一轮地开展。一旦通过核心的影响洞察，商品公司就必须改变战略，接着分析小组和管理层应该投入新战略的制定和实施。实际上，对于制药公司和商品公司来说，大部分战略方向的摇摆都在影响洞察的相关研讨中得到解决。

另一点也值得注意：影响洞察是强调变革的有力方式。只有影响洞察才能凸显变革洞察的重要性。这是回答第3章后果问题的关键性第一步。[215]高管们在得出影响洞察后就会明白他们为什么需要复查当前战略的可行性，为什么要制定新的备选战略，为什么要重新思考战略执行。医药公司的少数高管第一次认识到企业政治策略的重要性，认识到公司迫切需要建立一个更全面的制度，以应对不同的利益相关者。需要注意的是，我们应该先解决他们对企业政治策略的态度问题，然后再决定企业政治策略的内容。

（4）影响洞察：洞察的对象

本章中的案例证明了影响洞察广泛的适用性。它主要关注4个核心影响领域：战略、运营、组织和领导能力（表7.1）。每个领域的相关议题都是影响洞察的关注点。表7.1将影响洞察中的新旧理解予以展现。它并不能指导公司的行动，这是业务影响工作的重点。

表 7.1　影响洞察：新旧理解的差别

影响领域	旧理解	新理解
战略	我们的战略可以使用两到四年	我们的战略将在未来两年内被对手的行动淘汰
战略	我们的大型竞争对手会是我们的主要竞争者	我们的关注点需要更多地转向初创者和替代产品的竞争者
运营	我们的全球供应链正在迅速达到与主要竞争对手相等的水平	我们的主要竞争对手正在强化区域供应链；我们在迅速落后
运营	我们的生产设备可以产出超越对手的产品功能的产品	由于某竞争对手采用了新的工艺技术，我们已经落后了

续表

影响领域	旧理解	新理解
组织	我们的研发渠道会提供一系列的制胜方案，因为我们的研发能力远超竞争对手	我们的研发渠道不会产出制胜产品，客户已经在转向替代产品
	我们的企业文化保证与客户接触的一线员工提供无与伦比的服务	许多企业文化下的行为规范阻碍灵活处理客户问题
领导力	我们的负责人已经改善了企业文化，我们现在更加灵活	由于对手和客户在追求定制化方案，我们需要重新思考灵活性意味着什么
	我们的领导团队了解怎样向关键客户群提供价值	我们的领导者需要站在客户的情境下考虑问题；他们对客户需求的感知需要更新

◉ 7.2 影响洞察的思维准备

变革洞察向影响洞察的过渡并不涉及思维模式的转变，这二者的关注点、内容和细节完全不同。关注点从外部的市场变化转向组织的内部影响；分析工作从理解市场变化转向强调组织的高层次思维、决策和行动影响。团队在这一转变过程中需要应对一些问题与挑战（表7.2）。因此，即使存在变革洞察，过渡的研讨也并不轻松。此外，影响洞察（和业务影响）往往并不直观，一些影响洞察与旧观点南辕北辙，所以很有必要进行影响洞察的思维准备。

　　团队也可以使用思维和数据要则（表3.1和表3.2）以及推理原则（表5.2）处理表7.2中的问题与挑战。某些思维和推理原则与这些问题高度相关。

　　团队应该采用开放的思维模式接受所有针对组织和业务的质疑和审核。制药公司的高管们应该在研讨中解放思想，认识到企业政治策略作为产品–市场战略的推动因素的潜在力量和价值。

表 7.2　从变革洞察向影响洞察过渡中的问题和挑战

主要问题	议题举例
过渡中存在哪些大型组织挑战？	包括高管和经验丰富的管理者在内的许多人都认为处理和理解外部变化比将其转化为影响洞察和业务影响更有趣且富有挑战
	团队要打破在业务影响分析中的固有思维，认真制定和评估影响洞察
是否有正确的思维模式？	为了实现过渡，是否愿意采取完全不同的思维模式？
是否进行充足的任务设想？	是否愿意以不同的方式观察和思考？
	是否愿意采取新的分析模式？
是否拥有适用的知识和技能？	为了（快速）识别出相关的影响洞察，是否对公司的背景、战略、问题和决策有深入的了解？
	是否具备处理研讨中的人际问题的能力？
是否为研讨注入了足够的活力和紧张感？	过渡过程中，分析团队往往需要处理不容置疑的制度和不可讨论的话题以及其他组织文化方面的问题
	组织文化是否允许开展深入研讨？分析团队是否制定了包容不同分析框架、关注点和视角的方法？

续表

主要问题	议题举例
存在哪些阻碍因素？如何处理？	许多专业人员认识到，提出与组织思维模式相悖的业务影响会带来个人和职业风险
	高级管理者在得知他们的长期客户、竞争者或行业预判与市场的新变化不一致时反应消极
存在哪些重大失误？如何避免？	服从高层的期望，结果阻碍了工作进程，违背了洞察的精神
	没有花费时间探查潜在影响导致团队过快地转向低质量的影响
	接受第一个看似合理和有说服力的影响洞察：错过产生卓越影响的可能性 过于乐观地估计影响的有效期，没有监测与市场变化相悖的行动

　　没有对潜在影响的探知欲就无法解决思维模式中存在的问题（例如赢得市场所需要的预判和信念）。占据主导地位的认知和组织偏见会以多种方式影响研讨进程，阻碍团队对影响的考量。在Dip公司案例中，组织偏见（相信自以为的"事实"而不是对未来的判断）使成员无法认真考虑公司是否以及怎样抓住确定的市场机会。

　　只有当团队成员认识到采取多种分析模式的必要性，且不应该偏向任何一种推理模式时，才能为研讨注入活力和紧张气氛。采取多种推理模式可以防止团队通过第一版看似正确的影响洞察。在猩猩竞争者案例中，备受尊敬的战略部门负责人提出的影响洞察"公司需要合理化其产品线，这样才能在与猩猩竞争者的竞争中生存下来"立即得到其他人的大力支持。但考虑到公司能力的其他预判，这一影响洞察没有通过。

数据要则（表3.2）也指出了影响洞察所需的思维模式。团队需要认识到组织的"数据"对时间的依赖性。商品公司案例中公司核心价值定位的优点很快与市场现状产生出入。还要明白组织的数据总是包含偏见，需要有意识地纳入多个职能部门人员，通过相互区别，甚至是冲突的推理模式来创建适当的紧张感。

还有一点也很重要，尤其是在过渡的早期，不应偏向任何类型的数据。制药公司在初期非常重视销售和市场份额的数据，忽略了涉及利益相关者立场和关系的数据。这种偏见使企业政治策略没有得到充分的研讨。但如果所关注领域内容过于丰富，也会误导影响洞察的搜寻。在猩猩竞争者的案例中，大量的研发和技术数据引发了深入的探讨，从而导致对营销和合作影响的忽略，而公司在这些领域的经验也十分有限。

◀◉ 7.3 努力实现情报洞察

在向影响洞察和情报洞察的过渡中，同样包含架构、探查、塑造和成形4个过程。简单的获取影响洞察的途径并不存在。4S活动的关键要素也在此处表现出来。我将使用BSC（专栏7.1中的生物科学公司）、医药公司（图7.1），以及前面章节中的VP公司、Dip公司和猩猩竞争者进行相关的叙述。

◉ 7.4 架构影响洞察

架构的作用在于为获得情报洞察做好准备。变革洞察案例体现了架构的三个要素：识别关键机会、应用情境分析要素和人员管理，影响洞察也与此类似。如果影响洞察不是组织研究业务影响的主要关注点，架构就尤为重要。影响洞察的准备工作涵盖一系列的问题，本章将对其进行讨论（表7.3）。架构的目的在于使分析项目的参与人员和决策者理解影响洞察的重要性和它与业务影响的关系。

这里不再对第3章中的架构细节进行赘述，本节主要强调架构活动如何为组织提供更多潜在的影响，从而形成卓越的影响洞察。

专栏 7.1 案例

BSC研发案例

某基础科学集约化的跨国公司的产品开发团队准备向执行团队介绍投资决策。被审查的产品处于研发的中期阶段；产品和管理团队一致认为它没有达到竞争标准。

该团队进行了深入的竞争格局分析，确定了以下内容：主导新产品空间竞争动态的主要因素（目前还没有产品上市）；竞争对手进入市场的时间预测；以及竞争对手产品的优缺点。

在 4 个月的时间里，产品副部长领导团队开展了一系列的会议，探讨迄今为止的发现和相关的数据和分析结果。最后团队得出下列变革洞察：

- 该产品领域会比预期晚两年爆发竞争威胁（之前公司认为的一连串市场进入行为会在三年内激发正面竞争）。
- 造成他们独特的竞争行为的原因在于他们的能力和高管的战略意图（之前产品团队曾推测竞争对手行为作风独特）。
- 尽管大多数竞争者在重点产品领域的研究进展比预计慢得多（该公司曾认为一些竞争者会在完成产品研发之前就做好上市准备），但其中一个竞争者已经确定了加速计划。

团队就变革洞察的内容和方向展开多轮讨论。当对话转向讨论对公司的意义时，变革洞察开始发挥作用。

- 公司可以参考领先的竞争对手的经验，加快产品进程，从研发项目中节省出大量的时间。
- 抢在所有竞争对手之前进入市场（以前公司认为这绝不可能）。
- 公司需要加快产品开发，否则会落后于数个竞争对手进入市场，无法实现差异化。

在高管和研发团队通过影响洞察后，接着对投资计划做了一些修改。主要包括：

- 细分重点产品领域；从前公司的产品受众面向所有用户，但计划指出通过后期研发投资扩大目标受众的方法。
- 加速发展计划，这是公司对产品推向市场方式的改变。
- 根据更快的上市时间和竞争者数量的下降，产品预测大幅提高。

结果公司的产品开发周期被缩短了两年左右。现在看来，BSC 将是第二个进入市场的公司。高管估计开发周期的缩短和更快的市场进入将带来至少 30 亿美元的额外收入，超过最初预计的利润回报。

表 7.3　影响洞察的架构准备

关键问题	常见错误	建议
我们是否理解影响洞察的重复性？	认为影响洞察是一连串的步骤，无须重复进行	制定一个影响洞察和业务影响内含步骤的可视化流程图
是否（足够）重视影响洞察？	影响洞察不是分析的重点 业务影响没有根据影响洞察进行测试	将影响洞察作为制定业务影响的必要组成
是否重视产生影响洞察？	重视只停留在口头上，没有被当作独立部分进行复查	不论采取哪种分析工具或手段，将影响洞察作为关键部分进行独立评估，以团队形式进行分析和建议工作
影响洞察关注什么？	关注点过于狭窄 只采纳一个关注点	由宏观定义走向微观
议题的范围？	使用的大多是规定好的议题 使用分析框架决定相关议题	采用开放式的方法提出议题 鼓励个人提出新颖的影响议题
议题的内容？	参与人员单一，没有吸纳多样化的人员	多吸纳不同职能部门的人，在适当的时候邀请专家
采取什么着眼点？	没有从客户、渠道、供应商、竞争者、政府机构和其他角度思考	让成员从顾客和其他人的角度考虑问题 对比不同利益相关者的观点

续表

关键问题	常见错误	建议
是否鼓励运用想象力？	延伸针对影响所进行的思考的范围很快就失败了	让团队识别尚未注意到的潜在影响

（1）识别影响洞察的机会

所有分析项目中的变革洞察最终都要成为影响洞察。如果分析项目具备一个或多个下列特征，确定影响洞察尤为重要：

- 它解决或发现了市场的重大变化规律或不连续性：业务影响可能并不明显。
- 在洞察成形的最后阶段出现了重大分歧，确定影响洞察可能会提供解决分歧的途径。
- 围绕业务的影响洞察一旦产生就被一致通过，比如预判或策略方向的重大转变：重视影响洞察有助于澄清业务影响的转变。

（2）应用情境分析要素

当第3章描述的情景分析要素被用于拓展影响洞察的范围时，变革洞察更容易被转化为高质量的业务影响。我们这里强调的情景分析要素可以帮助团队解决"为什么总是在这里止步不前的问题"。

（3）框架和关注点：提出不同的问题

人们很少思考怎样将影响分析框架化，但它是架构的根本目的。怎样架构从变革洞察到影响洞察到业务影响的分析过程没有固定答案。不同的初期框架产生不同的议题。下列是一些框架举例：

影响领域

每个核心影响领域（战略、运营、组织和领导力）中可能存在什么影响？这一问题涉及下一节将会讨论的"探查"。每个领域的议题都会激发团队讨论可能的影响洞察，影响洞察和业务影响从中而生。

六大洞察因素

每个洞察因素框架包含不同的问题，其中"看"促使团队成员去观察隐晦的和从前没有涉足的对象。比如，团队成员可能会问：变革洞察如何使我们发现曾经错失的战略选择、市场机会、技术挑战？CO商品公司的团队逼迫自己设想怎样提供与竞争者完全不同的服务。

"计划"使团队成员思考变革洞察可能会怎样推动组织追寻新的市场目标，比如创建新的客户价值方案。"行动"可能促使个人思考如何最大限度地增加研讨的多样性。"感受"使所有参与人员考虑情绪如何阻碍某些个人进行最佳的思维和分析。

我将用探查说明为什么通用市场洞察是形成影响洞察的有力转折。举例来说，如果认为所有或绝大多数竞争者都容易受到某新兴或颠覆性技术的影响，就会出现一系列可能产生初步影响的问题：这将如何影响我们目前的产品？哪些突破性产品是我们可以预想并可以创造出来的？我们要如何调整研发投资计划？最终可能产生一个重要的影响洞察，例如，"需要新的技术才能在某个产品类别中具有竞争力"。

延伸

VP案例的分析团队可以思考：如果我们打算制定独特的客户价值定位会如何？以这种方式扩展团队的思维，可能会产生建议性影响洞察：我们需要快速建立合作联盟提高公司能力。[216]

（4）范围：业务情境

如果框架分析中的一个隐秘因素遭到忽视，会阻碍影响洞察（业务影响）的生成。变革洞察的情境范围（尤其是通用市场洞察）会大大影响所产生影响的范围和独特性。举例来说：

某工业品公司处于重大技术变革中，该公司产生了下列客户洞察：客户对公司产品的负面情绪压倒了他们对该产品高性价比的评价。如果分析的重点是整合营销传播，那么客户洞察的评估只针对其对传播问题的影响。应该传递什么信息盖过客户的负面情绪？怎样措辞？采取什么媒介？如果分析的重点是营销战略，或者更宏观的业务策略，产生的问题和影响洞察也大不相同。如果分析的重点是供应链管理，则可以提出有关零件和供应品采购战略影响的问题：如果客户的变革洞察表明产品销售可能下降，甚至大幅下降，此时需要考虑对产品研发的影响。

（5）视角：采取不同的出发点

架构使团队明白，通过采用不同的出发点[217]，可以实现所需的多样化。进而扩展初步影响和建议性影响的范围。

内部职位

诸如研发、市场、营销、财务和法律等职能部门会识别4个核心影响领域的内容。在制药公司案例中，法律部门发现需要与某外部公司建立新型的合同关系。如果营销部门与某外部公司建立潜在合作关系，可以为开发新的客户价值定位做好准备。

外部企业

内部利益相关者确定的初步影响中一般不会涉及外部的出发角度。竞争者总是比公司高管更快得出下一步措施。[218]客户通常只是乐于告诉供应商如何提高报价，消除障碍或提示潜在的市场机会。非政府组织对医疗保健、石油、化学、消费包装产品和工业产品领域的公司决策的影响越来越大。

未来

从未来着手倒推现在，这是一个不能被忽略的出发点。很多时候我们只能透过未来的某个点来了解现在。[219]许多公司的经验表明，适用于当前市场条件下的战略和运营影响可能在几年后就行不通了。[220]

理论

很多时候，导致业务成败的内隐理论[221]对团队如何识别潜在影响洞察的影响最大。试想下面的3个例子：

- 一个在制定营销策略方案时只考虑产品和功能特征的团队很可能不会产生关于情感需求的方案。
- 一个认为所有的研发工作都必须在内部完成的团队很难认真考虑与其他公司进行任何形式的合作。

- 一个习惯于渐进变化战略的团队不可能考虑创新战略。[222]

（6）吸纳合适的人员

架构可以直接解决产生影响洞察（和商业影响）的人员配置问题。首选的建议措施就是邀请不同背景的个人加入团队。[223]比如来自组织的不同层级、职能部门、教育和职业背景、不同的单位或生活经历的人员。这样的多样化不能流于表面。从变革洞察向影响洞察（表7.2）过渡的过程中应该使用六大洞察因素评估个人是否具有采取上述思维方式的意愿。[224]与第1章类似，个人需要利用六大洞察因素进行自我评估。

- 看：我们是否不落窠臼地观察业务情况？
- 想：我们是否对组织的思考内容和思维方式进行推敲？
- 计划：我们是否想扩大组织的所有工作范围？
- 决定：我们是否愿意重新考虑已经做出决策或提出新的决策？
- 行动：为了产生影响，我们是否做了必要的付出？
- 感受：我们是否愿意在研讨的任何阶段提出并解决具体的情绪？[225]

团队可以利用各个洞察因素的标准评估影响洞察工作4S活动的准备情况。

（7）开放式分析

开放式分析值得提倡：对个人或团队的交流方式不设任何限

制，他们可以采取任何着眼点、使用任何方法来产生影响洞察。[226] 这样一来，想象力和创造力就可以成为个人或团队观察和思考的主要推动力。[227]

BSC公司案例

　　BSC 开发团队的案例生动说明了架构的作用（专栏 7.1）。最初团队基本上没有进行架构活动。团队领导没有确保所有的成员理解影响洞察的角色和重要性，团队没有反思思维方式的问题，也没有提出任何人员多样化的议题。毫不意外，在第三方数据的协助下，该团队开展了传统的竞争格局分析。初步研究后，团队认为这样的分析大致就像"任务打卡"，几乎没有人期望会产生新的变革洞察或新的影响洞察。

　　一位高管认为，团队没有竭尽所能去观察竞争情境的动态，也没有评估主要竞争者在产品的研发领域的动态。他发起了一项类似架构的程序[228]，请公司内部的市场情报专家监管分析过程、审查团队和组织的观点和预判产品空间。该专家很快与团队成员以及组织内其他人员会面，了解他们对研发投入提案的观点。

　　架构活动为 BSC 团队开启了通往影响洞察的机会之门。如果团队打算逼自己一把，推出可行的产品，第一个进入市场[229]，潜在的影响将很快凸显：我们需要大量的新资源（人员、资本和知识）；公司必须把这个研发作为投资首选；高管需要将这个投资视为个人的关键绩效目标。

最终的影响洞察为"在所有对手之前进入市场是可行的，（此前公司认为这不可能）而且可以提早实现"。

◉ 7.5 探查初步影响

架构和探查二者密不可分。形成影响洞察的过程中应避免一些致命错误，包括架构的着眼点单一和影响洞察或商业影响的检验过程过短，这两点会阻碍影响洞察的产生。制药公司如果不投入时间研究商业影响，基本上就会延误企业综合性政治策略的生成。许多公司快速得出结论，认为他们可以通过改进当前战略来抵挡潜在竞争者突破性技术或替代性产品的攻势。这种想法是错误的，他们没有想到采用潜在的影响洞察来解决这一新型威胁。

（1）探查的目的：潜在的影响

探查活动可以在不参考相关性和重要性的前提下识别潜在的影响。探查的阻碍因素（表7.4）强调了在不考虑相关性和价值的情况下广泛探查潜在影响（形成影响洞察的准备）的重要性。本节提到的探查旨在防止这些常见情况发生：由单一团队负责大部分甚至所有的影响工作，产生狭隘而浅薄的影响，匆匆展开工作没有考虑延伸的影响范围。

表 7.4 影响洞察力工作的阻碍因素与洞察因素框架

六大洞察因素	阻碍因素	表现	行为建议
看	思维模式狭窄。没有鼓励员工设想未来。投入当前战略和行动计划。公司文化不鼓励"跳出常规"	我们需要保持专注确保当前战略能成功，不能考虑其他事情我们不想思考模糊的未来	要求个人设想最乐观和最消极（初步）的影响。询问个人是否遗漏关键的影响经验
想	负责人过于相信预判和信念不愿意讨论不同观点不愿意质疑既定的分析模式	我们的分析方法总能得出成功的战略不需要复查预判，没有发生变化	要求分析团队利用每个情境分析元素确定初步影响
计划	领导者不愿意考虑对当前业务计划和目标进行重大改变认为没有必要进行全面的影响分析	我们的计划和目标能走多远就走多远吧/我们的战略已经确定了/我们知道要实现的是什么/这影响很明显	思考就现在来看哪些目标是可行的要求个人搜索被忽略的目标。考虑哪些目标需要调整
决策	关键决策者未能从支持部门获得相关信息认为目前的决策不需要被质疑高度信任当前的决策方法	我们的战略已经基本确定；难点就是如何好好执行/我们已经囊括了该决定的所有要点	询问个人新出现的影响会怎样重塑当前或过去的决定/要求分析团队确定决策的时机可能会受到什么影响
行动	不认为有必要复查和重新评估目前的行动计划。认为影响评估太难且没有必要	不需要花过多时间识别变革洞察中的关键收获/缺乏一个负责人指导这项工作	要求个人根据新出现的影响确定如何以及为什么当前的行动方案需要调整

续表

六大洞察因素	阻碍因素	表现	行为建议
感受	有些人对现状感到满意 有些人不认为其他人可以应对确定影响洞察过程中的矛盾	我觉得做好这项工作需要耗费太多的心力 / 我很不愿意承担这项任务	关注员工执行过程中的情绪。讨论出现情绪的原因

前面架构讨论中的具体的框架问题推动潜在影响的探查活动：

- 各个核心影响领域（战略、运营、组织、领导力）存在什么影响？

- 身处某一职能部门（如财务、市场、销售、研发和人力资源）可能会有什么影响？

- 如果从外部单位（如渠道、客户、供应商或政府机构）的角度思考会有什么影响？

- 各洞察因素提出了什么影响？[230]

- 如果从未来的某个角度出发倒推现在，可以提出什么问题？

团队可以通过这些问题建立一个初期影响的列表，然后整合形成一套建议性的影响洞察。我需要再次强调：这时不必评估潜在影响的相关性、重要性或价值。

（2）探查：推断的作用

变革洞察到影响洞察的过渡需要你进行推断，否则就无法产生初期的影响洞察和建议性的影响洞察。[231]推断是领域洞察、竞争空间洞察、通用市场洞察或其他开放式过程的核心。

领域洞察

所有的领域洞察，不管是竞争者洞察还是客户洞察，都是各种初期洞察和潜在影响的依据。[232]我们讲回医药公司的案例（图7.2）。"某知名药品的审查漏洞，让所有药品的审批过程变得更加严格和缓慢"，这个监管领域洞察可以推断出下列初步影响：公司将需要投入新的资源来准备审批程序；高管需要投入更多时间监督这一工作；某新产品的发行时间可能要推迟至少18个月；两到三年后的现金流目标可能至少减少15%。

从竞争空间洞察到商业影响

团队应该独立评估各个竞争空间洞察的潜在影响。多个竞争空间洞察可能会产生共同或不同的影响，因此要防止初期洞察遭到忽略。如第2章所述，从单个竞争空间洞察形成商业影响，通用市场洞察是必不可少的。

从竞争空间洞察到通用市场洞察

这一分析有助于从竞争空间洞察中得出第2章提到的5个通用市场洞察要素。每个通用市场洞察包含不同的关注点和问题。对潜在机会推断的思考与竞争者威胁或预判的不大相同。在得出潜在影响（不论影响洞察还是商业影响）之前，团队成员需要考虑每个通用市场洞察所在领域的现状和未来的情况。这一步的重要性体现在如下两点。第一，它能使个人和分析团队在产生商业影响之前对竞争环境有更精确的认识，由此所产生的影响更加清晰。

如果个人对潜在机会的竞争空间洞察可能带来的结果足够深思熟虑，她就能得出更好的影响洞察。第二，产生的影响范围更广。埋身于潜在问题或突然产生的竞争者威胁，成员也许可以"看到"之前忽略的影响。

从通用市场洞察到影响洞察

值得再次强调的是，每一个洞察项目中的通用市场洞察都为初期影响洞察提供了有力的关注点。很多时候这些关注点并不直观；得出潜在的影响洞察需要深入情境、深刻思考、团队协作。

举一个通用市场洞察预判的例子：未来五年的平均市场增长率将为12%～15%，该公司估计为5%～7%。团队得出一些令人惊讶的领导力影响：负责人需要重设他们的观点和对于业务的基础预判；主要负责人需要重新考虑对合作伙伴的重大承诺，一些关系可能会受到严峻的考验；一些营销负责人需要努力经营与销售人员的关系；如果不想放弃重要的市场机会，领导团队需要果断行动。而团队无法在行业分析完成的两个月内预测出上述领导力领域的影响。

（3）管理潜在的影响范围

某分析团队的负责人需要在探查活动中发挥中坚力量。她要领导团队完成不超过三四个小时的初始会议，构建潜在的影响洞察，并强调研讨不会受到任何商业影响的干扰。成员们凝聚一心完善所提出的初期影响洞察。

这里的案例之前也有所提及，客户需求潜藏着真正的市场机会。早期的影响洞察有：客户需求是这样的……这是一个新的机会；我们的产品可以进行改进，来满足这个客户需求；如果我们接受这个客户的需求，就等于抓住了市场机会。团队在讨论后最终得出共识：真正的机会只存在于一组客户的需求中。

在探查中，我们不对影响洞察的范围设限。我认为荒谬的潜在影响洞察是不存在的。你可能会发现，五六个成员的团队召开的三四个小时的会议，所产生的领域洞察、竞争空间洞察或通用市场洞察的范围之广令人惊讶。

（4）六大洞察因素：助推探查影响

如果应用得当，六大洞察因素可以有效催生与初期影响洞察相关的洞察，还可以确保推断对象不受负责人意愿的操控。正如之前提到的，如之前所讲，每个洞察因素都是潜在的影响来源，促使成员在确定和延伸潜在影响范围时提出突破当前思维模式的议题。我们拿"看"和"想"来举例。

"想"涉及两个大问题：想什么，怎么想。在影响洞察得出之后，成员应该考虑组织应该考虑什么要素？对于通用市场洞察和领导力领域的潜在影响来说，"想"这一因素可以提出下列议题：猜测洞察会如何影响领导团队通过对市场、竞争者和客户的历史认知而对未来进行预测？哪些负责人能意识到他们的资源投入可能在无意中将市场份额拱手让人？如果当前的计划适用于较低的市场规模，为什么职能部门的负责人需要重建与组织内部其他部门的关系？

"看"解释了在确认影响洞察的过程中如何提出范围更广的议题。思考"观察到了什么不同之处"，"这种不同之处会带来什么影响"，激发人们深入研究各领域的影响。借由通用市场洞察的预判，你可能会看到不同范围的市场机会，竞争对手当下或未来的行为，为什么客户以意想不到的速度对不同的竞争对手做出反应，以及未来三年的竞争态势。总之，可以用新的眼光看待市场环境。

你观察到的事物会引发不同的议题：对于四个影响领域中的任何一个，影响洞察发生了什么改变？如果你观察到（也就是判断出）多个机会的出现早于预期，你就会思考这对战略、运营、组织和领导力可能会有什么影响。建议性的洞察可能是：我们产品线的市场机会远远大于预估。[233]

（5）设想的必要性

设想能够帮助形成关于影响洞察的推断。它的地位无可替代。我经常看到这样的情况：成员无法提出尚不明显的影响洞察。例如，某团队可以轻松处理短期技术问题，但无法考虑营销和客户问题。

（6）产出

经过探查活动，团队得出一系列初步的影响洞察或建议性影响洞察。这是人为的结果，不必将这一列表与相关团队或者设想中的团队挂钩。我们无法知道这个列表中的内容。根据业务关注点不同，可能涉及4个核心影响领域若干方面。比如新的替代性战略、当前的客户价值定位、战略的执行、沿价值链需要建立的新合作，或者领导层面临的新问题。

BSC案例

在关键的变革洞察形成并通过后，产品研发团队随即召开一系列会议，着手研究、构思并列举潜在影响。研讨过程中，可能会有一些被团队注意到但是没有整理出来且最终会成为变革洞察的潜在影响。这些初步影响洞察包括：

- 如果我们是这个产品领域的第四或第五个进入者，就不可能获胜，因为对手领先太多。
- 只要机会出现，我们就要做出与众不同的举措。
- 仅仅依靠科学还不足以超越当前的领先对手进入市场。
- 我们可以通过适当的投资缩短研发周期，比我们之前的预计短一些。
- 吸纳具有相关专业知识的人员加入可以加快研发进程。
- 我们不能简单地复制先入市场的竞争者的战略。
- 公司的高层领导人需要支持研发投入。

7.6 塑造初期影响洞察

在团队得出潜在的影响清单（或初期影响洞察）后，下一步分析挑战显然就是怎样将它们精简成影响洞察，提升产生有价值的商业影响的概率。塑造活动的目的在于产生经得起审核与检验的影响洞察和高质量的商业影响。

指导性议题包括：

● 如何整合初步影响洞察，获取核心的或潜在的影响洞察？

● 怎样对提出的（暂定的）影响洞察进行审核与检验？

塑造活动的研讨重点应转向到确定与审核少量（不超过4个）的暂定影响洞察。这项任务往往比想象的更难。大部分挑战来源于"正确措辞"。表述层面的修缮会大大改变影响洞察的内容。比如，将"我们在技术变革方面的薄弱意味着我们需要重新调整研发投资计划"改为"我们在技术变革方面的薄弱意味着需要迅速调整产品研发投资和计划"。后面的表述的含义与前面一种大不相同，可能会引发不同的商业影响。

（1）塑造活动中的系统性错误与困难

不幸的是，形成影响洞察的简便方法并不存在。它根本不是一个可以用逻辑推衍的过程。团队在预测和评估事件在行业或竞争空间中的走向，组织是否需要以及如何调动资源和人员应对预估的市场变化这些问题时需要作出许多判断。缺少分析结构的指导方法的部分原因是我在得出关键影响洞察（和商业影响）时发现的常见错误：

● 没有预先制定影响的层级或结构。

● 主导分析工作的角度或职能部门单一。

● 没有努力突破组织固有的思维模式。

- 由于高管的授意或计划临期而过早结束分析。
- 由于无法突破部门偏见或缺乏影响层级造成分析困难。
- 没有意识到情绪对个人贡献的重要性。

在几次参与影响洞察的过渡后，给我印象最深的就是分析团队在克服上述系统性错误时遇到的难题，主要有：

- 无法就确定影响洞察（以及商业影响）的起点达成一致（见下节内容）。
- 在整合长列表（探查结果）形成关键的影响洞察时遇到困难。
- 不知道怎样同时处理数个影响类别，如战略、运营、组织和领导。
- 无法调和团队成员的意见差异。

下面我们将讨论如何解决上述常见的错误和困难。

（2）形成一套建议性影响洞察

从潜在影响洞察的列表中整合形成影响洞察的步骤通常与第5章中的塑造变革洞察的步骤相同。

形成类别清单

这一步骤的起始点是团队需要一致同意将初期影响列表（通常很长）分类。这一步看似容易，但有时因为成员会马上提出不同的分类方法而引发激烈讨论。卓越的影响洞察和由此带来的良好的商业影响来源于多样化的方法，这是多年来我的一个重要经验。总之，采取多个出发点有助于划分出多种类别，进而产生高质量的影响洞察。下面是3个可以参考的出发点：

- 采用预先制定好的分类。可能包括关键的影响领域，如战略、运营、组织和领导，或每个领域的不同子类别。
- 让成员快速浏览列表，提出可行的类别建议。
- 等待分析过程中出现分类。

繁复的分析工作

不论采取哪种出发点，向影响洞察类别的过渡都会涉及繁复的分析和人际问题。[234]团队成员以不同的方式结合各个潜在影响，这反映出他们的观点和知识。

某成员考虑下列两个初步影响洞察：我们当前的价格水平将难以维持，而客户会更频繁地要求我们提供符合他们需求的方案。由此得出一个综合影响：我们需要假定当前的产品线在三年后将失去市场吸引力。

另一位成员将这两个初步洞察影响与另一个洞察相联系：由于竞争对手X带来了更高的价值，即使价格高于我方，我们仍然可能失去一些关键客户。接着得出以下综合的影响洞察：我们当前的产品线已经不再吸引某些关键客户。经过反复讨论，团队成员得出了战略领域中更高层次的影响洞察：公司迫切需要在细分市场投入产品。

分析难点在于要产生关键影响领域[235]或分析团队规定的其他领域的影响洞察。区分影响洞察和一般的商业影响至关重要。

繁杂的人际问题

出现前面提到的错误和难点的原因就是繁杂的人际问题和繁

复的研讨分析。情绪、偏见和政见相互交织，推动研讨，它们有时起积极效用，有时也会延缓分析进程。高层次或综合影响洞察显然不只是简单的所谓理性思维的产物，这种理性思维认为明确的规则和标准使单一的结果很快就会被通过，这是最好或最优的选择。[236]

情绪会以多种方式影响竞争。[237]如果员工感到精力充沛、情绪高涨，认为我们急需在细分市场配置产品，他们就可能会支持类似的推断。如果员工感到不安且对该推断表示犹豫，他们就可能会提出质疑，搜寻更多的数据和证据进行评估，要求其他人重新思考。情绪会加快或减慢分析进程。

正如第5章所述，个人永远持有偏见。这里我们将讨论两个具体的偏见。第一个是确认性偏见，即为了证实头脑中先入为主的判断和信念而搜寻数据的倾向，它会加固固有的思维模式。如果员工真的认为公司急需在细分市场上配置产品，他将搜寻数据来证实这一信念，并会忽略或者轻视不支持此论断的数据。近期偏差是指优先考虑近期数据的倾向。它可能会引发研讨中的人际问题。在刚刚看到分析报告或者听到支持者言论后的员工也许会改变观点，由此产生与之前截然相反的主张。

人际问题中的权数是指人际对研讨的影响。如果员工想讨好管理者，他们往往会附和后者的观点，或者隐藏自己的反对意见。团队中的小团体虽然没有正式的约定，但会影响许多人对团队中某成员的判断持支持态度还是反对态度。

（3）审核建议性影响洞察

在团队将建议性洞察形成少量的暂定影响洞察，走向影响洞察的最后确认阶段时，他们会不可避免地面临一个问题：怎样确认这个结果是正确的？[238]这个问题也可以换一种问法：有什么证据表明这个影响洞察是正确的？审核过程可以回答这个问题。与变革洞察相同，影响洞察也要经历质量与新颖性的检测。

影响洞察的质量

相较于过去或现在，建议性影响洞察更关注未来。因此每个洞察中都包含关键判断。这些判断通常并不直观，也未经检验。针对影响洞察，需要三种质量检测：审查、阐释性和范围。[239]

审查测试：审查的目的是评估建议性或暂定影响洞察能否经受严格的评判，包含以下议题：

- 支撑建议性影响洞察的推理依据是什么？
- 如果它是准确的，那么未来会发生什么？
- 可以利用哪些反面的推理依据或数据进行考察？
- 调和正反论点需要做出什么判断（如果有）？

在本章的制药公司案例中，分析团队注意到了一个建议性[240]企业政治策略影响洞察：公司的企业政治策略执行不力。团队确定了一小部分判断，这些判断支持了在不断演变的企业政治策略下的影响洞察：通用市场洞察中的变化表明公司需要条理清晰的企业政治策略；有序施行企业政治策略是可行的；企业政治策略有可能极大地影响产品市场的成功。下一步就是利用上述4个问题审核这些判断。审核过后，个别建议性影响洞察显然需要修改完善。制药公司的分析团队经过反复的分析后通过了企业政治策略影响洞察（图7.2）：管理利益相关者这一企业政治策略是我们产品市场战略成功的根本。

如果有专门的员工组成的团队负责修改每一条建议性影响洞察，审查通常会更加严格。这也可以在一定程度上减少团队在表述初步洞察时的偏见。反复的分析工作也使两个团队加深对彼此的影响洞察和商业情境的理解。

阐释性测试：初期的影响洞察为组织提供了新的理解。如果认为它是正确和真实的[241]，下一步就要思考影响洞察解释了什么？即影响洞察帮助你更好地理解了什么？如果没有想明白这些问题，那么影响洞察的价值，也就是它形成商业影响的能力就无法完全发挥。例如，如果制药公司分析团队或个别管理者没有意识到企业政治策略洞察可以解释为什么公司需要对竞争情境变化做出反应，或者是如果不做出反应，市场表现会受到怎样的影响，他们就不太可能会重视影响洞察和商业影响。在第1章的商品公司案例中，竞争空间洞察"无差别产品现在已经被差异化了"，使公司的少数管理者理解了市场情况，但接受竞争空间洞察和它的市场或组织影响却用了好几个月的时间。

范围测试：建议性影响洞察具有或大或小的商业影响。制药公司的影响洞察作用于各个影响领域：它会影响战略、运营、组织和领导领域的决策。潜在的商业影响的范围越广，审查和阐释性测试的执行就应该越严格。

影响洞察的新颖性：满足了第1章所讲的新颖性测试的影响洞

察更有可能产生有价值的商业影响，比如新的市场机会，战略方向的改变或良好的战略执行。

公司的"新"：在满足上述质量测试的情况下，与渐进式理解相反的全新理解会引发各个核心影响领域（战略、运营、组织、领导力）潜在变化的重大议题。彻底的新认识可能包含与从前完全相反的观念，就像制药公司和商品公司案例中的情况。

六大洞察因素可以评估所有建议性或暂定影响洞察的"新颖程度"。如果没有带来新的视角与新的思维方式，它的"新颖程度"就很低。医药公司人员开始看到利益相关者的环境对战略确定和执行的重要性。当他们思考是否需要以新的方式处理利益相关者的问题时，他们没有别的选择，只能接受事实：团队必须认真思考制定综合企业政治策略，这与公司从前的行为截然不同。新的打算和决策已经很明显了。而如果企业政治策略洞察被通过，团队就需要一个全新的行动计划。新颖性也可以体现在情绪上。医药公司的高管现在对更广泛的市场有了更深入的了解，他们对此显然更加舒适和满意，也不再犹豫是否应该发起企业政治策略行动。所以六大洞察因素清楚地表明这不仅仅是一个渐进式的洞察。

环境的"新"：直接或间接的竞争对手尚未提出的影响洞察可能具有重大的商业影响价值。为了检测其对环境的适用性，分析团队提出了下列问题：

- 有什么文字或行动证据证明竞争者也产生了相同的影响洞察？
- 有什么证据表明一个或多个竞争者正在得出影响洞察？

　　为了确定是否有竞争者已经得出或正在得出类似的影响洞察（必须制定出条理清晰、内容全面的企业管理战略），制药公司重新检查了竞争对手管理计划和行动相关的声明和行动。而分析团队判断还没有证据能够证实他们的担忧。

BSC案例

　　专栏 7.1 中提到的将潜在影响洞察列表精简成一系列影响洞察的过程涉及一连串的会议。研讨的重点是预测知名研发公司进入市场的顺序以及根据投资和组织投入，考虑 BSC 公司在进入市场的排名位置。竞争对手可能的入市时间和市场进入战略引发繁复的激烈分析。在逐一讨论上述初步影响洞察列表时，团队得出了一些关于公司研发能力、加速研发的能力、高管对产品领域的重视程度、在产品市场有了初入者后尽快进入市场等方面的判断，并完成了检验。

　　激烈的研讨造成了人际问题，并通过后者予以展现。当员工支持或者反对他人的判断时出现明显的情绪。某位团队成员认为这种情况是由对异见的包容造成的。策略专家和副总推动研讨进程，不允许任何人占据主导地位。

　　在专栏 7.1 中的影响洞察逐渐清晰时，团队开展了审核工作。如果这三个影响洞察中的任何一个与标准不符，那么会造成很严重的后果。例如，如果公司不能大量缩减计划的研发时间，那么它先于三四个主要竞争对手进入市场的可能性基本为零。因此，针对每个正在形成的影响洞察都应该进行严格的审核。

新颖性测试也至关重要。该团队承认，他们震惊于自身与领先竞争者的产品研发水平的差距并没有最初以为的那么大，但让他们感到更震惊的是自己的研发时间可以大大缩短。每一次的认识都会促使团队重新评估证据。团队成员还得出判断：影响洞察的主旨很可能是新的。似乎没有什么证据表明竞争对手怀疑该公司能迅速将产品推向市场。如果是这样的话，竞争对手很可能不会投入资源，先于计划进入市场。

◉ 7.7 成型：通过影响洞察

当团队愿意承认影响洞察是团队的分析结果，并用于确定商业影响时，必须对其进行审核。影响洞察成型期所涉及的步骤与第6章中的变革洞察相同。就像制药公司的情况一样，成型的结果可是一个基本的影响洞察（图7.2）。在商业公司案例中有2个影响洞察，而在BSC案例中有3个。

BSC案例

当分析团队似乎能够确定三个影响洞察时，策略负责人将团队带入成型阶段，这时措辞方面就变得很重要。例如，"我们可以击败所有对手进入市场，甚至成为市场领导者"被改为"抢先所有竞争对手进入市场是可行的（之前公司认为这显然是不可能的）"。

◉ 7.8 效度检测

确定并细化商业影响需要团队回顾并完善每个影响洞察。[242]第6章中关于变革洞察效度检测的方法在这里同样适用，监测是否需要修改影响洞察。

团队可以监测影响洞察的相关指标，判断是否需要修改或放弃。由于影响洞察针对的是组织而不是外部市场，有时一或多个指标会迅速发生变化，由此改变它们的视角和表述方式。由于客户的技术平台不断发展，我们传统的核心技术对一些客户来说不再有价值——这个由专业服务公司产生的影响洞察涉及一些相关的指标，包括客户对技术的购买，对技术和运营计划的评价以及对销售人员报价的回应。关于这些指标的任何新数据都可能降低建议性影响洞察的客户价值，进而改变商业影响。

◉ 7.9 将洞察影响的主要行动步骤制度化

将影响洞察内化为组织的分析与研讨步骤需要对各个步骤进行管理。（表7.5）

表7.5　将影响洞察的产生制度化

确定当前影响洞察的进展

- 当前的分析项目中是否具有影响洞察？
- 战略规划中是否包含影响洞察？
- 识别影响洞察的方法是否成熟？
- 谁经常参与影响洞察的研讨？

影响洞察的准备

- 识别并处理影响洞察的主要问题（表7.2）。
- 了解暗示洞察工作的典型错误，并知道如何避免（表7.3）。
- 识别洞察工作的主要障碍，并了解如何应对（表7.3）。

为影响洞察创设条件

- 任命一位员工来"讲授"影响洞察工作。
- 让有经验的人监督分析项目。

选择一到两个初始项目

- 确定一个初始项目。
- 应用影响洞察的方法思路。
- 评估与其他分析项目影响洞察的相关性。
- 记录项目经验。

将经验融入所有分析项目

- 确立影响洞察的通用需求。
- 执行影响洞察方法。

第一步要仔细记录组织当前确认的影响洞察进程，这需要仔细的研究。"我们确定了分析工作的关键影响"这一论断常常将商业影响误认为影响洞察。团队带着这种错误的分析印象工作，就会让团队以为没有必要回顾过去和当前的项目，从而怀疑影响洞察是否值得关注。

记录确定（所谓的）影响洞察所采用的分析方法也很重要，这样可以判断（所谓的）方法的真实性。某公司所谓的分析方法只不过是对冗长的行业分析中"重大经验"进行简单的讨论，而且首次得出的判断也未经审查。

如果影响洞察这个概念对于分析团队来说是新的，那么就应该为这项工作做足准备。简而言之，团队需要理解影响洞察的内容：它是什么、有什么分析方法，第一次将变革洞察转化为影响洞察的过程存在什么典型错误，以及4S周期对确定和评估影响洞察的作用。第一次进行影响洞察工作的团队应学习上述的经验。

准备工作中的核心要素是"思维准备"：要充分了解从变革洞察到影响洞察的过渡所涉及的挑战和问题（表7.2）。

合适的组织架构有助于开启影响洞察工作，并在团队和职能部门之间分享经验。只要任命一个人去"讲授"概念、介绍方法思路，并说明4S活动所需的研讨类型，就足以揭开影响洞察工作的神秘面纱。

最终，团队需要将影响洞察融入分析项目中。选择一个项目、行业、竞争者、技术分析、情景模拟、竞争模拟或大数据分析，然后在确定商业影响之前制定出影响洞察。采用前面详述的4S方法形成初步影响洞察，然后将其转化为暂定和成型的影响洞察。

在首次项目实施的过程中总结关键经验。留意特定的分析难点，比如产生最多问题的步骤，或者导致瓶颈期的反复分析工作。同时也要注意人际问题的相关挑战，例如，造成员工支持或反对某一影响洞察的原因。重视情绪，特别是在将影响洞察的相关思考加入分析项目的早期阶段：成员是否愿意投入精力识别影响洞察将会意味着洞察工作的成败。

这些经验为下一步将影响洞察整合到具体项目提供参考。分析项目的负责人应该学会利用这些经验，避免犯同样的错误。

◀◉▶ 7.10 小结

洞察力原则强调从市场理解（变革洞察）到商业影响过渡过程中的影响洞察的角色和重要性。通过关注影响洞察，分析团队可以确定"关键后果"，从而指导商业影响的确定。尽管对大多数组织来说，塑造影响洞察还比较陌生，但这样做有助于产生卓越的商业影响，这也是下一章的重点。

商业影响：思维、决策、行动

CHAPTER 8

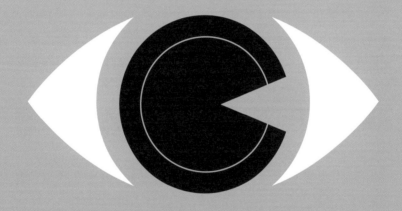

洞察力原则
建立与众不同的市场洞察机制

THE INSIGHT DISCIPLINE
CRAFTING NEW MARKETPLACE UNDERSTANDING THAT
MAKES A DIFFERENCE

在第1章的开头，高管曾向分析团队提出两个问题：对竞争空间的关键洞察是什么？这对我们当下和未来的战略和运营有什么联系和作用？前面章节中的影响洞察回答了第二个问题中的"联系"部分。本章要讨论其中的最后一个部分，商业影响是什么？我在这本书中反复的强调4个相互联系的影响领域：战略、运营、组织和领导力。[243]由于许多相关的经验已经存在，我不再展开讲述高质量的战略内容与目的和计划的要求。[244]本章将解释洞察力原则会如何帮助确定商业影响过程中的分析工作。

◉ 8.1 确定商业影响：价值与洞察力原则

在这一阶段，大部分的组织已经具备了相关的分析流程和组织架构，可以将领域变化的分析结果（图1.2中的洞察漏斗）转化为商业影响，尤其是在战略和运营两个领域。这些流程和架构解决两个问题：关键影响领域中的思维、决策和行动会造成什么商业影响？[245]这些思维、决策和行动能否为公司带来卓越的市场表现和财务收入？洞察力原则可以通过下列三种相互联系的方式，也就是我们所称的三个商业影响原则提高分析与研讨的质量：

- 重视新理解
- 回顾和修改变革洞察和影响洞察
- 阐述影响领域的洞察

我将继续使用前面的案例以及专栏8.1展现这三个原则会如何决定商业影响。

小型技术开发公司

某小型技术开发公司的跨职能团队利用多种行业框架展开大量的行业分析。团队确定了变革的主要因素，并据此制定出一套简单的方案。接着其他管理层成员参与进来，详细讨论后得出决策和行动的影响。但他们无法就关键的商业影响达成一致。最后，负责汇报工作的主要成员敲定了主要影响和行动计划。

回想一下，下列三个影响洞察本应成为团队首次评估变化原因和行业情景模拟的成果：

- 由于客户的技术平台更新迭代，公司的传统核心技术能力对某些客户的价值越来越小。
- 由于少数竞争者对下一代产品的重大技术投资，小公司（如我们）需要进行技术联盟。
- 我们的营销要注重为当前产品和新产品打造小众客户群。

（1）重视新理解

洞察力原则推动产生新的理解，没有新理解就没有洞察。它是组织实现市场价值和财务价值所需的思维、决策和行动的关键要素。重视洞察工作中商业影响的相关人员都应对外部市场和组织自身变化的理解保持敏感（表8.1）。在识别和评估商业影响时，他们应该首先考虑以下两个问题：

- 我们当前怎样理解市场和组织的变化？怎样理解细分客户群的需求，竞争者的战略预测，关键新兴技术的潜在变化？

- 这种理解是怎么改变的？变化的幅度大吗？

这两个理解问题[246]确保研讨内容关注商业影响的制定，选择和分析所需的基础信息[247]，包括所有已经通过的变革和影响洞察。

强调理解的改变会促使团队思考问题[248]背后的原因，而不单单关注商业影响决策和执行层面的常规方法。如果针对我们要推向市场的产品及其竞争方式制定一套备选战略，需要考虑客户、竞争对手以及影响备选方案选择的更广泛的市场因素。其中要考虑的主要问题包括：我们认为客户的基本需求是什么？竞争对手将如何回应我们的行动？哪些因素会影响客户采取我们方案？哪些预计的技术或法规变化正在影响我们对未来市场演变的看法？对以上问题的考量使我们反思采用某项战略的原因。其中可能反映我们对客户需求、竞争对手的战略行动预测以及客户的产品倾向的理解转变。

表 8.1　影响洞察：新旧理解的差别

影响领域	旧理解：旧的思维、决策、行动	新理解：新的思维、决策、行动
战略	我们的产品虽然与竞争对手所有产品现有的功能基本相似，但我们在各个地区的价格更低，这是我们获胜的主要原因	竞争对手投入资源提升产品功能，我们要专注于一两个产品组，提高其功能性和价格，同时提供优质服务
	我们的战略已经制造出了制胜产品，无须求助价值链的盟友	通过在价值链上有选择地结盟，我们可以做出比任何对手都多的高质量产品
运营	我们的销售团队总是在寻找新一代产品的市场机会	由于技术变革大行其道，我们致力于打造多功能的团队识别了新兴或潜在机会
	制造和出货物流是我们要解决的首要成本问题	现在我们会详细处理各项主要业务的成本影响
组织	我们允许销售和营销部门自我管理	我们现在非常谨慎地处理内部依赖关系；这两个团队现在要向同一个人汇报工作
	公司文化是我们面向客户的能力的主要来源，不应该被改变	我们已经开展行动，让企业文化更加关注客户，一部分原因在于重振面向客户的能力
领导力	执行团队无须定期访问客户	现在执行团队的每个成员都要定期会见客户
	执行团队的每月例会不回顾关键战略预判	现在关键预判是否有效是执行团队月例会的固定议程

现在执行团队的所有成员都要定期安排客户会议。在每个月的执行团队会议中，"关键预判是否成立"成为一项固定议程。

（2）回顾（必要时修改）变革洞察和影响洞察

洞察力原则对变化的理解和强调说明商业影响的思路方法与研讨并不是独立的，团队需要重新检查变革洞察和影响洞察。有时还需要加以修改完善，它们不会一成不变。[249]

VP案例：分析团队努力就战略和运营影响达成一致意见。最大的障碍在于成员不愿意重新考虑关键的影响洞察和形成影响洞察的通用市场洞察。由于某些成员未能充分理解"要将无形资产融入客户价值定位"这个关键的影响洞察，团队就销售人员的二次培训展开激烈讨论。[250]在深入分析为什么客户价值定位需要无形资产后，分析团队可以更加顺畅地提出决策和行动建议了。

（3）阐述具体影响领域的洞察

在确定商业影响时，过度重视方法会导致对各个影响领域洞察的关注不足。对理解变化的强调提出各个领域的相关议题（表8.2）。战略方向转变或资源投入变化都会引起核心商业影响领域的考量。如果理解的变化足够剧烈，就可以形成战略或运营洞察，它们是截然不同的对战略与运营的新理解。[251]此时团队的讨论重点变为对具体影响领域洞察的确定和审核，接下来的章节我们将继续讨论这一点。

表 8.2　商业影响：关注点与领域

领域 / 关注点	思维	决策	行为
战略	对备选战略有什么新理解？ 我们从前的战略预判已经过时；新的预判是……	新理解中有什么决策建议？我们的关键战略决策现在要将替代品的竞争者当作最大威胁；以前我们只考虑同类产品竞争者。	我们对关键行动的理解是否发生转变？ 我们要在某些地区同时推出新产品，而不是像以前那样依次推出。
运营	对运营的关键方面有什么新认识？我们需要以本地为中心的供应链；一体化的全球供应链存在诸多弊端。	对运营的关键决策有什么新理解？我们制造方面的决策的出发点应该是利润率和盈利能力，而不是资产负荷。	我们对运营中的关键行动的理解是否改变？ 认真对待合作伙伴，而不是将其当作与我们有财务关系的公司。
组织	对组织变革的需求有什么新理解？ 公司需要以客户为中心的团队，而不是单独应对客户的职能部门。	对决策的影响因素有什么重要的新认识？要研究造成决策失败的企业文化因素，而不仅是结构问题。	对形成"客户中心"有什么新理解？要切身体会客户立场，而不是利用第三方和调查来获得客户信息。
领导力	对高管的角色理解有什么新的变化？管理者应当能够且敢于公开挑战长期存在的观念和预判。	对管理者增强决策的方式有什么新理解？职能部门的领导要具备洞察倡导者所需的品质与特点。	对领导团队行为的新理解是什么？领导者需要在关键的战略研讨中创造并维持对立观点。

（4）商业影响的分析误区

上述三个商业影响原则可以在一定程度上避免组织走入下列商业影响的分析误区：

- 由于没有意识到业务影响研讨的反复性，在无意中抑制了分析团队应对不确定竞争环境的能力。[252]

- 过早得出最终分析结果，没有充分考虑市场变化的潜在影响。[253]

- 分析工作所涉及的影响领域狭窄：如领导力相关问题（如果存在）常遭忽略。

- 没有质疑组织当下的思维模式，因此对于组织传统的观点、预判和理念的接纳也许与当下得到的影响洞察和变革洞察不一致。[254]

- 轻易接受主流的分析方法；没有采用新的或包含新问题的分析框架。[255]

- 将分析工作分配给小部分人，不受组织内其他纪律的约束。[256]

- 不重视产出关于组织的卓越理解（关于资产、能力、工作表现性质、弊端等）。未能利用组织的当前特征。[257]

（5）应用洞察力原则

变革和影响洞察案例中介绍的4S活动——架构、探查、塑造和研讨，也可以提升业务影响（图8.1）评估过程中的方法思路和研讨质量。每项行动都具有独特作用，确保商业影响协助组织赢

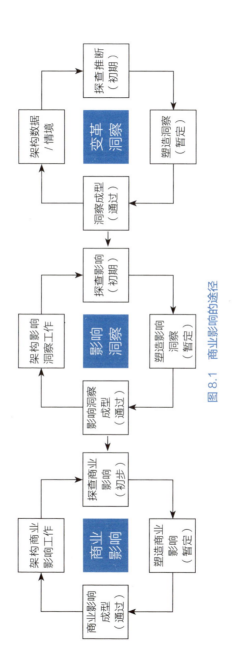

图 8.1　商业影响的途径

得外部市场。

◉ 8.2 架构

前面所提到的商业影响的误区往往是组织的固有弊病。架构活动可以为解决这些误区提供组织基础。因为对未来市场和财务表现至关重要的商业影响往往并不直观，很难在首次或二次会议中确定下来，所以架构十分必要。[258]它是将三个商业影响原则付诸实践的首要途径。

（1）架构分析

由于影响洞察的工作反复性，影响洞察架构活动的许多要点都与商业影响相似：制定适当的思维框架，采取独特视角作为问题重点，使用六大洞察因素（6IF）评估个人准备工作，采取从未来倒推现在的视角。由于所有组织都已经掌握了确定商业影响的方法，架构需要解决的是具体的分析和人际问题。

下列五个架构建议将三大商业影响原则融入商业影响的分析方法和研讨中。目的在于找出更广泛的初步或潜在的商业影响[259]，同时使分析工作负责人和组织领导重视上述的两个核心理解问题。

将洞察力原则与主要分析任务联系

确定主要影响领域（战略、运营、组织和领导力）的商业影响的所有工作都涉及多重分析工作。组织在战略选择、制订运营计划、战略执行、确定如何重构供应链或重新调整部门领导和资源时，通常有一套分析程序和规范。[260]通常情况下，团队确定战略变化的框架或执行细节需要数周甚至数月的讨论。过程中负责人要反复处理分析工作和人际问题。领导者要确保洞察力原则处于研讨任务的核心位置。他们应该不断地思考：洞察力原则如何提升任务执行？

STD案例：资产和能力评估是组织战略制定中的一项重要分析任务。本案例中，分析团队和相关人员意识到与主要竞争对手相比，该公司拥有的营销资产和能力有限。"与竞争对手相比，营销资产和能力的缺失是公司实现战略目标的重要障碍。"对于管理团队来说这是一个新的组织洞察。起初只有一两个人认为[261]这是个问题。他们组织了一系列会议，发动其他成员思考背后的原因和营销缺失的补救措施。在后续的研讨中，团队制定出在公司范围内解决营销问题的计划。

重视思路

分析团队在制定商业影响各个阶段的任务中应该不断思考：研讨会怎样影响思路（如预判、理念和观点）？举个近期的例子：

在评估某新产品的最佳市场策略时，分析团队认为一些之前通过的预判需要彻底修改。两个组织资源方面的洞察产生：该组织不再愿意投入更多资源，而现在显然需要加大投入才能达到预期规模；渠道伙伴也不再愿意与公司合作营销。起初一些主要管理者拒绝接受这两个洞察所形成的新预判，但事实上有关组织市场成就的新思维模式已经产生。

拓宽影响领域的范围

架构活动提醒分析项目负责人和相关人员密切关注所考虑的

影响领域或其细分领域。这里洞察力原则也具有重要的作用。负责人应该不断思考：洞察力原则如何拓展研讨的范围，如何囊括曾被忽略的影响领域？下面是一些例子：

STD案例：目的是明确主要探讨商业影响的团队会议将大量的时间用于解释各种技术的使用过程，很少思考细分市场所需的营销战略。后来STD的高管通过了营销洞察"营销能力不足是公司开拓新客户群和维持关键客户的主要限制因素。"

专业服务公司：在使用PPT模板作为驱动的组织中，战略影响范围大多是预先确定的。[262]某专业服务公司的分析结果模板涵盖每个市场机会的细节，这些机会是拟议战略的重点，但没有提供潜在的竞争者威胁。机会是重点，风险不是。如果团队将太多精力用于搜寻潜在的竞争对手，有可能会得出忽略特定机会的竞争者洞察。

深化影响研讨

商业影响情境的讨论分析常常肤浅得令人惊讶。[263]关于拟议战略或所谓的制胜价值定位的讨论大多不会超越围绕市场机会的范围规模和特征所进行的顶层分析或初步分析。团队对客户的基本需求并无异议，但不同客户所面临的真正难点却令人意外地鲜少得到关注。有时由于相关人员自以为掌握了相关背景而导致研讨缺乏深度，这是个危险"自以为是"。团队应该不断考虑怎样借助洞察力原则得出更深刻的影响领域理解。

试想下面的两个例子：

制药公司案例：在制定企业政治政策决策和行动时，为了充分了解所针对的关键利益相关者，分析团队必须在初始议题之外进行深入挖掘。刚开始成员们没有兴趣研究单个利益相关者在各自竞争环境中的市场地位，与其竞争对手的竞争性质，以及他们对制药公司的利益和需求。随着团队对关键利益相关者的理解加深，他们的行为也发生了一些改变。

Dip 公司案例：在开始制定针对竞争者价值定位转变的解决方案时，分析团队意识到他们不理解竞争空间的预计变化将对关键竞争者有何影响。因此团队决定进行"深入挖掘"，探讨哪些竞争者无法在市场上存活以及自身如何在市场上存活。利用当前竞争者的弱点，团队制定出了更具竞争力的战略，可以用来与竞争对手争夺高价值的迁移客户。

（2）延伸研讨范围

团队在探讨商业影响时往往不会突破传统范围。但有时这是一个"必选项"。团队可以延伸战略可能性的考虑范围，除增量战略之外，加入创新式战略[264]和独创的策略，挑战大众理解的市场机会，识别当前战略的弊病和组织能力的局限。团队应该不断思考如何延伸研讨范围，产生新的理解。

BSC案例：分析负责人必须确保市场战略的影响走出公司往常"一刀切"的细分市场划分模式：许多成员没有很快意识到为特定客户群提供定制化服务的确是一个市场机会。这有助于加深客户理解。

专业服务公司：执行团队中的高层人员在战略会议上采取干预措施，叫停某中层管理团队提出的对新客户方案的初步探讨。他们不相信关键客户已经准备好接受新的方案，并且该团队对所谓的新市场机会的考虑超出一季度战略进程回顾的职权范围。团队对组织程序的坚持导致忽略了关键的客户洞察，与高管认为的事实完全相反，客户已经为新产品做好准备。新战略的考虑被推迟了6个月。

（3）架构误区

架构活动强调合理配置人员，采取正确的思维模式，建立高效的团队，充分理解确定商业影响时洞察力原则的重要性。上述的5个架构建议案例展现了六大洞察因素为实现这一目标提供的理想标准。

看：成员设想和思考的战略、运营、组织内容可能会超出先前的范围。[265]

想：想打破传统的战略、运营和组织思维方式，就要丢弃长期既存的，墨守成规的观点、观念和预测。

计划：在商业影响的探查和塑造活动中，有计划地组织、认知和分析活动更有可能会使团队投入时间、精力和资源来实现目标。

决定：上述的计划最终需在团队的塑造意愿和决策执行情况中检验。成员决定是否愿意参与研讨。

行动：领导者和成员相互作用，利用洞察力原则突破之前的思维、决定和行动的观点，制定审核建议性影响的新方法，对提出的目标和行动计划进行效度检测。

感受：商业影响的探讨过程要关注情绪的作用，特别是情绪对应用影响原则的促进或阻碍作用。

以上所有架构活动的目的都是搜寻易遭忽视的商业影响。

◉ 8.3 探查

探查活动旨在判断业务领域内初步或潜在的商业影响。上述提到的三个商业影响原则均会影响探查活动。重视新理解：鼓励产生新的话题或当前话题新思路的推断。修改完善变革洞察和影响洞察：鼓励产生与从前通过的变革或影响洞察不一致的推断，再次印证了变革洞察和影响洞察的有效期。阐述具体影响领域的洞察：提醒所有相关人员根据影响领域进行推断，不必考虑它们能否通过审查。

BSC案例：三个影响洞察为最佳分析方式增添了许多的不确定性因素（专栏7.1）。应该怎样加速研发项目？该项目可以提前多久？ 根据预测的市场领导者的市场地位，哪种上市策略最为合适？相关推断成为商业影响研讨的必要因素。

洞察漏斗中各层级的市场变化洞察（图1.2）都是初步商业影响的素材。

（1）影响洞察：推断的来源

影响洞察是潜在商业影响相关推断最直接的素材。探查活动的出发点很简单：我们可以从各个核心影响领域的影响洞察中推断出哪些潜在的商业影响？[266]在团队深入研究时，五项架构分析建议提出了多个方面的推动探查活动的议题（表8.3）。分析团队可以借助表8.3中的通用议题（右起第二栏）挖掘更深层的推断。五个架构建议促使成员提出更广泛和更深层的分析议题，帮助团队避免前面提及的商业影响分析失误。

表 8.3　架构的分析建议：与探查的联系（BSC 案例）

架构分析建议	关键架构议题	探查议题举例	BSC 案例中的探查问题
联系关键分析任务	洞察力原则如何提升任务执行？	对以下方面可能有什么影响：新的市场机会？潜在的新产品？对当前价值定位的改变？新措施？	我们是否有能力追求所谓的市场机会？关键的竞争者何时会正式发行产品？我们进入市场时的市场动态会是怎样的？
重视思维	研讨如何影响思维（如预判、理念和观点）？	对以下方面可能有什么影响：我们的观点、假设、理念和预测？过去和现在的决策？未来需要做的决策？当前的行动计划？需要实施的新行动计划？	我们愿意接受主要竞争对手在该产品市场的哪些战略意图假设？何时做出加快研发投资的决策？何时推翻过去的研发投资决策？为了加快研发我们必须执行哪些行动计划？
拓宽影响领域（子领域）	洞察力原则如何拓展研讨的关注范围，囊括曾被忽略的影响领域？	对以下方面可能有什么影响：新产品或产品系列的延伸？新的客户需求和细分市场？新技术的获取和使用？如何减少现金流的弊端，而不是只关注现金流的变化？	我们可以根据需求细分客户群并了解如何满足这些需求吗？能否确定谁将在我们之后进入市场？

续表

架构分析建议	关键架构议题	探查议题举例	BSC 案例中的探查问题
深化影响研讨	借助洞察力原则，如何在具体的影响领域中得出更深刻的理解？	如果我们……会有什么影响：对战略输赢的原因提出不同的问题？思考如何突破先前的范围，改变未来价值定位的关注点？思考如何增强当前的价值定位？	制订研发计划的全新方式是什么？如何利用外部资源制定新的市场战略？如何为特定客户群的方案增值？如何以一种在行业内新颖的方式为研发计划投资？
延伸研讨范围	如何扩大研讨范围，产生新的理解？	如果我们……会有什么影响：考虑创新性的战略而不是对从前战略进行修改？设定在未来五年内将收入翻倍的目标，而不是每年增加5%的目标？	如果决定缩短50%的研发时间，而不是25%呢？如果与竞争对手合作销售我们的新产品呢？

　　BSC案例： 架构分析建议中议题的重要性无需多言（表8.3）。每一组问题都会引导分析团队得出推断（表8.3中的右栏），产生远超预估的影响。例如，架构分析建议指出，与关键分析任务相联系促使团队得出相关推断，仔细思考关键竞争对手发行产品的时间，竞争对手的市场进入战略，我公司和该竞争者同时进入市场的竞争态势。

　　通过研究表8.3中各类议题，BSC分析团队确定各个核心影响领域中的初步影响（图8.2），其中不乏一些分析团队未能预测的影响。

影响洞察	潜在的商业影响：4 个影响领域

影响洞察

1. 在多个竞争对手之后凭借自身产品进入市场，可以最小化产品或非实体产品的差异化，如果有的话。
2. 公司可以参考领先竞争对手的经验加速产品研发，节省出大量时间。
3. 抢在所有竞争对手之前进入市场（以前公司认为这绝不可能）。

→

潜在的商业影响：4 个影响领域

战略
我们别无选择，只能紧随领头竞争对手之后，抢先其他竞争者推出产品。
我们需要尝试在客户方案中打造非实体差异化。

运营
我们需要有选择地从外部组织获得研究材料。
必须打造更强大的渠道关系。

组织
所有部门都要团结协作，提高效率才能符合新产品的研发进程规划的要求。
我们需要遵守行动计划。

领导力
负责人要团结一致面对组织变革。
负责人要密切关注率先进入市场的竞争对手。

图 8.2　从影响洞察到潜在的商业影响：BSC 案例

VP案例：值得注意的是，每个影响洞察都可能引发某种独特的商业影响。因此，将每一个影响洞察代入架构的五项分析建议中是非常关键的。在VP案例中的影响洞察"我们赢得和留住客户的思路需要转变"，产生了一系列有关营销选择的初步影响，替代方案所能带来的机会，可能面临的竞争风险，客户价值定位，竞争对手的潜在行为，市场变化的预判，市场行为的挑战，以及市场成功的表现。第二个VP案例中，根据影响洞察"我们需要大规模地改变组织的管理方式"，团队得出一系列初步的商业影响，包括获胜所需的资产和能力、领导层需要关注的问题、组织的价值观和思维方式如何改变、销售队伍的行为以及营销的管理方式。

（2）影响洞察：商业影响的推动力

BSC和VP案例证明影响洞察不仅有助于产生潜在商业影响，还会影响组织的思路、决策和行动，形成卓越的市场绩效和财务回报。原因有三。第一，影响洞察是变革洞察的综合反馈，是真正对组织有用的信息。因此我们认为它所产生的商业影响最为符合组织的未来。如BSC和VP案例中的一些商业影响对相关人员来说出乎意料；这说明最终的商业影响难以预测。[267]

第二，如果认真思考，分析团队可以从影响洞察中找出其他商业影响领域或其他领域的分析成果。VP案例中的两个影响洞察帮助分析团队全面分析了赢得市场所需的条件以及彻底改变公司的思维模式和预判的方法和原因。显然如果没有影响洞察，公司不会得出这种程度的分析结果。[268]

第三，研讨的内容围绕组织的实际情况展开，在前面也有所提及。这些关乎组织的资产、能力、思维模式、文化和其他特征的议题是解决组织市场战略和运营的思维、决策和行动的一种方法。因此相较于变革洞察和影响洞察，组织洞察更是分析的重点和结果。[269]

影响洞察和商业影响之间的相互作用，包括突然想到的影响领域洞察，如战略洞察和组织洞察，同样体现出洞察工作在后端

（产生情报洞察）反复性的特征。影响洞察在某一时间点被确定下来。在它被提出和检验的过程中，员工也在反复思考是否需要对其进行完善。[270]

（3）延伸潜在商业影响的范围

洞察漏斗中（图1.2）能够产生影响洞察的各个层级的变革洞察也是初步影响的来源。

通用市场洞察

在第7章中提到，通用市场洞察的研讨常常能很快得出初步的商业影响，它们主要是个人对组织思路、决定和行动的影响建议。市场机会、竞争风险、竞争威胁、策略漏洞和市场预判等通用市场洞察的研讨重点可以启发团队很快得出更多的潜在影响。

VP案例： 影响洞察带来潜在的商业影响。从通用市场洞察的角度来看，"赢得和维持客户的思路需要转变"可以延伸为"新的客户机会正在涌现"。初步的商业影响包括：机会的大小，客户方案的特点，客户喜爱的方案类型以及某方案吸引客户的原因。此时的分析工作也具有洞察工作反复性的特征。

竞争空间洞察

在洞察漏斗图中（图1.2）第1章和第2章介绍的竞争空间洞察比通用市场洞察更早出现。竞争空间洞察和领域洞察都是通用市场洞察的素材。通过竞争空间洞察可以得出潜在的商业影响，比如成员和分析团队能很快确定初步的思维、决策或行动的影响。

VP案例： 竞争空间洞察表明战略的制定需要参考各个角度

的价值。"它将决定竞争者的输赢，有些竞争对手没有能力实现这种过渡"可能是思维（如客户价值的预判，竞争者的行为，客户的需求），决策（如重置基本客户方案的必要性，是否要在竞争对手退出市场前开展竞争），行动（如怎样争取竞争对手的客户，制订新的营销和销售计划）的影响依据。

领域洞察

本书中的许多案例都能说明卓越的领域洞察（客户、竞争者、技术、经济或政治洞察）如何帮助个人在相关的影响领域中得出潜在的商业影响。要注意这里指的是初步或潜在的商业影响。因为在竞争空间洞察或通用市场洞察的情境下考虑问题时，它很可能发生变化。

客户洞察： 某技术公司发现由于技术，成本和应用方面的多种原因，少数相关行业的中国公司不相信主导产品线的关键技术优势。最终的客户洞察：更改产品对中国客户的呈现方式和销售方式，同时针对中国客户适当优化产品，可以解决最初的订购障碍。公司接着研究得出一系列设计、制造、市场、销售和服务的相关影响，作为进入中国市场战略投入。

竞争者洞察： 某传统工业品公司产生了一个关于竞争者与客户交流的行为和语言模式的洞察，发现该竞争对手会抢先与大中型客户签署"协议"，以此"绑定"客户数月甚至数年。结果导致许多客户根本不愿意与公司的销售人员或者高管接触。该公司在营销、销售、公关、价值定位和打击竞争对手行为所需的组织变化方面得出了一系列初步的影响推断。

（4）与现状相比

在从变革洞察或影响洞察中分析初步或潜在的影响时，可以再预先设置好的议题中突出与现状的差异，以此来强化研讨的重点。这一方法有助于回答本章开头的两个问题：当下的理解是怎样的？这种理解是如何转变的？思路、决策、行动和前述的三个影响原则可以提供架构相关议题的出发点。

- 变革和影响洞察怎样改变了我们的思维模式？怎样改变了我们对客户或竞争者的想法和看待他们的方式？我们对客户的想法是怎样转变的？

- 它们怎样改变了我们过去、现在和未来的决策方式？怎样改变了我们看待决策的方式？例如，是否存在全新的战略和（或）运营决策？我们对关键决策的主要驱动因素的理解是如何转变的？

- 怎样改变我们制订行动计划的方式或修改计划的需求和方式？例如，面对战略方向的变化我们是否需要制订新的计划和相关行动？我们对执行计划和行动的理解是如何转变的？

STD案例：利用影响洞察"由于一些竞争者大幅投资新一代产品，小型企业（如我们）要建立技术联盟"可以很快解释一系列潜在商业影响之间的联系，然而这些影响还不是研讨内容。图8.3中的思路、决策和行动推断印证了更新未来竞争看法的必要性。公司需要立即舍弃关于联盟与公司战略相关性的旧看法；在未来几个月内制定出新联盟的相关决策；并且必须迅速行动，确定潜在的联盟伙伴。

团队成员应该坦诚地探讨思路、决策和行动的相关议题，不为琐碎的分歧所累。[271] 分析团队负责人应激励成员搜寻在首次讨论或会议中遭到忽视的推断，让每个成员都有得出影响推断的机会。

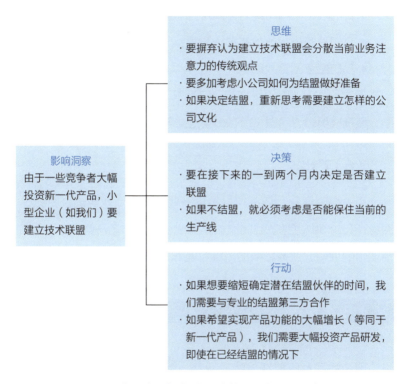

图 8.3　从影响洞察到思维、决策和行动：STD 案例

（5）规定议题

我们可以根据三个商业影响原则，针对每个核心影响领域制定一套议题，促使成员提出初步商业影响推断，延伸推断范围。这些议题可能与当前的思维、决策和行动议题有很大的差别。[272]

举例来说，在战略领域可以提出以下议题：

- 根据当前的战略，怎样抓住确定好的市场机会？
- 如果决定把握某个机会，我们可以以多快的速度调整战略？
- 新的战略方向可能对品牌产生怎样的影响？
- 我们具备执行该战略的资源吗？
- 我们愿意调整战略吗？

确定这些议题的目的在于激发成员提出各影响领域的相关问题，鼓励成员讨论问题（潜在影响根据），尽可能不遗漏关键点。

（6）产出

通过探查活动，团队可以得出一些初步的商业影响。图8.2、图8.3和表8.3中由竞争空间洞察和（或）通用市场洞察产生的潜在商业影响证明，业务影响的范围可能非常广泛。

◉ 8.4 塑造

塑造活动意味着在战略、运营、组织和领导力领域产生一套公认的建议，以及暂定的"思维"成果（预判、观念和观点）、决策和行动方案，然后对其进行充分检验和审核。

所有参与战略制定和行动计划研讨的人员都要经历大量且反复的分析和人际问题。[273]在这里我们的分析目的不在于解构、细化分析思路，而是解释说明洞察力原则如何提高研讨内容的质量。

（1）四个塑造建议

以下四项塑造建议可以提高暂定商业影响研讨的质量，确保本章开头的三个通用商业影响原则得到应用。所有塑造建议都鼓励分析团队遵守洞察力原则，尤其强调形成核心影响领域的关键影响过程中的新理解。

随着研讨开展，团队回顾从前的变革洞察和影响洞察，进行必要的修改，然后得出影响领域洞察。由于之前的章节未曾涉及，我将重点关注影响领域洞察（战略、运营、组织和领导力）的产生。

强调理解的变化

在分析团队就各影响领域的影响达成共识后，就要开始思考研讨内容如何反映或促成市场理解的变化。对客户、经销商和竞争对手等利益相关者的理解发生了什么变化？由于这种转变在思维中悄然发生，有时候团队会错失许多洞察经验和提升商业影响的机会。

BSC案例：BSC团队着手完善加速研发计划标志着公司产品市场推广方式的真正转变。团队开始分析公司从前的做法，阻碍快速研发的因素以及产品发布的方法。

通过分析，成员们回顾了之前的变革洞察和影响洞察，加深了对公司的理解。团队现在具备了得出重塑公司自身理解的影响领域洞察的能力。借助对公司加快产品研发进程的方法的清晰理解，可以得出下列组织洞察：建立研发各部门之间更紧密的联系可以消除许多加快研发的阻碍因素。这个组织洞察可以继续产生一个领导力洞察：监督和执行研发计划的领导人可以将研发重点从产品导向转为市场导向。

STD案例：在团队讨论重振产品线的必要性时（重大战略影响），得出了新的客户理解：虽然关键客户还未明确表达出要求，但从竞争者的新产品介绍来看这个产品可以满足客户需求。如果能捕捉到新的客户理解，就能够推动新客户洞察的产生与检验。

STD的分析团队和相关人员也在思考为什么他们没有在预测竞争者产品之时注意到这些客户需求。经过讨论后团队得出了包含重大决策和行动意义的组织洞察：公司缺乏理解市场变化所需的体系建设，缺乏预测客户和市场变化的观察和思考方式。这个组织洞察得到一致肯定后，团队随即开始探讨如何架构和探查市场变化。

关注思维

在团队讨论决策时，必须解决"要选择哪种备选战略"，"怎样完善当前的客户价值定位"这样的决策背后的问题。[274]需要进行哪些利弊取舍才能引起更多关注？如果选择市场占有率而不是现金承担额，我们需要审查自身的哪些默认市场和组织预判？我们是否可以假设高的市场占有率将降低单位成本，进而提高利润率和现金流？这些问题促使分析团队检视固有预判和观念，然后决定是否将其投入决策制定。

商品公司案例：本案例（图1.2）生动展现了关注深层思维（预判和观念）可以为决策和行动补充情境信息的原因。一旦预判和观念发生改变，客户价值和竞争对手的行动必然成为关注重点（而不是产品、价格和商品化），管理团队就能扭转多年来从商品业务角度出发思考的与竞争对手有关的战略和投资承诺。他们首次成功为客户"增值"，与客户建立关系，销售队伍也是为客户提供价值的手段之一。

重审决策依据

在进行决策选择时，有时会出现非理性因素占据上风的情况。因此在团队即将达成一些商业影响的共识时重新考虑决策的选择，会导致成员质疑这样做的理由。

医药公司案例：在团队即将制订出关于相关利益者行动计划的决策时出现以下问题：为什么要现在采取行动？为什么要制定针对个别利益相关者的行动？为什么认为利益相关者会以某种方式回应我们的计划。在上述问题的讨论中产生了新的暂定运营洞察：企业政治政策需要更快且更彻底地执行。

思考行为后果

行动会带来相应后果。有时团队未能预测出后果是由于没有人承担这一职责。考虑行动后果必然涉及重新审视思维和决策的合理性。

STD案例：某技术来源结盟协议的行动计划暴露了该公司几乎不具备结盟实力的事实。STD公司认为结盟的能力是公司在产品空间中存活的实力之源。除了获取这一能力之外，公司别无选择。

专业服务公司：由于某项行动计划打算涉足新的细分客户群体，管理团队开始考虑是否培训以及如何培训营销、销售和服务团队，制定各个客户群的价值定位。在落实具体细节时团队得出一个组织洞察：与主要竞争对手相比，公司在营销、销售和服务集成方面处于劣势，甚至无法向关键客户群提供合适的定制方案。多名经理对此感到震惊，他们以为部门间已经可以团结合作进行这些工作，于是团队立即启动补救方案。

（2）审核提出的建议

四项塑造洞察影响着团队商业影响[275]研讨的所有阶段。在各项建议逐渐达成一致时，商业影响的误区开始浮现。成员不愿意突破当前的思维模式；传统分析模式地位日益稳固；只顾埋头前进而没有停下思考其中的原因。此时全面的审核检验（第5章和第6章的内容）的必要性就凸显了出来。虽然审核和评估战略、提议和行动计划的框架有很多种，但是本章中提到的洞察力原则和建议鲜少有人关注。审核也是考虑本章开头两个问题的理想方法（我们当前对市场和组织的理解是怎样的？这种理解发生了怎样的转变？转变的幅度大吗？）。

实际相符度的审核

如果所提出的战略和相关建议与竞争空间的实际相符，它就是成功的。[276]但只有时间才能给出答案。审核可以评估这种市场的"相符性"。[277]洞察力原则建议利用下列问题对相关建议进行压力测试。

- 所提出竞争计划的思维、决定和行动要素是否是相辅相成的？

- 之前得出的变革洞察和影响洞察是否支持所提出的建议？

- 如果答案是肯定的，提议的内容是否充足？是否进一步延伸？

- 如果答案是否定的，变革洞察和影响洞察是否需要修改？或提出的决策和行动建议是否需要修改？

- 影响领域洞察与提出的决策和行动方向是否一致？

想要解决这些问题，所有分析团队都应首先评估建议的深层思维与决策（行动）要素[278]之间的关系。

BSC案例： 通过研发差异化产品细分客户群体的投入，默认公司具备下列条件：研发部门可以开发出差异化的产品吸引不同客户群；客户群的规模足够制定营销和销售计划；公司自身具备开发必要的差异化产品的能力。直到要制定产品战略细节和相应的运营变化时，团队才考虑到潜在的客户行为。由此出现新的客户理解：即使客户认可提出的差异化产品，这些"假定客户群"所需的营销和销售成本也可能远高于最初的预测范围。团队由此着手重新探讨营销和销售的资源分配。

VP案例： 审核任务非常明确，即判断市场和组织的预判是否与所提出的战略和行动计划一致。如果答案是否定的，那么团队要快速转向评估他们的预判是否正确反映竞争环境的变化。如果答案是肯定的，下一步就要考虑如何修改战略方向。

如果分析团队确定战略建议被低估，所提出的价值定位可以通过新的方式增强。那么影响洞察"我们需要大幅修改组织管理方式"可能会被改为"为了专注于提升顾客价值，我们需要修改组织设定"。修改后的影响洞察将高管的注意力集中在公司的短板——营销方面。领导者需要学习营销的内容和方法，否则无法实现新的客户价值定位。

新颖性：行为的独特性

如果缺乏新颖性，即便所提出的建议大致符合审核标准，也难以产生优异的市场表现和财务回报。内容的创新性[279]测试明确提出了新颖性问题：所提出的战略和行动计划与竞争对手的有什么根本性的差异？为什么能够获得市场优势？

CO商品公司案例：公司的客户方案的确与众不同，但这种独特性能否转化为客户优势尚不明朗。有些团队成员开始担心认可该方案的顾客可能不敷预估。团队不得不重新思考顾客观点：我们真的理解顾客需求吗？与此同时也在重新思考对竞争者的理解：不同的竞争对手可能会向市场提供什么样的产品？为什么客户认为它们的产品更好（差）？最终分析团队重新制定关键的客户洞察，将"客户认识到他们需要的不仅是供应商提供的基本功能，而是供应商的服务"修改为"客户意识到除了供应商提供的基本功能之外，他们还需要与供应商建立更为持久的关系，从而能够共同创造方案"。团队从修改后的客户洞察中产生了新的组织领域洞察"与客户合作打造产品方案需要新型的客户交流技能"。[280]

新颖性：洞察差异

即使商业影响大致通过市场一致性和行动的新颖性的测试，洞察力原则仍然在两个层面提出基本的洞察新颖性问题：洞察漏斗（图1.2）中所指的市场变化和影响领域。市场变化类别带我们回到第1章中的核心洞察挑战：公司的变革洞察和影响洞察有什么新意，它们能否通过第1章结尾的测试？对确定和评估商业影响时出现的影响领域洞察也可以提出这一问题。据我所知，在影响洞察的形成过程中，这种新颖性的相关问题很少被提出和思考。

商业影响的形成过程中要对变革和影响洞察进行效度检测。在必要的时候修改变革和影响洞察，[281]修改过后，评估新颖性的方法可参考第6章。

由于领域影响洞察出现在商业影响的形成过程中，所以它未经审核。在相应的洞察属性检测中，团队常常能得出对洞察情境的新理解，这些理解还可能会冲击商业影响的制定。[282]以上述STD案例中的组织（能力）洞察"结盟的能力是公司在产品空间中存活实力之源"为例。从前公司并不重视结盟能力，这一洞察的确包含新的理解。竞争对手将结盟作为关键能力的一部分，洞察的新颖性可以通过与此进行对比而得到检验。竞争者确实拥有结盟的能力，但这一能力没有独特性。它既不显著也不新奇，任何公司都能轻易发现。该洞察的一致性（真实度）很高，联盟伙伴所具备的信息和技能，公司无法轻易获取。该洞察解释了公司无法凭借自身资源取胜的原因。洞察的持久性取决于公司提升能力的时间。总之，通过打磨影响领域洞察背景的理解，评估潜在的市场和组织价值，可以发挥洞察特征的理想价值。

竞争：制胜的执行

执行过程中所遇到的挑战也可以利用三个商业影响原则解决。即便通过相关检验，战略仍可能面临严重的执行障碍。市场行为可能遭到竞争者或其他利益相关者的阻挠。执行工作同样会受到组织架构、政策、文化和领导层调整不力的影响。重新审视公司市场困难的同时可以完善之前的变革和影响洞察。解决组织难题的同时也是一个修改组织影响洞察的机会。

BCS案例： 分析团队利用执行挑战的契机评估了公司实现市场战略和研发计划的能力。加速上市需要更高的研发能力。这一发现（最初遭到一些员工的强烈否定）使公司投入提升研发实力，达到了行业最佳水平。

医药公司案例： 过时的战略容易被竞争对手利用，战略洞察需要与时俱进。前述影响洞察"企业政治政策，即对外部利益相关者的管理是市场成功的根本因素"引发团队间的热议。讨论的重点在于合适的政策内容与执行方式，相关的新理解缓缓浮现。"要针对各项关键业务建立联盟网络，而不是假定某些关系网适用于每个事件。"

（3）价值检测

战略和行动计划的潜在价值评估是运用洞察力原则的绝佳机会。[283]这是因为价值评估常常演变成了分析处理财务报表：制定并分析收入、成本和现金流各项数字的配比。我们通常认为审核过程已经进行了充分的利弊分析。价值分析已经得到执行，那么洞察力原则概念中的价值检测注重的是对新理解[284]的追求。

虽然市场和财务结果只能经由时间验证，[285]但价值检测可以对其可接受度和可能性进行评估。

预测

洞察力原则建议将预测结果当作一个经验框架进行检验，并在必要的时候修改变革洞察、影响洞察和影响领域洞察。市场、技术和财务预测结果会在未来得到印证。预测结果中的观点是主要的关注点。

医药公司案例：市场结果预测包括：利益相关者对影响计划的反应（在行业会议、立法机构和监管机构等公共论坛上表示支持）和利益相关者在合作计划中的行为（如与公司携手并进，共同推动税收政策和控制药品进口等目标）。该公司认为一些利益相关者会与它一起支持某个监管问题。如果他们没有尽力提供资源与帮助，影响监管和立法机构的计划举措，想要成功是很难的。这一顾虑使团队回顾了团队之前提出的企业政治政策的预判。团队将基本影响洞察修改为"企业政治政策，即对外部利益相关者的管理是市场战略的根本因素，但显著的市场结果可能需要两年的时间实现"。最后团队下调了现金收入预估额。

思路、决策、行动

思路、决策和行动也是检测商业影响的价值的途径之一。所有的建议都包含具体的决策和行动建议。团队要注重理解以下问题：

市场及其有关方面要产生怎样的变化决策才能形成之前所说的市场结果？例如，新的战略方向的预设是竞争对手在6～12个月间没有积极行动，且一些客户会在6个月左右的时间内选择该公司的新价值定位。敏感性分析结果显示市场结果预测要想成功，竞争对手要在一年内不作出积极行动。建议团队分析竞争者是否会进行重大的市场动作，以及动作的时间和方式。如果结果表明竞争者不具备在一年内做出营销、销售和制造动作的能力，那么重要的竞争者洞察已经形成，尤其是当新的竞争者理解与之前的看法相反，并且导致公司资源投入新的战略方向的时候。

组织需要怎样做才能确保行动如期执行，能否遵守时间规划完成各个节点的任务，实现预期的市场结果？某执行计划需要公司进一步研发类似于全球供应链程序，补充诸如客户关系和信息之类的具体资源。在第1章的CO商品公司案例中，如果销售人员的招聘和培训等一系列行动滞后，那么销售预测就难以实现。

决策和行动计划的问题说明，一旦将未来纳入考虑范畴，就会面临不可避免的思路议题。

当下的结果

当下的市场表现和财务结果是检验过去的战略选择、决策和行动计划价值的参考项。它直观地展现出从前预测结果的情况。虽然价值评估的结果是直观的，一眼就能看出从前的预测结果，但理解上转变的联系往往并不明显。洞察力原则提醒我们谨慎且彻底地处理以下两种情况。

第一，面对积极的结果，分析团队往往不去考虑变革洞察或影响洞察。变革洞察具有时效性，它不会永远正确。当变革洞察不再符合实际情况，可能恰恰说明公司的战略需要改变，从而改变劣势。

第二，消极结果可能致使分析团队直接放弃相应的变革洞察和影响洞察。实际上产生这一结果的原因可能只是时间上的缺乏或执行不力。

◉ 8.5 成型

最终所有的分析人员都要提出商业影响结果。保证他们所提出内容的正确性。尤其是当我们站在变化的角度上考虑问题时，这些结果中的思路、决策和行动的结果会随时变化，变革和影响洞察也要及时完善。

效度检测

与变革和影响洞察相同，洞察力原则的最后一步提倡对商业影响结果进行效度检测。这一活动体现出三个商业影响原则，强调三个关注点。第一，对基本的变革和影响洞察进行效度检测，当改变处于一个或多个相关影响领域的核心位置时，对核心的思维、决策和行动的需求便由此演变。第二，在一段时间之后，对思维、决策和行动的结果进行效度检测。第三，对执行情况进行效度检测。监测后两步的相关指标，评估执行情况是否与业务目标、时间表、各个节点要求相符合，是否避开障碍和限制因素。

◉ 8.6 小结

塑造变革洞察和影响洞察的经验也适用于商业影响的决策和评估。洞察力原则提供了产生关键的影响领域洞察（战略、运营、组织和领导力）的机会。也让我们明白决定思维、决策和行动影响的是人而非机器。

第 9 章

洞察工作：情绪的影响

CHAPTER 9

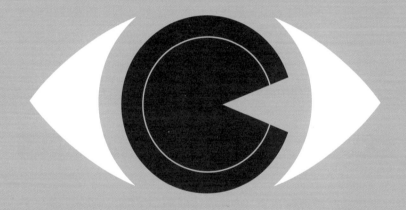

洞察力原则
建立与众不同的市场洞察机制

THE INSIGHT DISCIPLINE
CRAFTING NEW MARKETPLACE UNDERSTANDING THAT
MAKES A DIFFERENCE

前面的章节重点介绍了思维做出推断，利用推断产生综合推断和洞察的过程。这一过程可能快得令人难以置信。更关键的是，思维可以推断未来。它不仅可以考虑"发生了什么"的问题，还可以思考"会发生什么"的问题。因此推断和洞察可能会关乎未来。在过去的几十年里神经科学已经证明，要想更完整地了解思维如何在当下和未来两种情境下工作，我们需要注重情绪的作用和影响。本章的开始将简单讨论我们对情绪的理解。然后说明情绪对4I钻石框架和4S活动的积极和消极影响。最后提出诊断和管理洞察工作中情绪影响的方法。

◉ 9.1 情绪是思维方式和行动中不可或缺的一环

包括斯蒂芬·平克（Stephen Pinker）、安东尼奥·达马·西奥（Antonio Damasio）、埃里克·坎德尔（Eric Kandel）和乔舒亚·格林（Joshua Greene）在内的许多神经科学家经过大量的研究后认为，思维和情绪密不可分。埃里克·坎德尔表示："长期以来认为思维和情绪相互对立的观点不再可信。"[286] 乔舒亚·格林曾说，"如同相机的自动设置机制，情绪所产生的行为通常是适应性的，并不包含下意识的思考过程。"[287]斯蒂芬·平克总结称："思维与感受之间并没有明显的分界线，二者之间也不存在先后之分。"[288]安东尼奥·达马·西奥坚信："情绪、思维和行为总是相互联系，密不可分的。"[289]
毋庸置疑，情绪是人的固有组成。如果没有情绪，人类也不
存在。[290]

　　虽然情绪对思维、分析和行为具有关键性的影响，但关于情
绪定义的共识却少得可怜。我来简单解释一下情绪对洞察工作的
影响：情绪就是我们的感受，我们对某件事情的感觉。[291]它是人
的生理现象，你会感到兴奋、不适、平静、骄傲、沮丧、不被接
纳、快乐、悲伤和犹豫。情绪是永远存在的（专栏9.1）。我们无
法"开启"或"关闭"情绪。一旦接受"心随脑动"这句经常被
顶尖的神经科学家所引用的古老格言，我们就会意识到，情绪永
远影响着思维。

专栏 9.1 案例

会议中的情绪

　　当你身处高管的分析会议中时（如某咨询团队的研究结果及
商业影响会议），你会很快发现除了所谓的理性分析之外，还有
其他因素在发挥作用。人们在发表意见时的状态不尽相同；成员
的反应似乎与事实或数据不符；在回忆过去的经历时充满了活力
和观念；推动讨论进程的似乎不仅是分析结果。"房间里的那头
大象"（指人们刻意回避和无视事实或明显存在的问题）就是情
绪，是成员对自己、他人、正在讨论的话题、数据、所倡导的结论，
以及其他因素的感受。

以下是在上述行政会议情境下的一些情绪或感受的表现。"我的工作让我感到不安"；他不愿与同事谈论；我很喜欢用某种分析方法来解决我们之间的冲突；上司对她演讲的反馈方式让她倍感振奋。稍加思考就会发现每一种情绪都会影响个人行为：

· 我对自己的工作感到不安；我不愿意质疑他人明显的错误。

· 我不想与同事谈论她所说的话；为了不使她感到尴尬，我会和她私下讨论。

· 我很喜欢用某种分析方法来解决团队中的冲突；我会力推我喜欢的分析方法，即使其他人并不认同。

· 老板对我演讲的反馈方式让我感到振奋；我会用演讲中遗漏的观点来佐证我的观点。

（1）情绪影响洞察工作的各方各面

我们所有的组织经历都涉及当下的情绪（有意识的和无意识的）。[292]每一次的经验都会产生强化、弱化或冲突的新情绪（图9.1）。我们回忆中的经历（主要是潜意识的记忆）充满了情绪。[293]观察客户对竞争声明的反馈，得知竞争对手正在研发新技术时，我们顿觉气愤，因为市场研究或市场情报团队还没有掌握客户和竞争对手的行动信息，我们还为公司可能在推出新一代产品的竞争中落后而紧张。从前的洞察活动导致严重的人际问题，造成分析工作中断，成员感到伤害、不安、焦虑和遗憾。当有人提议开展另一个洞察项目时，这些感觉可能会重新涌现。

图9.1　情绪影响洞察情境的各方各面

　　情绪也影响着我们自身的经验。它随时会影响我们的目标，所处的情势和状态。如果我为你即将获得高质量的洞察而感到开心振奋，我就会去搜寻更多的支持性指标（特别是在之前未曾涉足的领域），增加这个洞察的可信度。[294]如果我们因为市场表现好于预期而感到开心且放心，可能就不愿意积极寻找预示着竞争加剧的指标。

（2）有意识和无意识的复杂情绪

　　情绪要么是愉悦的（积极的），要么是不愉悦的（消极的）。[295]在面对一些事件、话题或挑战时，你可能会有积极和消极混杂的情绪。你可能对洞察项目中的团队有一些积极的感受，而对其他成员感到消极。我们很容易对某个人产生复杂的情绪，比如当他强推某个推断时：

这个推断被他很好地讲述出来且拥有可信的依据，这让我感到既开心又欣慰。但他抢先向管理层提出这个推断令我生气，我们本来可以先进行一轮审核，为报告补充依据。[296]

但有时这些情绪未被察觉。许多时候人们会将情绪表达出来，说出对某事的感受。表9.1列出了洞察工作中的一些情绪。你可以想象自己身处某一情绪时的感受。

表 9.1   开启洞察项目：情绪的影响

洞察项目	情绪	影响
我们要开展一个洞察项目	我很高兴拥有展现洞察能力的机会。 但这挤占了另一个洞察项目的时间，我觉得很沮丧	可能影响参与洞察项目的人员 可能影响洞察项目的启动速度
让我们回顾一下之前的洞察经验	我想要分享过往的经验 要回顾很早以前的工作，我觉得这愚蠢且让我感到不安	成员投入洞察项目的热情程度各异
我们要向执行团队宣传这个洞察项目	要宣传另一个洞察项目让我觉得又累又烦 与执行团队的会议让我觉得很舒服	管理团队观察到的语气和肢体语言可能反映出成员的投入程度
我们要清楚了解这个洞察项目的目的	我对项目目标的探讨感到满意，相信它可以激发更多投入 对于我们还不清楚目标我感到疑惑不安	情绪会产生项目目标的分歧或一致意见。矛盾的情绪有助于阐明目标并达成一致

续表

洞察项目	情绪	影响
这个洞察项目需要很快得出结果	急于求成会降低我们做必要分析工作的意愿，我觉得很有压力。 其他人对"时间点"将促使我们过早得出洞察感到不满。	负面的情绪可以促使成员表达担忧，然后重新评估项目的时间规划（也许能争得更多分析时间）
我们如何开始？	我很苦恼团队中没有人具备相关经验 一些团队成员似乎对启动项目的方式过于自信和随意。	矛盾的情绪可能使成员以低效方式启动项目
我们能否找到具有相关经验的人参与进来？	在缺乏有经验的人员的情况下，我很犹豫要不要参与这个项目 我们可以在没有所谓专家的干涉下开展这个项目让我觉得很兴奋	缺乏专业指导可能会使项目走入僵局

　　神经科学的一个重要结论指出，我们很多情绪都存在于意识中。它们无法被语言表述出来，只能在我们察觉到某种情绪的时候加以理解。所以人们常常言不由衷。大脑的生物功能使情绪在潜意识中"工作"，这是思维固有的运行方式。就大脑和思维方式的影响而言，无意识情绪并不是无关紧要的。人们现在普遍认为这些不易察觉的情绪可能是我们看待问题、进行思考和做出行为方式的主要影响因素。[297] 可以将它视为大脑中的棱镜，所有正式和非正式的思考都必须由此穿过。从更广泛的意义上讲，潜在的情感会影响我们生活中方方面面的喜好，也包括分析的偏向。

（3）情绪存在于人与人的互动之中

情绪有时会影响人们的选择。在经济方面能够达成一致的选择不一定在情感方面也可以达成一致。有时候人们会偏向某一选择。[298]更普遍的是，情绪不仅是一种生理现象，人们发现它还具有特定的行为倾向。[299]如果顾客对某公司糟糕的服务感到愤怒，很可能不会再从该公司购物。因此，情绪常常是我们选择和行为背后的原因。[300]

情绪影响着人际交往的方方面面，影响着交往的目的和对相关任务积极或消极影响。如果神经科学家所说的是对的，那么在与他人交往过程中产生的任何观点或推论都直接或间接与情绪有关。即便感受无法被表达出来，但它仍会影响我们对他人建议，命令和质疑的回应方式[301]。

（4）洞察情境是情绪的契机

在洞察工作中，4I（指标、推论、洞察和影响）与4S活动（架构、探查、塑造和成型）的转化中存在无数情绪导致的积极或消极的影响。情绪对行为和选择的影响并非偶然，它常是4I和4S各阶段的关键因素（图9.2）。[302]

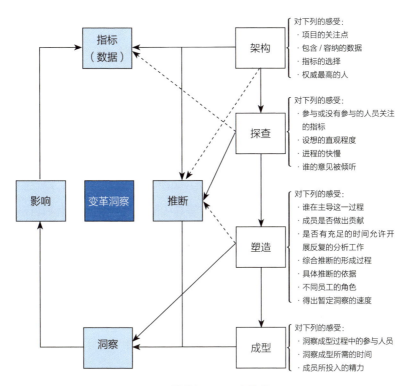

图 9.2　情绪与 4S 活动的联系

◉ 9.2 架构：指标/数据

架构活动的目的是产生洞察所需的高质量的变化指标。指标的认定、范围、来源和使用方面的选择是架构活动的核心。每一个选择的时刻都处于一种情绪的情境之下。个人和团队情绪的表达方式会直接影响得出的推断和洞察。完备的数据和指标的架构流程中也常有情绪冲突，它决定人们所做的选择和所呈现出的状态，也就是他人的行为解释。情绪会影响第3章提到的下列三个架构要素：识别架构机会、应用情景分析元素、确定合适的人员配置。

（1）搜寻架构机会

第3章介绍的识别架构机会所涉及的洞察问题会引发相关的情绪（表9.2）。洞察项目的各个阶段，如搜寻、提议、推进、通过和管理都会受到影响，情绪甚至会主导其中的一些过程。洞察项目是否具备执行价值取决于个人对之前项目的积极或消极情绪以及向高管的"推销"功力。确定洞察项目的目标过程中也会引发情绪，导致团队成员的激烈探讨。"屈居其后"的情绪是冲突观点的核心原因。一些人对所提出的项目感到气愤甚至失望，另一些人会觉得这个项目是必要的并且会带来积极的成果而感到踏实舒服。

（2）分析背景元素的应用

第3章提到的情景分析要素的应用就处于情绪的漩涡之中。情绪会影响架构中数据相关的活动（表3.2）。具体来说，它影响着数据和指标的来源、偏好、充分性、范围和类型的研讨，这也是每个情景分析要素的核心议题。

数据/指标源

很少有议题能像选择数据来源和数据模式这样容易引起冲突情绪。由深层的情绪决定做出选择时，请考虑下列表述[303]：

- "每当我们希望从销售人员那里获得新客户需求的信息时我

都非常沮丧，你限制了我们对客户的了解。"

- "继续依赖第三方信息源制定竞争者的动态分析让我觉得很
  尴尬。"
- "我想不明白为什么不去问问离开的顾客对我们的看法，赶
  快去问吧。"

这些表述中的情绪很可能会促使人们说出或做出影响架构活动的事情[304]，如在会议上询问为什么这些情况持续存在？向相关决策者表达关切，试图引导他人采取行动（如使用销售人员以外的途径作为新客户的信息源）。

数据/指标偏好

当某人表达对特定数据或指标类型的偏好时，有时他们的情绪也会表露出来。考虑下列表述：

- "我很生气团队使用数字时很少参考背景因素。"
- "我们多次使用同样的指标来监控竞争对手和客户的行为。
  难怪执行团队不相信我们提供的行为转变的解释。"
- "这是你们第一次利用非技术指标监控和预测竞争者制造技
  术的变化，我感到欣慰的同时也很激动。"

以上这些情绪都会影响个人对数字与指标的选择。

数据/指标的充分性

对数据充足性的评判常常传达出强烈的情绪，这些情绪会显著影响研讨过程中的人际关系，改变分析工作的方向和基调：

- "我们为什么要坚持从数据的深层获得更精确的信息？也许
  有人觉得这令人兴奋，但我觉得很抑郁。"

- "当分析师告诉我我们永远无法掌握足够的数据时，我觉得既气愤又郁闷！"

指标的范围

架构活动可以处理变化领域的范围问题。[305]这对组织来说是个难题。领域中需要关注的范围很难把握。我们应该监测多少种不同类型的竞争对手？在讨论这些问题的过程中有时也会反映出成员的情绪，这些情绪可以决定决策的结果。

- "自从研究团队扩展了日常监控变革指标的领域后，我对他们的判断更加放心了。"
- "派我去评估如何更好地识别领域内的相关指标，我感到很荣幸。"
- "只用财务指标来评估市场绩效让我觉得不踏实。"

指标的类型

有时，组织并没有意识到他们已经过于偏向某类型的指标。情绪可以纠正这种偏向。

- "我们至少开始讨论制定一些非量化的指标来追踪和预测客户需求，这让我觉得欣慰。"
- "虽然尴尬但我不得不再问一下，我们为什么只倾向于分析竞争对手战略行动和总体表现的滞后指标，而不是预测性指标？[306]"

（3）分析背景元素的应用

所有的情景分析要素[307]都会受到上述讨论的数据和指标的强

烈影响。下面是一些例子：

如果团队认为某个数据源（如丢失的客户、小竞争对手、非政府组织和政府机构）是不必要或不合适的，洞察项目的范围会因为缺乏相关数据支撑而受限。

与数据充分性相关的情绪会限制或拓宽分析框架。如果分析团队不信任顾客情绪对购买决策的影响，就不会用数据原因解释购买选择。

情绪影响数据或指标类型的偏好，这又会大大影响重点的变化和讨论议题的类型。满足于分析现状的人通常不愿意分析五年后的市场情况或竞争对手的潜在战略转变。这些问题被搁置一旁。

影响数据/指标来源和数据偏好的相关情绪可能会延伸或缩窄初步推断的观点。如果分析团队渐渐不满足于总是依赖相同的数据类型，他们有可能去寻找新的数据，新的数据源会带来新鲜的观点。我最近遇到了一些经理，他们因为客户方案制定流程被内部团队的意见主导而心烦意乱。一位经理表示"他们已经极度不满"。所以他们转而寻求多种外部视角（当下、过去和未来的客户、竞争对手、相关第三方和行业专家）。

情绪会影响个人或分析团队对相关情境的看法。如果某人认为目前的顾客指标范围足以解释关键的变化，他不太可能去寻找其他类型的可以解释客户选择情境的指标（如竞争者不断变化的顾客方案）。

情绪会推动或限制想象力的发展，这一点常常被人忽视。兴奋、好奇和探索欲激发人们的热情，扩展可接受的数据和指标的类型，支撑想象力的架构。如创设竞争对手的战略制定的场景模拟，描绘出不同于现在的竞争未来。

总之，即便是洞察工作的早期也受制于个人或积极或消极的情绪。指标的选择与应用既可以被理性的语言解释[308]，也会被无形的情绪牵制。

◉ 9.3 探查推断

4I钻石框架中，探查（做出推断）对结果的影响最为强烈，但它并不显眼。在得出推断的过程中，正如第4章所述，成员中会经历反复的分析工作和人际问题。这既是当下情绪的反映，也是造成情绪变化的原因。

（1）个人的推断

试想下列个人产生的推断：

- 不愿推断：我对情境的了解不足以产生有利的推断。这个人不愿意做出初步推断。

- 接受数据源：我很高兴，因为这些确定好的外部数据源（行业专家）已经提供了推断所需的基础数据。出于对行业专家的信任而没有去搜寻其他的数据，也没有质疑其所提出的推断。

- 质疑依据：我不愿意将数据与已经产生的推断相联。这个人不愿意考虑假设问题，他的推断已经有了预设目标。

- 得出推断的人：我对制定者和推动推断的人很有信心。 此人有可能会接受错误的推断。
- 矛盾的推断：我从这组数据中得出了相互矛盾的推断，我感觉不太舒服，也不太踏实。这个人不太可能预先将这些矛盾的推断完全分析透彻后再努力去协调和弥合它们。
- 错误的推断：如果得出了错误的推断，会被同事看笑话。这阻碍我得出结果。

我们常常听到这样的表述。这说明情绪对个人选择的重要性，这些选择会影响推断的内容、得出推断的速度、相关人员之间的交流程度，推断是否得到审核以及审核的方式。

（2）团队做出的推断

本书曾多次提及，推断的产生涉及一个群体。分析的过程和结果是成员交流动态的反映。这种动态中也有情绪的作用。试想第4章中产生推断的三个核心步骤——感知、推导、表述。

感知：寻找探查机会

"脑中空空"就着手搜寻、监控和预测变化的人无法发现探查机会。团队的成员之间会分享情绪，他们的脑中不会毫无想法。这些情绪可能源于某个事件或长期的经历；无论哪种情况都会影响成员感知探查机会。如果高管斩钉截铁地告诉某团队"技术不是业务部门糟糕市场表现的原因"，团队就不会再去搜寻技术相关的指标。犹豫和恐惧的情绪会抑制团队搜寻造成业绩欠佳的技术原因。

推导：探查潜在推断

即便团队已经获取探查机会，由情绪主导的团队氛围仍会促进或抑制推断的得出。下面是一些例子：

某营销团队的负责人不满洞察进展过于缓慢。他要求团队停止搜寻新指标，专注于得出可靠的初步推断，快速形成核心洞察。团队成员很不认同这个决策。他们甚至不愿意与该负责人接触。结果团队失去了洞察工作的热情，草草应付了事。

另外，普遍的积极情绪有助于加速得出初步推断。产生卓越的情报洞察会让成员感到愉悦和成就感。站在竞争者或客户的角度上，团队的成员更容易得出初步推断。

表述：检测并确定初步推断

初步推断是有所依据的，这一点值得再次强调。有时个人会针对某个简单的初步推断而出现大量的带有情感倾泻色彩的语言。举个例子：

某成员说她从一位客户的话语中得知组织中的关键人物越来越频繁地表示，"不像我们的竞争对手，我们公司不愿意处理客户关于产品功能的频繁投诉。"团队中的其他人马上提出质疑，他们质疑的并不是指标和逻辑，而是她对客户的理解和分析能力。某些成员对于集体"攻击"这位提出初步推断的女士感到兴奋。结果，团队更不愿意寻找能够支持或反驳这个初步推断的信息。而那位女士觉得她只是提出可以进一步完善和审核的初步推断。她对同事产生了反感，不再信任他们。结果她再也没有在同事面前提出初步推断。

◉ 9.4 塑造洞察

情绪影响塑造活动的每个步骤（表5.1）。这些步骤中充满了对洞察内容公然的异见，此时个人和团队的关系都比较紧张。这些差异性和对立性是情绪的温床。也难怪起起伏伏的人际问题是塑造活动的典型特征。在洞察塑造和成型的过程中情绪一直存在。洞察灵感到来的时刻也可能是新的情绪产生的契机。

（1）完善初步推断

完善初步推断，形成综合推断和建议性洞察的过程中存在着大量情绪，这些情绪大大影响着洞察工作的进程。完善初步推断的必要性如下：推断的提出者和相关人员怀疑其准确度；它与其他的初步推断相互冲突；怀疑指标质量或推理的依据。[309]不论哪种原因，情绪的影响都是主导性的。试想下列初步推断：

某外行公司可能会在未来两年内开发出替代性技术，这引发了热议。不同部门的人对这个推断提出了不同的意见。两名具有丰富研发经验的人对这个很可能准确的推断表示担忧。一位销售经理也感到不适。这个初步推断预示的后果让团队感到情绪低迷，于是团队进行了修改：如果某公司在此期间保持一定的研发投资水平，则可以在两到三年内开发出某项技术。[310]

（2）通过初步推断

与刚刚讲述的技术推断不同，作为初步讨论的结果和开展综合推断的依据，大多数的初步推断都会通过。有时初步推断的表述会引发成员之间的争议。试想这个例子，最初的表述是：

该技术公告表示某个重要的新产品功能将在一年内问世。这显然与年度计划中的预判相悖，这个预判认为至少两年内不会出现新的重大产品变化（根据大量的技术分析和预测）。由于他们的预测受到间接质疑，战略团队的一些成员感到生气。他们不相信一年内这个时间点，但没有要求提供具体的数据和推断。他们直接在该陈述后面标了一个问号。

（3）综合推断

如前所述，从初步推断形成综合推断的过程常常产生情绪与表达的波动。

形成综合推断的初期

将初步推断整合形成综合推断包含一系列的分析工作。团队成员对将哪些推断相互融合也会出现不同意见。当产生更全面的推断时，成员开始观察并提出建议。反复的过程是一种耐心的考验。最终，综合而精细的推断的形成取决于个人的观点。

这样的分析动态既是情绪的原因，也是情绪的体现。在提出的推断被其他成员审核修改时，成员很容易感到不被尊重、疲惫、恼怒和犹豫。另外，有些人可能会感到精神振奋、精力充沛，甚至期待产生突破性的推断和洞察，或者认为至少能加深对所在领域的理解。

在Dip公司的案例中，初步推断分类这一看似简单的任务由于带来了情绪而延长了制定推断类别的时间。一些人所提出的类别建议被嘲笑过于简单，没有被认真分析，这挫败了他们的信心和信任感。所以他们转向质疑批评者提出的建议。进程虽然被拉长，但研讨中产生了多样化的思维，因为每个人都需要为他们提出的第一个分类建议提供依据。[311]

形成综合推断的后期

这里的后期指的是综合推断的研讨阶段。这时许多初步推断已经被整合形成接近初步洞察的综合推断。[312]如第5章所述，此时由于观点的差异，人际问题往往异常显著。

猩猩竞争者案例中，团队经过反复的讨论终于通过了几个综合推断。一些人为维护自己所提出的建设性观点，进行激烈的辩护。有时成员会通过这一"建设性"的观点；有时团队会热烈讨论如何形成更完美的推断。最终综合初期推断得到这种独特的审核。

审核初步变革洞察

洞察审核和质量测试的依据与判断难免会受到情绪的影响。[313]个人对他人判断的情绪反应会带有偏见色彩，例如，对某类数据或数据源的偏好和对某人知识和分析能力的评价。因此，高质量洞察（高度贴合市场的洞察）的依据也会受到其支持者所引发的情绪影响而被接受或质疑。

在VP案例中，建议性洞察的审核过程会引发激烈的人际关系问题，且大多是由情绪引起的，但这一点往往会被努力地排除到大众视野之外。在洞察支持者看来具有说服力的依据，其他人却认为相互矛盾或缺乏支撑，由此产生怀疑、懊恼和焦虑的情绪。这些情绪会延续到进一步的研讨中去。积极结果：由于对证据的怀疑而更彻底地审核洞察。消极结果：情绪使成员"关上耳朵"，拒绝认真思考他人的解释。VP案例中的分析负责人不得不采取干预措施。他要求每一方阐述支持或反对的理由，暴露成员潜在的情绪。不安和怀疑的情绪有时针对的是提出观点的人，而非观点本身。[314]

（4）洞察灵感的降临

洞察灵感的降临不仅是一种认知上的体验，也是一种更广泛的情绪体验。我们会对洞察产生情绪，实际上它可能影响我们对许多事物的感受。这种感受可能是积极的，也可能是消极的，或者两者兼具。我们可能会因为提出了某个洞察而充分感受到自我价值，它可能重新解释了某个事件，或识别出别人似乎错过的市场机会，或解决了长期存在的问题。在这种情绪的推动下，我们会胸有成竹地宣扬这个洞察，会成为组织中有想法与观点的积极发声者。

这就是第1章CO商品公司案例的情况。分析团队得出"无差异的商品已经实现了差异化"的竞争空间洞察，团队成员兴奋、激动和喜悦之情油然而生。他们意识到这个洞察的市场内涵和重大的商业影响。这些情绪使他们更加积极地邀请管理团队参与讨论洞察的商业影响。

另外，当我们想到要向同事和其他持有不同意见的人"宣传"这个洞察时，会灰心丧气。有时我们会感到失望、震惊和难过，因为毕竟花了这么长的时间才领悟到这个洞察。

这就是第5章猩猩竞争者案例的情况。当分析团队与管理团队的某些成员讨论即将面临的业务挑战时，他们感到愤怒和绝望，因为这些成员提出了与关键竞争者洞察相反的观点[315]：竞争者会发现，由于资源储备和全球市场的竞争强度，他们无法延伸覆盖范围。分析团队只能振作起来重新进行洞察工作。

◉ 9.5 成型洞察

"暂时通过"初期洞察，因为投入思维、决策和行动需要相关人员的允许。这里的步骤与洞察成型的初期步骤相同，达成一致意见需要涉及反复的分析工作，其过程与结果都会受到情绪的影响。原因有以下三点。

那些否定成型洞察（或其初期版本）的人常因为他们的观点没有得到充分考虑而痛苦。坚持己见会延误洞察的得出。如果他们的观点在分析争论中被采纳，成型的洞察就需要被修改。修改暂定洞察的措辞时，对洞察内容的"固执己见"会引发激烈的情绪冲突。第6章的Dip公司案例中，客户洞察的措辞修改最初使一些成员感到不悦，因为他们的修改建议遭到忽视。他们将情绪表达出来后，其他成员的态度才认真起来。由此得出的客户洞察才能反映他们的观点（不同的客户群体对洞察至关重要）：长期存在的客户运营问题中蕴含着新的客户需求，它有具体的技术要求，需要针对不同的客户群体制定不同的方案。

那些（大体上）赞同成型洞察，但认为自己的观点没有被足够重视的人会觉得自己没有得到应有的尊重。在以后的探讨中，他们可能不太愿意支持洞察和影响建议。猩猩竞争者案例中的几位成员感到气愤，因为他们提出的完善洞察的小建议遭到负责人的忽视。他们认可那个洞察，但觉得重新修改一下措辞也有好处。

有些人会认为洞察成型的过程过快或过慢，令他们感到不适。有些人会要求进一步完善成型的洞察，或认为有必要评估洞察的成型过程。

◉ 9.6 确定商业影响

从理解变化转向识别和评估商业影响[316]（对思维、决策和行动的意义）的过程为情绪的产生提供了新的情境。对形成变革洞察的相关人员来说，评估潜在影响意味着他们要考虑与变革洞察关系不大的其他人的观点。这些观点并不是完全客观的。行政人员、经理、员工和其他无关者此时都会提出自己的视角、经历和期望，其中夹杂着他们的情绪。所有的参与这一过程的人都会见识到情绪的强大力量，以及其对商业影响的形成、探讨和接纳的作用。

（1）影响洞察的过渡

在团队研讨变革洞察将如何引起商业影响的过程中，出现的情绪会对这个过程起到促进或阻碍的作用。在许多时候，想到要提出变革洞察、影响洞察，甚至是简单的思维、决策和可能的行动选项（不是建议），许多人都会觉得犹豫不安。他们提出的影响洞察和商业影响可能会遭到高管和相关人员的质疑和否决，这种风险令他们感到不安。担忧与谨慎的情绪会遏制人们发挥设想，只愿意提出"绝对保险"的影响提议。[317]团队就这样错失公开评估潜在洞察的机会。由此高质量变革洞察的潜在影响被低估，洞察的价值被大大缩减。

但情绪也有助于促生积极的转变，甚至可能是转变的关键。此处可能潜藏着如何过渡的问题[318]，团队需要仔细处理这些问题导致的负面情绪。由变革洞察向影响洞察[319]的转变也是从微观到宏观的思维转变，需要积极的情绪保障。分析团队需要确信高管会重视他们所提出的影响建议，并对他们的独特识别能力感到放心。

（2）影响洞察

不论对于个人还是团队，得出初步影响洞察涉及的反复分析工作难免会引发情绪问题。假设某个建议性的影响洞察否定了公司原本以为已经取得的成功，或认为公司从前的技术不再能保证未来的成功，或公司的主要合作方不再提供可能主导市场的新产品所需的渠道，情绪会很快浮现。它们可能是积极的，也可能消极的，但都会引起人际问题。

CO商品公司案例中，在团队逐渐得出"我们需要改变组织的管理模式"这个影响洞察的同时，成员中出现了积极或消极的情绪。要重新展开这么多工作让我觉得很心烦，我也在纠结是否要开展这些工作。这是两种常见的负面情绪（根据他们的言论）。这些情绪使一些人提出要审核分析的所有阶段，增加额外的影响洞察塑造活动和成型活动的分析工作。不出意外，这样会出现更尖锐的人际问题。因为审核新洞察的特点是，针对正在形成的影响洞察的论点，对支持或反对的数据和证据的提出进行完善的要求。另一方面，积极情绪的表现为：我们最终会解决组织问题，我既兴奋又开心，这是市场成功的前提。我相信我们创建了积极的组织环境（同样基于个人的言论）。这些情绪会使个人更容易接纳新的影响洞察，也会加速暂定洞察向成型洞察的转变。人际问题的冲突是深层情绪冲突的体现。

（3）呈现影响

情报洞察只有在被转述给别人时才能得到充分检验，具有生命力。但大多数情况下，变革洞察对思维、决策和行动的相关影响并不是特别剧烈和显著的，不会引起令人兴奋的研讨，这大多是由一方或双方的情绪导致的。

负面的商业影响会使员工害怕或失望。如果变革洞察中的通用市场洞察表明（例如）实际机会比预判要小得多，或者竞争对手的威胁真实存在，或业务部门极易被市场变化所影响，就会导致员工产生犹豫不安的情绪。即使成员报告的是正面的商业影响，他的负面情绪也会使演讲"干瘪无力"，尽管内容很充分，但气势却很微弱。

（4）思考影响

在商业影响的转变及相关性、重要性和紧迫性的研讨过程中，组织的思维方式和思考内容必然会遭到挑战。这种情况很难不引起某种情绪反应，甚至是强烈的情绪反应。情绪的表现方式会大大影响思维，它会加深旧的思维习惯和思维方式，也会促使人们投入新的思维重点和思维方法。试想我最近观察到的下列案例：

团队在评估关键竞争者后得出一个通用市场洞察：竞争者新的合作工厂将在未来三年内投入使用，这会大大减少其他竞争者在某产品领域的机会。并会导致这一产品领域的现金预估骤降，未来五年的预期收入被夸大。羞愤的CEO（他认为分析团队之前没有发现工厂的新产能扩展是可耻的）立即严厉要求彻底审核该竞争者的战略计划和对公司战略与投资的影响。重新评估战略计划的思路。

在大多数情况下，执行团队被要求重新考虑是否要继续使用传统的预判和观念，他们会产生怀疑。预判的识别、评估和改进同样关乎情绪。在第1章的CO商品公司案例中，执行团队在第一次看到分析团队的研究结果（包括洞察）和暂定影响时既震惊又困惑。他们完全不接受分析团队所提出的商业影响，厉声质问为什么要提出这些建议。这些情绪需要通过召开一系列的会议来安抚，质疑双方的观点，执行团队的主要成员满意后才会认真考虑影响建议。

（5）决策

到目前为止，本章所讲述的一切关于决策的制定、评估和选择都会受到情绪的影响。无论决策的大小，都不例外。制定特殊的战略选择会引发成员产生支持或反对的情绪。有关价格的决策往往会发掘出外化的情绪因素（这种情绪认为该定价方案是正确的），抑或是认为这种定价方案毫无意义。在宏观的计划中，小的决定也会激起情绪风暴。某个建议提出重新分配两个销售人员的工作量，这会引发销售人员的不满（为什么要再做一次），也可能感到开心（也许这是一次调整工作量的机会）。

（6）研讨和行动

要得出具体的商业影响，特别是行动影响需要团队成员提出不同的意见和建议，进行广泛的研讨和对话，但成员的理由陈述中常常包含强烈的情绪。[320]

在VP案例中，一些执行团队的成员最初无法接受分析团队提出的行动方案。这个行动方案让他们感到从前的战略是多么的好，而现在的战略多么令人沮丧。但分析团队为这个赢得竞争成果的唯一选择而感到振奋，他们采取了多种分析方法向执行团队解释为什么从前的战略只能快速改变外部市场。如果没有这些积极情绪的作用，分析团队不一定能赢得执行团队的认可。[321]

◉ 9.7 控制洞察工作中的情绪影响

4I钻石框架和4S活动中的情绪问题启示我们不能被动地让情绪影响情报洞察的质量。前面我们曾提到，目前没有情绪检测和情绪管理的标准方法。[322]如果想要控制情绪对洞察工作的影响，以下是一些建议。

（1）认识情绪的重要性

组织中所有人都应该意识到这个基本常识：情绪总是会影响思维、决策和行动。只要做出推断，得出变革洞察、影响洞察和商业影响，情绪就会施加影响。许多例子都说明，如同一条双向通道，一头是情绪，另一头是思维、决定和行动，它们互相联系，互为因果。[323]

要求人们将情绪放在一边，进行客观分析是不切实际的。[324]要明白变革洞察与影响洞察的4S活动总会涉及情绪问题。总之，想要利用情绪的积极方面，减轻情绪的消极影响，要先对洞察工作的潜在影响保持敏感度。

（2）关注情绪

只认识到情绪的影响是不够的，团队需要同时关注情绪的存在、作用和影响。在洞察工作的各个阶段，下列三个问题都很重要：

- 我的情绪和洞察工作如何相互影响？

- 谁的情绪会影响洞察的内容，是如何影响的？
- 为了达到洞察的预期目标，我需要采取什么行动（或让他人采取什么行动）来利用积极情绪和减轻消极情绪？

情绪悄无声息地存在于我们的周围，真正有影响力的情绪往往会悄然施加威力，所以要解决这三个问题绝非易事。本章的许多案例都表明，不能识别自身或他人的关键情绪就意味着你无法理解行为背后的原因（包括你的自身原因）。

（3）识别自身的情绪

尽管大多数人能认识到情绪对行为的重要影响，许多专业的研究和咨询机构也做出了努力，但目前尚未得出公认的情绪识别和分类的方法。潜意识情绪的存在使得这项任务变得更加困难，也提醒我们在下论断的时候要谨慎地根据具体情境来判断主导情绪。

仔细判断我们在具体洞察情境中的情绪很有必要。思考表9.2中的假设性分析，它展示了一系列可能在洞察工作各个阶段出现的情绪问题。我们不仅可以利用这些问题识别自身的情绪，还可以分析它如何影响我们的思维、决策和行动（或者是没有做出的决策和行动）。除非亲身经历如下问题，否则你可能并不了解你的言行背后的动机。

我们可将确定情绪与思维行动之间的联系视为行动之前的准备。我们需要明白，由于二者间的相互影响，情绪管理和行为管理是互为一体的。表9.2的案例中成员被要求全面审核分析过程是出于对分析方式的不满。[325]

表 9.2　识别自身情绪：指导问题

具体的洞察情境是怎样的?

· 我们刚刚得出了一个情报洞察：我们需要明白，新兴技术和公司对从前竞争空间之外的投资可能会推动产品的发展，这意味着目前资产和能力的可利用性将大大地低于预估。

对此你有什么感觉？

· 为什么我们没能得出这样的洞察，我懊悔不已。

· 我们可以成功避开战略计划中的无效投资，我很高兴。

· 我很想审核这个洞察，看看它是不是错误的。

你对自己的行为有什么感受？

· 我很后悔没有更努力地检测原始推断形成核心或综合推断的过程。

· 评估洞察的可接受性时，我确信我提出了正确的议题。

你对洞察情境中的其他团队成员有什么感受？

· 我很生气，还有些担心，因为某些团队成员没有充分投入工作。

· 我很羡慕那几个推动工作进程的人。

这些情绪为什么会存在?

· 我对其中的一些分析方式感到不适。

· 我觉得我没有全情投入分析工作。

· 我对少数人试图主导工作过程感到不满。

这些情绪如何影响你对情景的看法?

· 我们得出洞察的速度太慢了，没有投入足够的时间推敲从关键（综合）推断到成型洞察的步骤。我本来可以更努力地提升洞察过程。

这些情绪如何影响你的言行举止?

· 我认为应该对这一洞察进行全面审核。

这些情绪如何推动或阻碍你对洞察工作的付出?

· 我对于一些成员没有充分投入分析感到生气和担心，与他们合作时我并不积极，因此可能影响了他们的工作进程。

（4）识别情境中的情绪

仅仅能意识到自己的情绪是远远不够的，洞察工作还涉及其他成员。我们需要试着识别团队中最具影响力的情绪，了解他们在4S活动不同阶段的行为动机。表9.3中的问题会指导我们识别分析他人的主导情绪，采取适当的行动。

在洞察工作的任何阶段，个人或团队的情绪都可能会被增强，产生冲突，或变得复杂。在"塑造"洞察的过程中，一个或多个人流露出的积极情绪可能会推动综合推断转化成为成型洞察。[326]他们的口头语言和肢体语言都传递出对分析过程的满意和自信。另一些人可能会沮丧难过，因为他们觉得进展过快。最显要的问题就是找到主导情绪的源头。产生这种积极情绪或这种成就感的原因是什么？可能是这名成员认为她和他的同事已经努力得出了尽可能多的洞察，也可能是她为完成任务感到开心，现在她可以开展更紧急的任务了。

表 9.3   识别情境中的情绪

洞察所处的情境是怎样的？
· 洞察的工作的关注点是什么（处于哪一项 4S 活动）？有哪些问题和任务？
· 需要完成什么具体的任务？
· 关键的分析问题是什么？谁参与其中？
· 洞察工作涉及哪些人员？他们的职责是什么？
· 他们在进行什么分析？
· 他们的职责能产生什么影响？
· 他们采取了什么行动？表现出怎样的情绪？
· 哪些迹象（言行举止或其他）透露出怎样的情绪？
· 哪些情绪是积极的？哪些是消极的？这些情绪的源头在哪里？
· 什么引发了情绪？
· 情绪源头是否存在某种规律？这些情绪对工作有什么影响？
· 每一种情绪如何影响个人的言语和行为？
· 个人或团体之间当前存在怎样的情绪？

续表

需要采取什么介入措施，为什么？

·怎样处理情绪的源头（尤其是消极情绪）？

·应该私下处理还是公开处理？

·每项干预措施的目的是什么？

谁来干预？

·谁去执行干预措施？

怎样监控结果（成果）？

　　消极的情绪通常能更好地反映需要解决的深层问题。比如，如果某人觉得他在洞察的进展方面有困难，可能是在担心如果没有得出有价值的洞察，他的声誉和在大团队中的地位受到影响。或者，由于其他人认为他在分析和讨论过程中没有贡献，他的情绪会比较脆弱，因而无法继续跟进。

（5）行动

　　行动的目的不外乎这三种：辨别情绪来源，利用和改善情绪，监控介入措施的成果。

辨别情绪来源

　　虽然不存在万无一失的情绪辨别方法，但下列两种思路可以为你提供帮助。第一，在识别到情绪的同时开始搜寻原因。是什么让这个人自豪又快乐？这个问题可以提醒我们留意从前曾忽略的问题和挑战。第二，询问某人他们对相关的洞察阶段或任务的感受。但考虑到人们说出来的往往不是最真实的感受，我们最好提一些通用的开放性的问题，然后根据结果分析他们的具体感受。然后思考，你对这个任务的进展有何评价？你对结果满意吗？每个人是否都做出了贡献？此类问题的答案可能会反映出情绪。

情绪引导行动

情绪管理的方式存在于具体的情绪（为什么在这种情况下他会有这样的感觉）和情绪所处的情境中。例如，面对上述因为在意面子而不提出洞察的成员，项目负责人需要让他明白成员们并没有其他想法，而时间限制是因为要向高管团队报告。这样的行动取决于某些特定情绪，举例来说，这种情绪的来源可以是由于消息错误或对于情境的理解有误，或是对于他人意图和动机的分析有误。

监控行为结果

情绪变化和干预措施效果的监控应该是常态化的。如果情绪干预成功，个人会更积极地投入工作，这可以从他们的行为和语言中表现出来。由上述在意面子的成员的后续表现可以判断出项目领导人的谈话是否起到了预期的作用。

◉ 9.8 小结

在产生推断和洞察的过程中，情绪影响着繁复的分析工作和起伏的人际问题。如果你忽略了自身和他人的情绪，就无法理解洞察工作开展的方式和原因。

第10章

洞察力文化：领导者的作用

CHAPTER 10

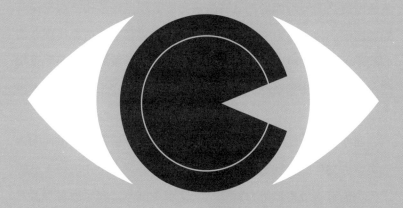

洞察力原则
建立与众不同的市场洞察机制

THE INSIGHT DISCIPLINE
CRAFTING NEW MARKETPLACE UNDERSTANDING THAT
MAKES A DIFFERENCE

在第1章，CO商品公司的高管在分析团队全面汇报某一行业背景后提出了两个问题：你们对这一竞争空间的关键洞察是什么？这些洞察对我们当前和未来的战略或运营有什么影响？这两个问题体现了在组织推行洞察力原则的过程中领导的作用。

我将在本章探讨领导者的作用与洞察力文化的营造。具备洞察力文化的组织即为拥有着洞察力价值观、规范和常规工作流程的组织。我们认为领导者在营造洞察力文化中发挥着作用，他们的语言和行动可以决定洞察力文化的存在和发展。与前几章相同，我重点关注洞察的思路方法和研讨的提升，和强调领导者应该重视的议题。[327]

根据我对公司中情报洞察应用的观察和分析，本章试图为营造洞察力文化的领导者提供一套行动指南。据我所知，还未有哪家公司能够实施本章的方案并成功实现制度化。对于所有想要营造洞察力文化的组织来说，下列的每个要素都有所裨益。

◉ 10.1 组织文化概要

组织文化既是虚幻的，也是确实存在的，它构成了组织和个人生活与工作的组织环境。组织文化虽然难以描述，但会造成客观的影响。人们普遍认为组织文化直接影响着人们工作的方式和原因。[328]这其中存在怎样的影响因素？

组织的价值观、规范和常规工作活动是观察组织文化、组织的工作方式和组织成功（与否）原因的渠道之一。[329]价值观是组织内部普遍存在、一直延续的偏好，它关乎组织的目标和实现目标的方式。你很难将价值观具象化，它也很难改变。价值观会体现在语言（领导者及相关人员的发言、发言的地点和方式）、举止（领导者及其他人在某一情境下的行为）[330]和行动（领导及其他人的行为和决策）上。通过这三种表现可以判断组织是否由价值观导向，是否在尝试营造洞察力价值观。

行为规范与洞察工作息息相关。它包括相关数据和指标的搜索范围，得出初步推断的方式，参与塑造推断的人员，如何质疑初步的影响洞察，以及情报洞察的细致程度。除非领导者重视改进行为规范，否则营造洞察力文化将十分困难。

常规工作是细节的重复，也就是工作流程。其中有些工作内容是高度重复的，有些是日常的内容，比如接听电话，完成报告，组织会议或工作汇报。所有的部门都有常规工作。总体来说，洞察相关的常规工作包括4S活动：架构、探查、塑造与成型。

◉ 10.2 领导者的作用：建立洞察工作的平台

各个层级的领导者都面临着三项洞察挑战：怎样开启洞察工作，怎样让他人投入洞察工作，怎样在思维、决策和行动中应用洞察成果。领导者可以利用领导者挑战来营造洞察力文化的价值、行为规范和常规工作。

- 领导者怎样形成更包容的洞察力文化？

- 领导者如何提升洞察工作的执行？

- 领导者如何指导和利用洞察力工作，得出高质量的洞察，使组织在六大洞察因素中的各个方面都表现良好，从而提升市场表现和经济收入？

这三个领导者挑战与洞察工作的四个阶段相互联系（第1章内容）。[331] 本章的领导者准则可以为这三个问题提供解答。

为洞察工作建立基础

在营造洞察力文化时，所有的组织领导都会面临这样的问题：怎样将洞察力价值、行为规范和常规工作融入组织日常的思路方法和研讨当中？理想的情况下领导者可以起到示范的作用，她以身作则在价值观的引领下开展日常活动，其他成员随之效仿。[332]

如此一来，领导者在潜移默化中应用洞察力原则的分析方法和研讨模式。

洞察的基础工作包含三个与价值观、行为规范和常规工作相关的要素。我将先依次简要介绍，然后探讨执行层面的问题。

设立期望（价值观）

领导者应向员工说明，在分析时采用洞察角度思考是一种日常的工作方式。 换句话说，它是推动组织成员分析和工作的价值观（偏好），要认真处理。第1章中的高管问题就是强烈的价值观表述，他在众多同事在场时提出，分析研讨的结果必须是一套核心的变革洞察和商业影响。

规定行为（行为规范）

领导者的语言和行为举止有助于洞察习惯的形成。比如某负责人对洞察项目和关键业务目标之间的联系产生质疑，公司的交流习惯建议去询问洞察项目为什么可以提升公司市场目标。如果领导要求明确阐述由变革洞察转化形成的影响洞察，交流习惯则建议加大力度产生影响洞察。

设定标准（常规工作）

期望与规范需要转化为一套在业务之中或者围绕业务的标准。通常情况下，领导会将具体的洞察活动融入企业的常规工作当中。例如，在研讨的过程中，领导者询问探查活动是否采用多种视角和出发点；在审核洞察时，询问是否提出相对立的观点。领导者还可以要求分析团队展开分析某一具体领域，得出核心洞察，而不是泛泛的幻灯片报告，或要求团队注重解决某一类问题。

总之，这些基础工作能协助领导以身作则，树立榜样，从而影响组织的思维、决策和行动。

10.3 分析项目负责人

所有组织中的分析项目负责人都处于推动洞察力文化融入组织日常的期望、行为规范和常规工作的核心位置。他们要提升4S活动的思路方法和研讨质量。[333]团队成员根据领导的建议或要求判断什么是重要的（价值观），什么行为是合适的（行为规范），如何执行日常工作（常规工作）。负责人可以提出表10.1中的话题，评估组织中是否具备洞察文化。我会重点强调一些领导者必须关注的变革洞察和影响洞察的关键领域。

（1）变革洞察

领导尤其关注工作成果——制定出可以评估第1章所介绍的洞察属性的变革洞察。以下是领导实现洞察成果的几个关键点：

潜在的洞察

分析过程很容易走向程序化。用相同的方法分析同一个对象，产生相同类型的结果，得出相似的报告，洞察的潜力无法充分发挥。另外，团队负责人在洞察力原则的指导下，可以通过以下两个问题提升洞察力文化：

- 我们是否正在处理最关键的变革问题——那些最具商业影响潜力的问题？也就是说，我们是否处于正确的方向？[334]
- 我们提出的议题是否可以提升洞察的价值？[335]

项目领导会发现在下文出现的表格中有许多问题都与上述两点问题相关。[336]

洞察的重点

分析领导人要求产生一系列的洞察。[337]团队要突破传统的主要描述变化的分析成果模式。团队意识到比起一堆数据描述、情况介绍和展现团队数据能力的幻灯片，几个关键的洞察更为直观。他们力求对变化做出解释，但这样的解释永远不会从单纯的描述中产生。团队不断地思考：这里有什么潜在的洞察？这样的分析是否会产生洞察？第2章的VP案例中，团队领导在采取多次干预措施后，将团队的关注点从继续细化竞争对手的价值定位和客户的回应转移到分析制胜的价值定位上来。

表 10.1　分析团队具备（或缺乏）洞察文化的表现

	价值观：我们认为重要的是什么	行为规范：理想的研讨模式	常规工作：方法如何执行
变革洞察	关键业务问题和挑战推动洞察工作	不断思考新的理解是什么（洞察）	我们有评估洞察是否符合理想的洞察特征的标准
	处理最关键的洞察问题	质疑彼此的思维/推理方法	
	每次的分析工作是否为得出一组洞察？	使用最有力的推理依据和数据支撑观点	我们是否投入时间识别指标（而不是统一处理同类指标）？
	所得出的洞察必须符合理想的洞察属性	如果未从多个出发点进行观察则会受到批评	我们以最快的速度展开探查（而不是等到所有数据集齐）？
	我们建立了 4S 活动的执行方法	乐于质疑所提出的推断和洞察	我们使用多种方法塑造洞察（而不是坚持使用某个安全的方法）？
	我们重视将 4S 活动制度化		

续表

	价值观：我们认为重要的是什么	行为规范：理想的研讨模式	常规工作：方法如何执行
影响洞察	影响洞察是洞察项目的重要组成部分	成员间讨论需要产生影响洞察的原因	分析团队制订影响洞察的执行计划和时间安排
	分析团队执着于在掌握商业影响之前得出影响洞察	分析小组讨论如何快速得出影响洞察	我们从变革洞察，通用市场洞察，竞争空间洞察和领域洞察中探查影响洞察的初步推断
	存在一种产生和评估洞察的成熟方法	思考主要障碍和解决方法	
	进行多重视角研讨	相互鼓励识别初步推断和综合推断	
	反复的分析有助于营造积极的紧张关系		
	分析团队和管理者共同研究影响洞察	对暂定影响洞察的依据进行必要的审查	

洞察的相关性

前面我们曾提过的相关性测试也属于负责人的职责范围：随着分析展开，商业相关性问题也随之而来。[338]制药公司的负责人要求成员认真思考新出现的企业政治政策洞察的相关性，团队成员却不明白这与公司的市场竞争战略有什么联系。我们应当充分地分析变革洞察和影响洞察并强化这一期望（价值），这能够建立一种行为规范，即使早期阶段可能存在反对意见，我们依然可以得出影响洞察。

以下是两个部门案例：

● 财务部门的某团队在预测未来三年的现金流情况时，测试了现金流入和流出对有关竞争对手战略、政府政策和总体经济状况预测的敏感性。接着团队询问新的预判内容、预判是否达到变革洞察的标准，以及是否与当前或潜在的业务问题和决策有关。

- 某研发小组评估了其他公司开发外部信息网的方式后得出新的洞察（研发洞察）：通过一些小额投资，初创企业可以缩短两个产品/方案的研发活动，提升产品性能。起初，分析团队和相关人员并没有意识到这个关于公司研发战略的新理解的重要性。但是当团队负责人询问这个新理解对公司的研发前景有什么影响时，令人意外的答复使公司重新制订研发计划。

审核洞察

暂定洞察的审核过程最能体现洞察文化的作用。反复的分析工作体现出团队重视压力测试的价值观。有关考察和质疑他人的行为规范和日常工作确保变革洞察得到检验。如同第5章的VP案例，细致反复的分析习惯不会自然而然地形成，团队需要加以督促与支持。用强有力的正反两方依据检验变革洞察十分重要。

洞察的新颖性

洞察力原则为洞察设立高而明确的期望（价值观），不论对组织还是对于竞争者来说，洞察应该具备新颖性。因此，分析团队的负责人不断提出议题（行为规范）评估暂定洞察或成型洞察是否具备前面章节所提到的新颖性。[339]如果经过测试发现并不具备，为了不在无价值的洞察上浪费时间，团队会转向研究其他的变革洞察。团队负责人在检验新颖性（见第5章和第6章的Dip公司案例和VP案例）时应注意提醒成员重视思维准则、数据要则和推理原则（表3.1、表3.2和表5.1），支持具体的洞察力价值观（开放且深入的探究思维）， 行为规范（使用多种推理模式） 和常规工作（在得出分析结果之前检测洞察的新颖性）。

洞察的演化

人际互动会影响分析进程。如第9章所述人际动态中的情绪问题是造成反复的分析工作的原因。项目负责人应该关注分析工作中的人际互动（价值），用上一章介绍的方法采取干预措施，调节成员的行为和常规工作，改善情绪的影响作用。

（2）情报洞察：影响洞察和商业影响

分析负责人是否成功的关键不在于高质量的变革洞察，而在于得出价值潜力的情报洞察：正如第1章所述，协助公司夺得外部市场的商业影响，也是最高形式的价值检验。除了第7章与第9章介绍的4S活动之外，分析负责人还应该通过下列方式建设情报洞察文化：

重视情报洞察

分析团队的领导者对变革洞察的意义非常执着，他们强调这一期望（价值观）直到得出影响洞察和商业影响，洞察工作才可以画上句号。这种执着的表现就是不断地提问和质疑，这两种行为规范都很重要。表10.1中的议题强调了关注影响洞察的必要性。正如第7章和第8章所述，团队应将质询作为固定的流程融入将暂定影响转化为成型影响的过程之中，将这个关键的常规工作确定下来。质疑相关性、重要性和影响的价值，这不仅仅是一种可以接受的行为，更是应该做的。

情报洞察的障碍

分析项目的负责人可以利用障碍因素产生影响洞察。有些障碍来自项目团队：比如情绪对分析过程的影响、不愿意提出影响建议、缺乏相关的组织了解。其他例如第7章表7.4中的障碍与宏观的组织情境有关。愿意识别和探讨个人遇到的障碍因素且采取正确的措施，是洞察价值的有力体现，也是将洞察工作融入范围更广的项目实践中去的有力说明。试看下列案例。

某高管在战略回顾会议上明确表示他不认为有必要制定影响洞察。分析团队负责人坚持在团队讨论商业影响之前介绍影响洞察。她鼓励大家针对影响洞察提出问题进行讨论。后来高管领会到了影响洞察的价值，主动要求将其作为固定步骤纳入所有分析项目。新的洞察价值观、行为规范和常规工作形成。

参与情报洞察

正如第4章所述，分析团队负责人知道违反思维原则会影响情报洞察的质量。所以他们设定了一些明确的价值观（如不偏向某个人或部门的观点）、行为规范（如他们意识到分析过程中必须囊括多种推理模式）和常规工作（坚持将外部人员观点纳入评估范围）。所以领导者既要完成分析工作（这些工作通常有明确的时间限制），也要在此过程中尽可能地调动所有成员的思维，产生更有力的商业影响。

情报洞察的协作

负责人应该明白仅仅具有参与度是不够的，情报洞察的产生和审核需要团队之内以及其与决策者之间的合作。项目负责人与高管，经理和部门领导在审核与评估结果时的合作情况会影响情报洞察的产生与执行。对许多组织来说，这样的合作必然涉及新的洞察价值观（注重与执行人员和管理人员共同创建影响洞察），行为规范（请各个部门的人员评估影响洞察）与常规工作（组建包含管理人员和项目成员的会议，共同确定潜在的影响洞察）。在BSC案例中，专业情报人员作为项目负责人主张公开探讨各方观点，产生影响洞察和商业影响，而没有选择低效的信息传递方式。

情报洞察的气氛

与制定变革洞察相同，分析领导者应关注4S活动中的人际问题。人际问题[340]常常造成分析停滞、分析进程倒退、缺乏积极的紧张气氛。[341]细心的负责人能够注意到情绪对4S活动和行为规范的负面影响，并采取适当的修正措施。[342]

某竞争分析经理注意到一些团队成员不愿意依据研究结果（包括一小部分变革洞察，深入研究某产品部门变化得出的成果）提出初步的影响分析。当她询问原因时，一位成员很快表示他们对搜寻超出管理者接受范围的潜在影响感到担忧。她向整个团队保证，突破组织的传统模式是团队的职责，她会向执行团队提出最专业的观点。这样一来，她成功地为团队营造了新的洞察力价值观（专业意见才是最重要的），新的行为模式（无论结果如何都不放弃寻求潜在的影响）和新的常规工作（制定识别潜在商业影响的新流程）。

◉ 10.4 中层领导的作用

　　这里我们对中层领导的定义是宽泛的，包括主管、经理和总监或他们的副职，他们是组织消息和洞察力工作的最佳推动者。中层领导作为核心人员管理重大的业务举措，指导日常行动计划和项目，指挥一定数量的下属。他们可以领导、塑造、增强洞察价值、行为规范和常规工作。在执行状况良好的情况下可以大大深化组织的洞察力文化。

　　如果要把洞察力原则融入组织的洞察方法和研讨，中层领导不仅要在语言上赞同，还要落实到行动中。[343]只有他们向下属展现洞察力文化的影响力，[344]组织中才可能产生洞察力文化。那么怎样在行动上展现洞察力文化呢？以下是不同组织中几个领导者的案例。

（1）得出变革洞察

　　主管营销、销售、运营、制造、工程、人力资源和财务等部门的副总或部门领导要了解相关市场领域的变化历程。不同等级的变革洞察（领域洞察、竞争空间洞察和通用市场洞察）应该是他们对当前和未来的市场变化的理解中始终需要思考的要素。因此，自身的决策需求推动他们参与变革洞察工作。领导者应该关注能够提升组织变革洞察质量的方法。

（2）架构

在变革洞察的早期工作中有一些契机，中层领导可以提出推进建设洞察力文化的议题（表10.2）。

表 10.2　架构和探查中层领导应该提出的洞察议题

洞察的价值问题

- 该洞察项目针对的是什么市场变化？
- 该洞察介绍的业务事件、挑战和需求是什么？
- 我如何在工作中利用这些洞察？
- 这些洞察会怎样影响我们面临的决策？
- 这些洞察能如何塑造未来的决策和行动？

洞察工作的范围

- 当前开展了哪些分析项目？
- 洞察力原则如何影响这些项目？
- 我们将启动哪些重大分析项目？
- 根据关键业务的问题与目标，我们应该展开哪些洞察工作（分析项目）？

洞察工作的范围

- 拟议的洞察项目与具体的业务问题和目标有什么联系？
- 如果成功，它将如何影响组织的思维、决策和行动？
- 为了提升思维、决策和行动，应该如何关注这些项目？

洞察工作的参与者

- 谁参与了这项洞察力工作？
- 有哪些具备相关能力的人没有参与进来？
- 我应该鼓励谁参与这项工作？
- 哪些组织外部的人也应该参与进来？

洞察工作的视角

- 是否对某个数据类型或数据源有过度偏向？
- 是否存在个人、职能部门或组织主导研讨进程？
- 是否存在某种单一的推理模式主导分析和研讨？

管理洞察范围

确保洞察工作的进程由主要业务问题和挑战推动是中层领导的职责。得出有趣却没有意义的变革洞察对组织毫无意义。下面是一个中层领导部署洞察工作范围的例子：某首席营销官要求洞察项目预测出（额外的）客户和潜在竞争者的反应，为公司新的市场战略做准备，这个战略旨在推出一个能够创建新的市场空间的产品。

管理拟议的洞察工作

中层领导会对工作计划进行审核和批准。这时他可以帮助决定当下洞察工作的内容和方向。表10.2中的问题鼓励团队思考公司的核心业务、挑战、决策和推进洞察力工作之间的联系。"项目分析将如何提升组织的思维、决策和行动"这个简单的问题有益于营造分析原本所不具备的价值观（期望）。 看下面的例子。

某首席战略官质疑分析团队的决策，团队打算聘请某小型咨询公司分析某企业关键细分客户的购买行为，试图了解他们研究结论以外的信息。但分析团队很难确定其未知信息的与众不同之处，而且也很难向战略官解释这种"与众不同"将如何影响组织的思维、决策和行动。于是团队放弃了这个项目。

管理洞察工作的参与者

在之前的章节我们曾多次提到，洞察工作各个阶段的参与者会影响洞察的质量和性质。通过了解新洞察项目的人员安排，强调不同个体或部门的职责，偶尔让组织外部的人员出谋划策，中层领导可以有效塑造洞察文化的行为规范和常规工作。营销、销售和运营部门的领导在外部网络中的人脉也许会是关键的信息提供者。这就是一个良好的使用六大洞察因素组建分析团队的机会。

管理工作出发点

第3章与本书的许多案例都有提及，架构活动从多种数据源获得数据，将各种企业单位视作洞察来源，从不同的视角出发展开洞察工作，仔细研究数据的异常情况从而产生有价值的推断。领导者要确保不会出现第3章中的小部分数据或单一分析模式主导洞察工作的情况。表10.2明确指出，管理者想要看到理想的价值观、行为规范和常规工作的证明。

（3）探查

预测和理解市场变化是所有领导的基本职责。因此开展探查活动并不只限于洞察项目的成员，也属于领导者的职责范围。对所有人来说，理想的洞察文化一定会使组织中的成员探查到突破性的情报洞察的机会。[345]中层领导具有关键作用：

展开探查活动

管理者具有等级差别，高层管理者所拥有的探查机会不会出现在下层管理者的视野范围内，这是组织的一个固有事实。副总和经理与供应商或客户公司的会议潜藏着许多变化指标。某营销经理在与行业展会中的多个客户的交流中得出推断，如果有声望的客户将应用程序的使用问题公之于众会导致主导产品的销量急剧下降。对于公司的市场情报团队来说，这是一个崭新的观点。

将这个推断介绍给情报团队的同时也强调了洞察价值观"要

在有机会的时候尽可能地展开探查活动，并将结果提供给有价值的人群"。

询问他人探查问题

问题常常能够传达信息。领导对探查活动时间、方式、地点和原因的提问中包含他们的担忧、兴趣和期望。类似"你从哪些客户行为中得出了有趣的推断"这样宽泛的问题，也可能意味着领导看到了探查的必要性，打算将其纳入组织的价值观、行为规范和常规工作之中。

探查合作

领导者对探查工作的重视表明了探查活动的重要性和对洞察的意义。比如参加外部会议的某领导可以探查到许多类型的推断，然后将其传达给分析项目团队。分析团队可以据此展开研究，得出洞察。上述实际应用问题的推断使分析团队重新分析了他们对产品市场空间未来的推断。

（4）塑造

中层领导在塑造活动中的作用大于探查活动。他们要让成员明白他们重视洞察工作，愿意制定和巩固行为规范和常规工作，使之成为组织思考、决策和行动的核心。中层领导可以提出相关议题（表10.3），他们可以作为核心人物，也可以作为边缘人物做出贡献。

审核洞察关注点

领导者不能假定洞察具有决策价值。他们可以再次提出表10.2

中的问题，巩固洞察价值观和行为规范。这些问题对早期塑造活动有两方面的意义：第一，它能使领导者（再次）熟悉单个洞察力项目的关注点、范围和洞察力项目的整体情况（项目组）。然后领导者询问项目的潜在价值和回报，这会影响洞察工作的资源分配。第二，它再次有力提醒成员，领导者并不只是进行宏观层面的思考，他们也愿意投入时间与精力学习提高宏观思维能力。

表 10.3　塑造和成型：中层领导应该提出的洞察议题

在变革洞察将要得出时（在团队一致通过变革洞察之前），中层领导应该询问：
- 这个暂定洞察有什么特别之处？
- 是否可以进一步分析（审核）来强化或推翻这一洞察？
- 是否应该邀请其他人对该洞察提出质询？谁是合适人选？
- 该变革洞察将如何提升情报洞察的价值？
- 该洞察将如何影响我们对相关话题或事件的想法？

当洞察成型后，管理者可以提出以下关于洞察特征的问题：
- 各个洞察中有什么新颖之处？对于环境来说该洞察是新的吗？
- 旧的理解是怎样的？它是明确的还是隐晦的？
- 差别有多大？谁会认可这种差别？
- 这个洞察解释了什么？
- 关于这个洞察对思维、决策和行为的影响有什么初步的判断？
- 数据与洞察之间的联系是什么？

当洞察被投入分析后，中层领导（以及高管）可以询问：
- 我们怎样才能更快开始识别影响洞察？
- 我们是否准备好了产生商业影响？
- 我们要继续检验洞察的有效性吗？
- 我们需要对洞察进行修改吗？
- 如果需要的话，怎样修改？
- 新的洞察内容会如何改变影响洞察和商业影响

解决洞察漏斗问题

塑造活动产生的通用市场洞察有助于营造洞察价值观。在传统的行业模式和市场分析中，关键的通用市场洞察（机会、竞争风险、竞争威胁、弊端和预判）常常不属于战略制定的一项参考因素。以下是一些经理曾提出的问题[346]：

- 分析结果会如何影响我们所面临的机会？之前错过了什么机会？

- 你提出的竞争风险背后的原因是什么？这些风险在未来将如何变化？

- 哪些竞争因素会导致竞争者改变你提出的战略预测？

- 为什么在你发现的战略漏洞中有些具有普遍性，有些却没有？

- 假设你的关键预判是错误的，它将怎样影响你提出的洞察？

询问洞察内容

洞察内容相关的问题可以提醒成员为回答领导的问询做好准备。[347]前面的洞察漏斗问题和表10.3中的问题鼓励成员探讨支持初步推断转化为变革洞察的依据。经理的问题促使成员审核洞察，有时是在领导和同事同时在场时进行公开审核。有时候简单的问题也可能引发反复的审核。例如，第7章和第8章BSC公司案例中的副总裁通过不断询问变革洞察的产生过程和商业影响来指导分析过程。试想：

某副总裁询问竞争空间洞察会如何改变市场理解。会议室里的成员马上着手讨论该洞察的新颖之处。他们很快意识到需要厘清新旧理解的关系，且需重新考虑新理解（洞察）的依据。

关注情绪

领导要注意察觉、评估、管理情绪问题。在塑造活动中出现的人际问题常常能反映出情绪对高效对话沟通的促进或阻碍。所以领导者要注意使用第9章的内容处理情绪问题，强调洞察工作的重要性（价值观）和执行过程中所需的行为规范。试想：

在竞争空间洞察和通用市场洞察的准备会议中，两位初级成员感到不悦，因为他们提出建议后没有收到期望的回应（面部表情有时会流露许多信息）。副总裁后来询问他们在会议上消极表现的原因。他们表示会议中的高层领导常常忽视他们的贡献，有时不记录他们发言的关键信息，但对其他人却不是这样。于是副总裁在下一次会议一开始就强调要倾听每个人的意见（价值观），重视每个人的贡献（行为规范），并确保在得出影响的过程中（常规工作）所有的意见都被包括在内。

回应

虽然看起来无关紧要，但实际上领导对他人问题和质疑的回应也会影响洞察力文化的营造。"这是我今天听到的最蠢的问题"这种刻薄的回应很难激励在场的人员积极审核和质疑洞察。另外，提出探索性的问题来延伸成员的观察视野有助于塑造洞察文化的行为规范。

（5）成型

中层领导可以通过一些介入措施加深成型活动的洞察力价值、行为规范和常规工作。

推动进程

虽然洞察的成型期需要充足的时间投入，但过程中也存在分析拖滞和拖延战术，阻碍变革洞察的结论并延迟投入影响洞察的分析。领导者需要采取介入措施，防止这一现象产生。如一位中层领导所说："得出一个八成正确的洞察总好过毫无进展。"

询问洞察内容

在领导问起洞察的检验过程时，所有人都明白这和审核类似，并不是什么简单的事情。所以制定和评估检验过程的行为规范和时间要求是有必要的。如果要求成员报告分析过程和结果，他们会更积极地对提出的洞察及其依据展开质疑。

延缓洞察成型

一旦变革洞察成型，中层领导（和高管）需要接着提出一系列关键的议题（表10.3）。当第1章的变革洞察"无差别的商品已经实现差异化"被分析团队通过后，执行团队接着提出问题了解变革洞察和潜在的商业影响。表10.3中的每个问题都围绕变革洞察的成型和对思维、决策、行为的影响展开研讨。领导者可以再次询问变革洞察新旧理解之间的区别，团队开始探讨区别是什么，这种区别如何证明，之前没有发现这个区别的原因和这个区别的意义。

（6）得出情报洞察

组织各个层级的领导会很快发现变革洞察也许很吸引人，但情报洞察更具市场价值和经济价值。因此是否和如何产生情报洞察是评判组织洞察文化的重要标准。领导者应该在组织各个层级[348]采取措施，关注商业影响。

　　这里不再对4S活动的步骤展开讨论，我将介绍主要障碍[349]（表10.4），然后探讨关键商业影响因素：思维、决定和行动。[350]

表 10.4　情报洞察的障碍和深层文化原因

情报洞察的障碍示例	文化因素示例	领导者的行为建议示例
不了解具体战略	领导人不重视明确战略的重要性	总结宣传战略的内容和方向
埋头执行过去的决策	行为规范不允许重新讨论从前的投入	制定相关行为规范，进行会议记录
具有根深蒂固的思维模式	不注重评估普遍的思维模式	在战略和决策分析中加入诊断环节
快速得出影响之后不再思考	行为规范不鼓励重新思考成型的影响洞察	在战略和决策中加入复核环节
不愿意研究成员意见的差别	公司的行为规范和价值观不注重识别和调和不同意见和观点	在会议上强调突破观点差异的相关行为规范和常规工作
严格遵守商业影响的计划安排	认为遵守计划安排比灵活分析得出影响更重要	与选定成员合作，尝试多种方法识别和评估商业影响
认为没有必要投入时间识别潜在影响	缺乏制定和审核影响的方法	指定个人来制定和实施相关措施
不关注潜在的情绪问题	缺乏关于行为背后动机的探讨	建立某个场所（如安全屋），处理行为背后的动机问题

（7）解决障碍

了解情报洞察障碍因素的潜在范围（尤其是第7章、第9章中的内容）是中层领导在组织中落实洞察原则的重要起点。但仅了解这些障碍是不够的，中层领导还需要知道如何解决（表10.4中的右栏）。以表中的"严格遵守得出商业影响的计划安排"这个常见的障碍为例，中层领导需要建立具体的流程，为分析小组和相关人员提供制定影响洞察并互相探讨的空间。本书案例中的许多中层领导（项目负责人）愿意特别抽出时间制定影响洞察。这样是好的，否则在忙于得出商业影响的过程中影响洞察极容易被忽略。

（8）关注思维

如果洞察可以从根本上转变思维，那么就没有必要完全依靠领导者来转变自身或组织的思维了。

领导者自身的想法

组织的思维模式、共识、预判和观念根深蒂固，但组织文化却常常发生变化。如果拒绝自省、不试着改变自己的价值观和常规工作，就有可能成为文化变革的阻碍。[351]因此，领导者必须花时间思考并提取关键的变革洞察、影响洞察、洞察思维的后果，这里需要提出质疑性的问题（表10.5），否则所需的反思就难以进行。

领导者愿意承认自己的关注点和思维应随变革洞察和影响洞察而发生转变，说明了我们的思维模式应该始终愿意接受改变，甚至是彻底改变的洞察价值。请思考下列案例。

表 10.5　推动反思的问题

我应该考虑：

- 变革洞察如何影响我考虑的市场变革的一些方面？如竞争者、客户、市场态势和政治环境的转变？我应该提出什么具体问题？
- 我应该考虑各个商业影响领域（战略、运营、组织和领导）的哪些因素？我应该提出什么具体问题？
- 根据变革洞察，我应该处理哪些新的决策？这些决策有什么新颖之处？
- 现在个人的决策关注点需要怎样改变？为什么？
- 我们需要重新考虑哪些行动计划？为什么？
- 最近可能会出现什么新的行动？
- 我们应该考虑哪些长期的行动？
- 这些关注点与之前我的关注对象有什么不同？
- 这些关注点上的差异会怎样改变我的思维模式？比如我对市场走向的观点、预判和观念？
- 这种差异对我们的目标、决策和行动有什么影响？

我应该这样思考：

- 我可以如何管理探讨的过程，让多元化的观点暴露出来？
- 如何以新的方式与他人交往？
- 我是否可以利用类似情景模拟的方式从未来出发进行倒推思考？
- 我是否需要对我的观点和预判进行压力测试或敏感性分析？
- 我应该搜寻哪些数据和依据评估我对市场变化的理解？
- 我可以怎样激发别人质疑我的推断过程？
- 我的推理是否过度依赖某数据或某类数据源？

　　某副总裁在战略回顾会议上声称，一些竞争空间洞察使他采纳了新的行业预判：他现在认为产品剧变会在未来两年内发生，而不是之前认为的五年。像这样公开发表预判变化的领导有助于塑造团队的行为规范，使成员意识到可以向同事展现自身观点的变化过程。

部门或组织的思维

变革洞察常常可以为领导者提供反思和评估组织思维内容（组织在想什么）和过程（组织如何思考）的机会。领导者可以利用这一点建设洞察文化。[352]

本书中的许多案例都说明了没有及早行动的弊端。在第5章的猩猩竞争者案例中，领导者在确定影响洞察和关键的商业影响之后才意识到需要解决公司的"思维问题"。如果在研究影响洞察时（或者更早）关注到公司预判和观念的问题，洞察分析项目会更加紧迫，成员也会更快采取行动。

以下是一个近期的案例：

某专业服务公司产生了两个竞争空间洞察——"客户正在迅速改变传统定价模式"和"竞争对手正在与大型个人客户尝试不同的定价模式"。这些洞察的目的是重塑整体定价结构。执行团队的几位成员抓住这个机会修改了之前的市场预判。由此公司的战略和市场分析会经常对关键预判进行审查和压力测试。

（9）关注决策和决策制定

中层领导负责构建由变革洞察过渡为影响洞察的情境。洞察力文化也会推动或抑制这一过渡过程。

确定决策关注点

变革洞察为领导提供询问一个重要问题的绝佳机会：你探讨的决策关注什么？有时这个问题可以从根本上转变决策人员的关注点。通用市场洞察有时有这种作用。Dip公司案例中的客户洞察

"客户需要的是产品方案而不是产品"将市场决策的重点从"如何提升产品的设计和性能"转移到了"如何获取创造解决方案所需的知识和能力"。在团队中共同探讨怎样转移决策重点也是构建洞察价值观（探讨新的决策重点也是可以的）的良好表现。

重构当前决策

重构当前的决策比确定决策重点的工作量更大。某位高管曾表示："我们现在以完全不同的角度来看待决策了。"

第1章中的CO商品公司案例非常典型：公司现在不必费心于产品本身的决策，而要想办法与竞争对手提供的"小众化"客户体验竞争。公司需要重构营销、销售和运营决策，实现截然不同的客户价值定位。

管理（架构）决策情境

当领导者改变决策情境时，决策重点和框架也会发生变化，包括涉及的人员，人员的职位，采取的出发点和理想的结果类型。下面有两个案例，其中一个较为正式，另一个相对非正式一些：

在上述专业服务公司中，客户和竞争对手洞察促使执行团队成立数个分析小组，确定公司的战略是什么，应该向哪些客户群提供什么样的服务，公司应该如何与不同地域市场上的特定对手竞争。

他们故意在各个团队内设立相同职责的岗位，这是一种新的行为规范和常规工作。为了获取不同团队对基本业务事件的观点。

决定参会人员是一个常遭忽视但能简单有效地架构决策情境的方法，可以帮助团队探讨得出具体的决策和行动影响。当市场部门的成员加入研发和技术工程会议时，会议的内容和方向常常发生转向。会议中出现针对客户的不同观点。由此形成了包容多方观点的行为规范。

管理决策过程（塑造分析）

组织中的决策过程会随着时间的推移而逐渐固化。[353]研讨过程变得呆板、形式化、思路单一。占据主导地位的思维模式使成员不愿意尝试新的分析模式，也不愿意提出会"触碰某人利益"的商业影响问题。领导者可以运用洞察力原则修正研讨的内容和方向，洞察文化相关的问题由此浮现。下面是一些普遍的案例。

- 当领导提出她想看到关键的变化洞察、影响洞察或关键洞察的预判并以此确定战略选择时，她塑造了决策的分析情境，形成了分享评估洞察的团队价值观。
- 领导者可以通过坚持把最有利的依据（无论是正方观点还是反方观点）作为备选战略分析的一部分进行创建和检测，从而影响决策过程。分析行为的规范由此同时得到展现和加强。
- 领导者对变革洞察中的变化敏感度的提问常常会导致团队反复审核潜在影响，于是审核步骤被纳入组织的战略制定和选择的议程。

管理决策的进程（人际方面）

如第8章所述，从员工探讨商业影响过程中出现的人际问题中，领导者可以看到情绪的作用和影响。下一步领导者可以考虑在何时介入，如何利用积极情绪，如何减轻消极情绪。下列为某领导者处理研讨中的情绪问题的案例：

　　　　组织中的一部分人对之前的市场成功有明显的情绪依恋，尽管有根据表明这不再能保障未来的市场成功。一位副总裁要求这部分人提供能证明他们观念正当性的业务案例。该团队在分析中发现其他的因素对市场成功更为关键。这样一来，经理不但没有与这些员工产生冲突，还成为公司新战略的支持者。组织由此建立了一种价值观——个人需要证实自己观念的正当性；组织还形成了鼓励他人维护自己观点的行为规范；并实施了支持性的常规工作。

（10）行动重点

　　洞察力原则不仅适用于思维和决策，还包括行动。中层领导了解组织的行动（不仅是思维和决策）会决定外部市场的成功，成功的速度和能够持续的时间。战略方向中包含海量的行动选项，这又要求团队展开广泛的探讨。团队要关注变革洞察对下列问题的影响：

- 我们为什么需要改变现在的行动？
- 我们需要采取什么新行动？
- 我们为什么需要改变执行情况？

　　这些问题的回答直接联系着上述思维和决策的关注点。团队可以借此进一步判断洞察力文化对行动计划的影响。

洞察工作

　　4S活动的执行也涉及行动，洞察的相关工作也要考虑上述三个问题。本书也曾多次提及，市场和组织的变化日新月异，洞察也具有时效性。在团队执行行动计划的同时（见下一条），领导要针对当前的洞察力项目和新洞察项目的必要性提出问题。

启动项目

战略和决策会启动项目或行动计划。其中一个重点是团队需要确定新的行动计划并改变当前的行动。考虑以下案例：

一系列的决定最终使公司改变了客户价值定位。新的行动计划的重点在于为选定的客户群制定新方案。但由于团队中没有与客户建立良好关系的规范要求，对早期客户方案的制定产生较大影响。团队明显缺乏重视客户经验洞察的价值观，也没有意识到需要从客户组织内部获取信息。管理团队不得不启动一个洞察力项目来说明如何发展与客户的亲密关系，特别强调围绕客户数据收集和分析的行为规范和常规工作。

行动的执行

当中层领导的关注点由战略制定转向战略执行时，两个问题尤其关键：哪些洞察力文化在阻碍或推动执行力？团队需要怎样的洞察力文化实现更高效的执行？如同客户价值定位案例所称，每一个提议和项目都是组织洞察力文化的某种体现。上述两个问题适用于大部分的内部或外部项目。

经验与调整

执行行动计划所得出的经验会与思维和决策相互联系，这种联系是检验组织洞察文化的一种方式。试想：

一个新产品计划的负责人召开会议讨论该计划的行动方案。

实际上他想让团队根据一组通用市场洞察重新评估计划。他担心团队的市场分析没有充分考虑到关键的战略弊端。而这些战略弊端会使行动计划失败。结果团队全面修改行动计划，推后了产品发行时间。在评估行动计划时，负责人表示员工应该说出自己对计划可行性的担忧，至少要找到稳妥的方式表达。对于组织的中层来说，这无疑是一个新的行为规范。

◉ 10.5 高层领导：洞察文化的领头人

高层领导（管理层）对洞察力文化的影响虽然有限但关键。身处权威地位的他们可以为洞察力文化"搭建无可比拟的平台"[354]。

（1）提供"掩护"

某高级市场情报专家曾说：

如果执行副总裁和他的同级没有保护竞争对手洞察和客户洞察项目免受财务部门和其他高管人员的叨扰与催促，项目将难以为继。

如果没有适当的"掩护"[355]，洞察项目的分析步骤和研讨过程会被缩减，这可能由于最后期限的要求，也可能出于业绩的需要。这种掩护是洞察价值观最高形式的表现。

（2）要求产生变革洞察

高管可以通过要求团队在业务会议、报告或文件中突出强调与某个特定业务问题及其背景有关的变革洞察，以此独立改变洞察价值、规范和实践。在高管首次提出这一问题时，场面可以说非常精彩！请思考下列案例：

某位首席营销官问他的战略发展制定团队得出了什么有关中国市场的变革洞察，可以用于市场进入战略。他大声说自己不想再看到任何中国市场的"数据重述"。于是使团队了解了自己应该有怎样的产出，以及领导不想看见什么的信息。

要求简要报告变革洞察是一种理想的行为规范，也是一项常规工作。

（3）得出影响

同样的，高管对影响洞察（商业影响）结果的要求也会改变研讨的性质，缓解"急于求成"的情况，提高了对影响洞察（分析的输出与思维的输入）的心理预期（价值观）。

洞察力文化最高形式的表现在于，高管不仅要求产生变革洞察、影响洞察和商业影响，还会利用这些结果反思自己的思维、决策和行动。

（4）思维的质疑

高管可以利用洞察结果检验和完善自己的观点、预判和理念。变革洞察所阐释的信息[356]经常促使高管们（和其他人）反思他们长期秉持的预判和观念，这些预判和观念可能确实存在问题。解释新机会、竞争风险和战略弊端的通用市场洞察为高管提供重新考虑市场机会或关键竞争风险或弊端的潜在预判的机会。第2章VP案例的高管迟迟没有反思市场预判和公司历史战略之间的不协调性。如果他在商业影响研讨的早期进行反思，就可以缩短研究和决策中间的时间差，为企业节省大量的经济成本。

（5）影响决策的研讨

高管可以在决策制定的研讨过程中营造这样一种精神：提出表10.5中的问题；寻求变革洞察和影响洞察的主要依据；确保所有视角、意见和根据都能被提出与探讨；为必要的研讨提供充足的时间。将洞察力文化潜移默化地融入组织环境中。在VP和CO商品公司案例中，由于高管没有在初期安排研讨工作，确保组织严肃讨论表10.5中的问题，因此决策所用的时间严重超标。

（6）重新评估行动投入

高管也可以继续审核当前的行动计划。询问这些计划是否具有变革洞察或影响洞察的支撑，高管可以（重新）评估能否继续支持该计划。这个问题也营造了团队的期望（价值观），即变革和影响洞察应该处于分析的最前沿。

◉ 10.6 会议：领导的理想管理场合

由于会议占据了大量的时间，它也是领导营建洞察力文化的良好机会。会议中的研讨大部分是正式的，但也存在不正式的情况。因此会议是宣传洞察力文化的理想场合。

组织的文化会在会议中充分展现——无论好坏。会议的状态反映着组织文化的方方面面：如潜藏的价值观（处理的问题、探讨的方式和关注点），支持会议安排的行为规范、期望、交流的态度，会议的组织和主持方式、发言人、排序方式、互动气氛以及回应方式的特点。

下列是一些营造组织的洞察力文化的方法：

- 高管和相关人员巧妙利用会议宣传洞察力作为思维方式、分析模式和对话架构的重要性，是一种可以提高组织研讨成效的方法。
- 高管和相关人员提出与当前议题相关性的质疑。
- 正确利用会议解决有关洞察内容的问题。
- 定期组织会议引导洞察关注点。
- 利用会议引进新的洞察话题。
- 将洞察探讨设为会议的日常步骤。
- 在需要的时候组织特别的洞察会议。

（1）会议报告

领导可以通过控制分析结果报告来植入文化宣传。你是否经常身处呈现大量数据，持续进行超过30分钟却没有得出洞察的报告中？这些报告并不解决第1章高管提出的两个问题。所有的洞察文化建设都应解决一个关键问题：除了将其设为会议的研讨焦点之外，如何以最好的形式利用"报告"提高洞察的关注度？

领导可以根据以下洞察导向的方案指导报告成员：

- 在报告早期强调洞察是分析的总结性成果。

- 强调通用市场洞察和竞争空间洞察是得出商业影响的方法。

- 强调商业影响和它们与关键洞察之间的联系。

- 为核心洞察提供依据（不赘述数据和分析细节）。

- 给予充分的讨论时间。

这些方案看似简单，但经过组织的分析或展示后，你会发现大部分组织都没有达成这一要求。

（2）会议人员

领导者也可以通过决定与会人员来推动洞察观点。在洞察力文化中，会议参与者并不是无关紧要的；他们的工作方式体现着洞察力的价值观、行为规范和常规工作。领导者通过以身作则，影响其他人践行下列行为规范和常规工作。这是为了确保洞察力被看到、被评价和使用。

- 如果缺乏洞察，则要求团队在重新分析后得出洞察。

- 得出洞察后，组织成员探讨正反方的理由，而不是"过一遍"背景数据和指标。

- 关注情报洞察，引导对话探讨组织的思维、决策和行动的影响。

这些建议虽然看起来没什么大不了，但却可以解释为什么这样的分析结果表现了会议严肃的研讨过程。

◉ 10.7 小结

　　本书认为研讨是洞察的重要手段。前面各章中关于研讨的指导方法旨在提升分析，展开对话，寻求洞察。变革洞察特别是情报洞察需要个人、部门和组织间的上下协作。领导者对这种合作的发起、维持和管理具有关键作用。

　　领导者对洞察力文化的重视能够推动洞察工作。他们需要践行价值观，以身作则，并在组织的日常工作中推行必要的洞察力常规工作。他们不能是研讨的旁观者，要共同创建情报洞察，理解卓越的思维变化，更好更快地制定决策，推动制胜的市场行动。

尾注

[1] CommodityCo is a pseudonym for an actual company.

[2] The focus in this book is marketplace insight, that is, insight about the broad context external to the organization. We especially focus on customer insight and competitor insights.

[3] The thesis advanced in this book is that understanding marketplace change is the source of marketplace insight. We view the current marketplace as in a process of change, that is, evolving from the past into the future.

[4] Both philosophers of science and cognitive scientists leave us in no doubt that our conception of the future can't but be a creation of our own minds (see, e.g., C. West Churchman, 1971; Pinker, 1997).

[5] See Peter Senge (1990), for a detailed discussion of the role, importance, and implications of mental models.

[6] Let me invite you to ask any number of your colleagues these questions. Document the responses. You'll discover how little agreement exists as to what they mean by insight, where the focus should be in insight work, and what might be desirable insight attributes.

[7] The linkages between insight and the verbs *see, think, decide,* and *act* will be fully explored later in the chapter on the six insight factors (6IFs).

[8] AbsoCo is a pseudonym for an actual company.

[9] As defined later in this chapter, intelligence insight is the combination of change insight and its business implications.

[10] The tendency to narrowly focus insight work and how to deal with it are treated in Chapter 3.

[11] This is a common tendency in how "competitor intelligence" is applied in many corporate organizations. See Liam Fahey (2009).

[12] This is a major rationale for the emphasis on structuring as the initial stage in the 4S cycle (structuring, sniffing, shaping, and stipulating) detailed in Chapters 3–6.

[13] These five items cover a spectrum of strategy relevant issues that typically need to be addressed as the outputs of any marketplace analysis: they focus on the upside (opportunities) and downside (competitive risks and competitor threats); they identify vulnerabilities of possible strategies; and they address what assumptions need to be accepted about the broad marketplace.

[14] A quality insight is one that exhibits the insight attributes noted in the concluding section of this chapter.

[15] Experience has taught me that how individuals or a team deals with the data they already possess, in short, how they think and analyze, is far more influential in generating insight than data per se. This doesn't deny the need for more data or for better data. It does reinforce the assertion that how the mind works is the most influential factor in generating change insight. The influence of the mind in insight work is explicitly addressed in Chapters 3–6.

[16] For a general introduction to the big data evolution, see Bill Franks (2014).

[17] For a good discussion of the emergence and approaches to analysis under the rubric of Business Intelligence, see Thomas H. Davenport and Jeanne G. Harris (2007).

[18] For example, Porter's Five Forces, see Michael E. Porter (1980).

[19] For example, the political, economic, social, and technological approach to analysis of the macro-environment, see Liam Fahey and V. K. Narayanan (1986).

[20] For example, the real options approach to analysis strategy and investments alternatives, see Marion A. Brach (2003).

[21] These three modes of depicting change are addressed in Chapters 2–6.

[22] The role and importance of the mind in insight work require that we prepare the mind for insight work. In Chapters 3–8, we describe what is required to prepare the mind to conduct specific analysis tasks in crafting and leveraging insight.

[23] The point of view has been advanced by many others, see Thomas H. Davenport and Lawrence Prusak (1998).

[24] The power of the "day in the life of a customer" approach to understand the customer context is detailed in the customer migration case in Chapters 3–6.

[25] I'll address this observation in more detail in Chapters 2 and 4 when I consider the role of the mind in drawing inferences and crafting insights.

[26] The mind as an information processing machine has been developed by a wide range of authors across many disciplines, see especially Steven Pinker (1997).

[27] Gary Klein (2013), for example, notes that insights change how we understand, act, see, feel, and desire. More fundamentally, Steven Pinker (1997, p. 24) notes the special thing the brain does, information processing or computation, "makes us see, think, feel, choose, and act."

[28] If we all see and think and act in the same way, it's impossible to possess distinct understanding of the world around us or gain an advantage over others. Thus, is it impossible to possess insight that exhibits the desired attributes discussed at the end of this chapter.

[29] The role and importance of indicators in capturing marketplace change and enabling inferences are described in detail in the next two chapters.

[30] It's interesting to note that the executive who asked the two questions at the beginning of this chapter had already answered both questions in the positive.

[31] John A. Byrne (2012).

[32] Customer here can refer to consumers or organizations.

[33] For a detailed discussion of these three modes of rivalry, see Liam Fahey (1999).

[34] Willie Pietersen (2002, p. 70).

[35] Gary Hamel and C. K. Prahalad (1994).

[36] Richard P. Rumelt (2011, p. 10).

[37] In other words, the water change insight embodies significant new understanding for our firm.

[38] In effect, this is what happened in the CommodityCo case discussed in this chapter.

[39] The process of validating a suggested or tentative insight is fully detailed in Chapters 5 and 6.

[40] As noted earlier in this chapter, the future is a cognitive construction—you con- struct what you think the future will be. Hence, you can never be certain that your construction gets it right. What you can do is be clear on the judgments you make and the data and rationales you use in making those judgments.

[41] Again, it's worth remembering that thinking, deciding, and acting constitute three core IFs.

[42] The numbers in the left-hand column of Table 1.2 indicate the chapters in which the key question is principally addressed.

[43] Analysis stages are distinct from insight phases discussed in Chapter 1. For example, the first three analysis stages, indicators, inferences, and insights are executed in the middle two insights phases, crafting change insight and crafting implication insight (Fig. 1.3).

[44] VP is a pseudonym for an actual company.

[45] This is a classic example of the IF "see."

[46] We intentionally take a very broad view of what we mean by "data." It's in effect all inputs into the inferencing process, described in this and later chapters.

[47] As noted earlier in this chapter, analysis outputs such as the projections of a competitor's strategy or the determination of customers' needs or the elaboration of alternative industry scenarios may serve as the source of inferences. Data in this sense doesn't just refer to disparate, inchoate, and

standalone bits of raw data.

[48] By "suggested" insights I mean insights proposed by one or more individuals that have not yet been vetted.

[49] The broad working definition of the macro-environment is the environment external to the industry: the political, regulatory, economic, social, technological, and economic milieu. Also see Fig. 1.2.

[50] A statement may be a data source or an indicator. A statement may include many indicators. A statement itself may also constitute an indicator. For example, a customer's statement about its purchase behaviors that refutes statements of others might serve as an indicator of its purchase intentions.

[51] Inferencing is intended as a shorthand way to refer to all the steps involved in moving from one or more indicators to one or more change insights–the steps involved in the inferences and insights stages noted in Fig. 2.1. It also emphasizes that inferences often result from a process–a set of steps–as distinct from a single one-time event. The inferencing process is detailed in Chapters 4 and 5.

[52] For a more detailed discussion of the linkages between indicators and infer- ences, see Liam Fahey (1999).

[53] For a description of types of indicators and their uses in many domains in the macro-environment (political, social, economic, technological, regulatory, and ecological milieu), see Liam Fahey and V. K. Narayanan (1986).

[54] For an early powerful and cogent argument on the role of discontinuity across many societal areas as a source of indicators of emerging and potential marketplace changes, see Peter F. Drucker (1968).

[55] For a vivid discussion of many forms of disruptions as a means to anticipat- ing marketplace change, see Clayton M. Christensen, Scott D. Anthony, and Erik A. Roth (2004).

[56] The importance of identifying indicator categories *before* gathering data can't be over emphasized. Among other things, it prepares people to "see" indicators that might well otherwise be missed.

[57] In other words, an opportunity to draw some inferences isn't perceived–a

topic that is addressed in detail in the next chapter.

[58] This comment reinforces the observation in Chapter 1 that a desired attribute of a quality insight is that it should be non-obvious or possibly counterintuitive.

[59] A shift in understanding was noted in Chapter 1 as fundamental to insight.

[60] We have seen a veritable explosion of books on the topic of big data and, more generally, analytics in the last five years, see, for example, Foster Provost and Tom Fawcett (2013).

[61] The process of vetting inferences and insights is introduced in this chapter and fully detailed in Chapter 5.

[62] Experienced researchers, analysts, and intelligence professionals develop the capacity to "see" change indicators where others may see only a stack of data. Thus, an experienced person reading an industry report or a statement by a rival's CEO or viewing a video released by an non-governmental organization (NGO) will quickly identify the relevant change indicators and, as a consequence, will begin to draw inferences about current and potential change far sooner than those who don't recognize the indicators. Hence, we speak about efficiency in doing the early steps in insight work.

[63] As noted earlier, this capacity invokes the IF seeing: to ability to see change indicators where others may only observe data.

[64] The transition from data to indicators will be addressed in detail as part of sniffing in Chapter 4.

[65] Here the IF thinking is invoked: change indicators cause you to think about new things and perhaps even to think in new ways.

[66] The importance of addressing what we don't know has long been emphasized in the knowledge management literature, see, for example, Eric Lasser and Laurence Prusak (2004).

[67] The IF, intend, clearly comes into play here: we need to be conscious of the goal to capture indicators.

[68] This recommendation is common in the work that addresses analysis of the external analysis. It's explicitly treated in Liam Fahey and V. K. Narayanan (1986).

[69] The role of the human mind in drawing inferences will be fully addressed in the next three chapters.

[70] Neuroscience has now developed convincing evidence that we are only con- scious of about 5 percent of the "thinking" that goes on in our mind.

[71] Several key characteristics of how the mind works are addressed in detail in the next chapter.

[72] The interplay of data and reasoning is addressed in detail in Chapters 4 and 5.

[73] Dictionary definitions of inference are similar to the description given in this book: "to infer, to derive by reasoning, conclude or judge from premises or evidence" (*Webster's College Dictionary,* 1991).

[74] For example, if I know extremely little about a foreign country, say Latvia or Ukraine, it's impossible for me to draw any reasoned inferences about the details of what life is like there for the "average" family.

[75] Remember from Chapter 1 that marketplace change is the object of all the analysis frameworks presented in this book.

[76] A number of *cognitive* biases and their insight practice implications are discussed in Chapter 5.

[77] The steps described here are elaborated in Chapter 5 (the analysis steps involved in moving from preliminary inferences to change insights).

[78] The distinction between a tentative and an accepted insight is fully developed in Chapters 5 and 6.

[79] The transitions through the levels of inferences in the case of competitive space insights (CSIs) and generic marketplace insights (GMIs) are discussed briefly later in this chapter and detailed in Chapter 5.

[80] Each IF's influence on various facets of *inferencing* will be addressed in detail in later chapters.

[81] Suggested integrated inferences refer to the integrated inferences that are first articulated. Once they're vetted, then a smaller number of tentative integrated inferences emerge. The tentative integrated inferences are then further vetted and those that survive are deemed to be accepted integrated inferences. This process is detailed in Chapters 5 and 6.

[82] Michael E. Porter (1980).

[83] W. Chan Kim and Renée A. Mauborgne (2005).

[84] These questions serve as the focus of GMIs, the topic of the next section.

[85] This is an example of the use of the 6IFs as output assessment: does it make a difference and to what?

[86] What it means to vouch for an insight is addressed in detail in Chapter 6.

[87] This is Phase 3 in the insight stages introduced in Chapter 1 (see Fig. 1.3).

[88] The connection between GMIs and implication insights is fully developed in Chapter 6.

[89] Chapter 8 details the application of the insight perspective to the determination of business implications.

[90] This is an example of how the IF *intend* addresses the possibility of new intent or objectives. An analysis team must ask itself what new goal possibilities may result from the change and implication insights.

[91] In short, few of the questions noted under Methods in Table 2.5 receive little if any attention.

[92] Indeed, we need to orient the mind so that we not only "see" and "think" better but that we perform better along each of the other IFs: intend, decide, act, and feel.

[93] The principles have been culled from a variety of literatures including philosophy of science, organizational decision-making and organizational learning, including: Nicholas Rescher (2001), Philip E. Tetlock (2005), and James G. March (1999).

[94] The data perspective principles draw heavily from the philosophy of

science and some knowledge management literature (C. West Churchman, 1971; Nonaka & Takeuchi, 1995).

[95] This pursuit is one element of the personal "mastery" advocated by Peter Senge (1990) to understand the world around us.

[96] This conception of data reinforces the broad view of data advanced in Chapter 2.

[97] This is a core theme in Steven Pinker (1997).

[98] Many cognitive biases and their implications for insight work are noted in Chapter 4.

[99] As noted earlier, the role of the mind as an influence on the execution of each of the 4S activities is addressed in this and the next three chapters.

[100] See, for example, Margaret J. Wheatley (1992) and Ralph D. Stacey (1992).

[101] Seeing and thinking differently connect directly to the 6IFs introduced in Chapter 1 and discussed later in this section.

[102] Most firms focus on their competitor analysis on their large market share rivals. The learning costs of doing so are extensive (see Fahey, 1999).

[103] See Clayton M. Christensen (2000).

[104] Eamonn Kelly (2015).

[105] For a full discussion of the Five Forces Framework, see Michael E. Porter (1980).

[106] John C. Camillus (2016).

[107] The role and importance of framing in customer analysis work will be illus- trated in the Customer Migration case example used in this chapter.

[108] Scenarios generate distinctly different competitive futures. Each one enables descriptions of what the opportunities and risks might be, what strategies might be required, and how they might be different than the firm's current strategy.

[109] The influence of biases will be addressed in Chapter 5.

[110] The importance of context will be evident in the Customer Migration case used later in this chapter.

[111] See Liam Fahey (2002).

[112] Yet the role and importance of imagining and detailing *potential* customer experience is often missed or understated in conceptual and empirical work addressing customer experience, see Katherine N. Lemon and Peter C. Verhoef (2016).

[113] Ethnographic research entails living with customers. For a vivid description of what it entails, see Griffin (2012).

[114] For those interested in broad treatment of scenario learning, see Liam Fahey and Robert M. Randall (1998).

[115] William Hall (2014).

[116] For a good discussion of Competitive Gaming, see Benjamin Gilad (2009).

[117] Alternative hypothesis testing is an established method in business research to test alternative possibilities or ways of thinking about the future.

[118] For a useful discussion of big data analytics, see Thomas H. Davenport and Jeanne G. Harris (2007).

[119] The value of the analysis context components is implicit in many recent reports on the use of big data analysis, see, for example., Peter Horst and Robert Duboff (2015).

[120] The notion of an integrated inference was developed in Chapter 2.

[121] The capacity of the mind to draw instantaneous inferences is explicitly addressed in Chapter 4, especially Table 4.2.

[122] Remember that all inferences need to be vetted and vouched for, as discussed in Chapter 5.

[123] The ability to see and consider patterns among change variables is central to the ability to develop alternative views of how the future might unfold,

see, for example, Peter Schwartz (1996).

[124] For a powerful discussion of the importance of small data as a source of marketplace insight, see Martin Lindstrom (2016).

[125] DipCo is a pseudonym for an actual company.

[126] The purposes and uses of indicators were detailed in the previous chapter.

[127] The discussion of the analysis context component earlier in this chapter emphasized how specific mind and data principles provided the impetus for deployment of scoping, framing, focusing, and the other analysis context components.

[128] Scenarios essentially enable backward thinking–from the future back to now. Many examples of how to frame such thinking can be found in Liam Fahey and Robert M. Randall (1998).

[129] The first three errors refer to the three structuring elements.

[130] This is an example of the analysis context component, scope. It broadens the domains to be considered: the multiple different competitor futures constitute "domains."

[131] This is in part because insight is viewed as a single act in which an individual goes instantaneously from an indicator to the insight, as discussed in Chapter 2. Viewed from this vantage point, sniffing isn't necessary to generate preliminary inferences.

[132] These three acts serve as another illustration of the deliberative and methodical nature of *insighting*: people commit to executing a set of steps (the method) to get from data to insight and the deliberations that take place as the method is executed.

[133] Steven Pinker (1997).

[134] Philosophers of science as well as many neuroscientists have emphasized this point. For an early influential discussion of this point, see Patricia Smith Churchland (1986).

[135] Nicholas Rescher (1992).

[136] In Chapter 1, we noted congruency with the external world as one of the

critical desired attributes of any insight.

[137] Win–loss analysis is a common process employed by business firms to assess why they won or lost one or more customers against rivals.

[138] This observation constitutes a key input to shaping insights (addressed in the next chapter) and most likely to determining business implications (addressed in Chapters 7 and 8).

[139] For a good discussion of Competitive Gaming, see Mark Chussil (2007).

[140] Again, DipCo is a pseudonym.

[141] Neuroscience and many streams in philosophy assert that drawing inferences is an automatic function of our brains/minds.

[142] These inferences are good examples of the speculative nature of many preliminary inferences and why such inferences need to be vetted against the available data and the reasoning that connects the data and the inference.

[143] The differences between these inferences and two preliminary inferences just noted are attributable to the learning that resulted from investigation of the indicator and its context. Thus, the additional data and the discussion among the team members allowed more solid inferences to be drawn, that is, they're better supported by data and reasoning. These inferences could of course be subjected to the vetting that is discussed later in this chapter.

[144] The form of fast mental vetting should not be confused with the formal vetting of integrated inferences and suggested insights described in Chapter 5.

[145] Early here means not just the first in a sequence of inferences. It also means the inferences that are derived from alerting indicators, as discussed in Chapter 2.

[146] It's not outlandish to consider the mind imagining what is going on now. For example, it might be imagining what might be the causes of an entity's current actions or statements.

[147] Considering how and why the vote might turn out and what its

consequences might be is a classic example of the mind's capacity to invoke possible futures, one of the mind's capacities noted in Table 5.2.

[148] Drawing indirect inferences connects directly to the discussion of indirect indicators in Chapter 3.

[149] Preliminary inferences are informally vetted as part of sniffing (see Table 4.1). Vetting as a formal process takes place as part of shaping described in Chapter 5.

[150] Examples of the power of sniffing along the insight funnel (see Fig. 1.2) are also evident in the discussion of shaping in the Chapter 5.

[151] If individuals or teams are unwilling to see and think differently (two of the 6IF's described in Chapter 1) then the prevailing mind-sets are less likely to be challenged.

[152] The importance of deriving, articulated, and circulating such preliminary inferences as a factor in establishing an insight culture is addressed in Chapter 10.

[153] Indicators are not just captured or collected. Sometimes they're crafted– they're the output of analysis. For example, a competitor's annual cash flow is a powerful indicator from which many types of inferences might be derived. However, the cash flow needs to be calculated.

[154] The steps involved in moving from a tentative to an accepted insight serve as the focus of the next chapter.

[155] Suggested insights have not yet been subjected to the vetting and refinement discussed later in this chapter.

[156] This suggestion is strongly advocated by Steven Johnson (2010).

[157] The differences "burst into the open" because as the shaping analysis moves in the final steps (steps 8–10 in Table 5.1), individuals recognize that the window is closing on their ability to influence the final content of the tentative insight.

[158] The role and importance of immersion in data as a means to enabling the mind, especially the non-conscious mind, to think about the data

and its context has long been advocated by both theorists and empirical researchers, see, for example, John Seely Brown and Paul Duguid (2000).

[159] This is a major theme in much of the recent output in neuroscience. It's a major focus in the book by Steven Pinker (1997).

[160] The tacit or unconscious side of reasoning is well established. It's the essence of Kahneman's System 1: thinking that happens automatically and quickly, with little or no effort and no sense of voluntary control (Kahneman, 2011).

[161] The works of Nicholas Rescher (1992, 2000), a leading philosopher of science were especially helpful in extracting the principles.

[162] The pathway involved in reasoning, that is, getting from data to some form of conclusion or assertion, is of course the focus of many historic streams of philosophy and more recently neuroscience. See, for example, Robert Nozick (1993) and Stephen Toulmin (1958).

[163] The emphasis upon deliberation and method as separate but related pillars of the insight discipline advocated throughout this book stems from the time it requires to get from "data" to something we refer to as a suggested or accepted insight. Deliberation can take many twists and turns, what we dub "analysis back and forth."

[164] The tortured and convoluted path reflects both the analysis back and forth and the interpersonal ebb and flow that were briefly outlined in the introduction to this chapter.

[165] The aha moment results from the cognitive unconscious processes at work in the brain. Eric Kandel (2012) discusses how these processes may determine the approach adopted by individuals to solve a problem or make sense of a situation.

[166] The role of our intuitions as the source of orchestrated reasoning is exemplified in the interconnections between System 1 and System 2 modes of thinking described by Kahneman (2011).

[167] Intuition's role in the computations of the brain is especially well developed by Steven Pinker (1997). For another perspective on the power of intuition to spark the mind, see, Daniel C. Dennett (2013).

[168] This point illustrates the role and importance of the "see" IF.

[169] The argument is most famously associated with Polanyi (1967). It's also consistent with a number of points made by Eric R. Kandel (2012) and Jonathan Haidt (2012).

[170] See, for example, Jonathan Haidt (2012).

[171] This is akin to the argument advocated as the purpose of structuring in Chapter 3; use the structuring analysis components to generate fresh indicators and thereby fresh inferences.

[172] The role of cognitive biases as an influence on our intuitions and, more generally, how we think, is central to Kahneman's (2011) notions of thinking fast and slow.

[173] Karl Weick (1995).

[174] See, for example, Dan Ariely (2008).

[175] The provisional nature of inferences and insights was noted in Chapter 3.

[176] The discussion in Chapter 3 about the need to manage the choice of those involved in structuring is also relevant here.

[177] This point reinforces congruency, that is, compatibility with the current and potential marketplace, as a desired insight attribute, as discussed in Chapter 1.

[178] This observation reinforces the point made in the prior paragraph: the need to treat suggested integrated inferences and suggested insights as provisional, and thus requiring vetting.

[179] This point has long been a staple of the output of philosophers of science. It's especially well developed by Nicholas Rescher (1992).

[180] It's worth emphasizing here that in the absence of conceptual innovation, it would hardly be possible to craft insight manifesting significant new understanding of possible futures.

[181] Invoking new points of view, or more broadly, the need to innovate conceptually, places a heavy onus on the 6IFs, especially the need to see differently and to thinking differently.

[182] It's necessary to resort to drawing inferences based on their words, behaviors, and deeds as to what their tacit understanding is. Once we do so, we can then test if they agree with our inferences or we would like to refine or reject them.

[183] The refining of the tentative insight reflects the Wordsmithing of an insight discussed as a key step in the vouching activity addressed in the next chapter.

[184] This point has been emphasized and explained in each of the first three chapters.

[185] The possible disjunction between the prevailing mental model and the current and potential change in the marketplace underpins the importance of congruence as a desired insight attribute as discussed in Chapter 1.

[186] The competitor may not have crafted a similar or somewhat similar customer insight.

[187] The emphasis here is worth noting: competitor insight, as noted earlier in this chapter, leads to CSI and GMI, both of which are critical to identifying and assessing business implications.

[188] It was obvious that a few individuals had feelings of disquiet and discomfort and maybe even anger that their proposed suggested insights didn't get the consideration they expected.

[189] This point is developed in detail in Chapter 9 when we address the influence of emotions.

[190] We pick up this consideration in the final section of this chapter, building the organizational capability in shaping.

[191] These are detailed in the right-hand column of Table 5.2.

[192] Again, the insighting process refers to the 4S cycle.

[193] This is the rationale, as discussed later in this chapter, for validating.

[194] The importance of a shift in understanding as a core attribute of an insight was elaborated in Chapter 1.

[195] This is an obvious reference to the 6IFs: thinking, decision-making, and

action as they key criteria to assess the impact of change insight.

[196] Insighting here is shorthand for the 4S cycle.

[197] Presumably, they've already done so as part of shaping the tentative insight.

[198] One could ask questions specific to each of the desired attributes of change insights noted in Chapter 1.

[199] It's evident here that the assessment criteria reflect the 6IFs, initially introduced in Chapter 1 and applied in each chapter in this book.

[200] Assessing readiness or an individual or team to engaging in vouching involves the "input side" of doing insight work.

[201] However, all the considerations noted in Table 3.4 are relevant to vouching.

[202] This a classic example of a GMI; an opportunity that would be available to any rival should they seek to pursue.

[203] Consideration of implication insights and business implications represent phases 3 and 4 in insight work (see Fig. 1.1 in Chapter 1).

[204] These examples remind us that an accepted insight may turn out to be true for a period and then turns out not to be true, hence the need for validating. These examples also remind us the importance of "enduring" as a desirable attribute of any insight.

[205] These examples remind us again that marketplace change insights deal with the future and therefore are the outcome of judgments (inferences) made about the future, hence, the need for validating.

[206] This is an example of how emotions can negatively influence validating.

[207] See, for example, Steve Bland (2013).

[208] Linkages between the 6IFs to the insight discipline's method and deliberations were initially introduced in Chapters 1 and 2.

[209] Validating infrastructure refers to (among other things): having one or more individuals who possess expertise in validating, the transfer of

validating learning from one analysis team to others, and maybe even a portal where individuals or teams can deposit their experience and learning.

[210] The importance of a shift in understanding to the concept of any level of marketplace insight was outlined in Chapters 1 and 2.

[211] Few strategy and marketing textbooks come close to identifying implication insights. They jump straight into determining specific business implications, once they've gone through the "environmental analysis" considerations. The closest they come to implication insights is when they identify key assumptions, but the focus of the assumptions is predominantly external.

[212] Political strategy refers to the collection of "influence" initiatives that an organization creates and executes to influence its many stakeholders in the external competitive space. Stakeholders include any entity that can place a "demand" on the organization. They include all the market players in an industry as well as entities.

in the sociopolitical domains, such as local, state, and federal agencies, unions, community groups, and NGOs (see, e.g., MacMillan & Jones, 1986).

[213] The circuitous movement from one business implication to another noted at the beginning of this chapter provide a good illustration of how the deliberations get slowed down.

[214] This is example of the influence of emotions in the transition from change insights to business implications. Feelings of exasperation may drive the marketing management team to short-circuit the analysis process and simply assert what the implications are or it might drive the team to adopt a new analysis approach to the transition.

[215] The pivotal so-what questions include: what are the implications for our thinking, decision-making, and action. Think, decide, and act are three key factors in the 6IFs.

[216] Note this is still only a possible implication insight. It needs to be analyzed in the context of other possible implication insights.

[217] The notion of DNA variety was introduced in Chapter 3. It implies the

need to have individuals with different perspectives, experience, and background involved in analysis so that a greater variety of issues and questions are raised.

[218] It's for this reason that competitive gaming (often referred to as war gaming) almost always identifies actions the focal firm should take that come as a surprise to the firm's executive team.

[219] Starting from a vantage point in the future is of course a fundamental princi- ple in scenario work. It's an argument found in many books detailing novel approaches to competitive strategy, see, for example, Gary Hamel and C. K. Prahalad (1994).

[220] Scenarios provide the methodology to view the present from the vantage point of the future. Scenarios emphasize the importance of dealing with uncertainty, see Paul De Ruijter (2014).

[221] Implicit theories reflect mental models that shape what we look for and how we see the world around us. Peter Drucker (1994), among many others, has described how a theory of the business can be so powerful and yet remain largely implicit.

[222] Inventive strategy involves creating a new white space in the market, that is, a customer offer that is fundamentally new. It has many of the elements of a "blue ocean" strategy, see W. Chan Kim and Renee Mauborgne (2005).

[223] See the discussion in Chapter 3 of the role and importance of getting the right personnel involved in structuring.

[224] We are referring here to the need to adopt the frame of mind advocated earlier in this chapter.

[225] The influence of emotions is treated in detail in Chapter 9.

[226] Open-ended analysis here is largely similar to that discussed in Chapter 5 with respect to inferencing. The difference is that the focus is on the organization rather than the external marketplace.

[227] The need for and role of imagination is discussed later in this chapter.

[228] He was not aware of the structuring activity as we discuss it in this chapter; yet many of the items he initiated clearly fall within structuring.

[229] This is an example of the "stretch" frame noted earlier.

[230] The 6IFs as enablers of preliminary inferences are addressed later in this section.

[231] Suggested inferences emerge from the amalgamation of two or more preliminary inferences.

[232] It's important to note that while marketplace domain insights can and do lead to individuals or an analysis team to derive preliminary implications, they're just that: preliminary implications.

[233] The discussion here illustrates again the iterative nature of identifying implication insight and business implications.

[234] Analysis back and forth and interpersonal ebb and flow were described and discussed in the previous chapter.

[235] Implication insights needn't apply to all four core implication domains–strategy, operations, organization, and leadership–though they frequently do.

[236] The reasoning behind this argument is discussed in Chapter 8.

[237] The influence of emotions on the crafting of both change insight and implication insight will be the focus of Chapter 9.

[238] The real question is: how do we know we got it reasonably right? We can't ever be certain that an implication insight will turn out to be completely congruent with how events evolve over time.

[239] These are the three criteria used to assess *change* insight quality, see Chapter 5.

[240] Again, It's important to note that *suggested* here means the implication insight has not been subjected to the scrutiny tests advocated in this section.

[241] As described in Chapter 1, by congruence we mean that it's largely accurate in what it describes or projects about the external marketplace.

［242］This point is developed in detail in the next chapter.

［243］Strategy encapsulates the offers the organization makes to customers, how it competes to attract, win, and retain customers, and the goals it seeks to attain. Operations entail the activities the organization engages in to create, produce, market, deliver, sell, and service the customer offers. Organization refers to how the entity configures and manages itself including its structure, systems, processes, procedures, and culture. Leadership addresses what leaders do and how they do it.

［244］See, for example, George S. Day (1984). For a more recent example, see A. G. Lafley and Roger L. Martin (2013).

［245］Again, it's worth emphasizing that thinking, decisions, and action constitute the three core Fs (factors) in the 6IFs. In this chapter, we are of course addressing the output side of the 6IFs.

［246］These two understanding questions represent more than a trivial change in focus in the determination of business implications. Many of the analysis routines at the core of developing business implications such as detailing individual strategy alternatives, assessing the threats and risks associated with a potential strategy, translating a proposed strategy into action programs and projects, and developing projected cash flows, become projects in which frequently the dominant motivation is to get them completed.

［247］By underlying knowledge base we mean all the analysis outputs that have been accumulated and crafted as inputs to determination of business implications.

［248］An emphasis on the why questions and issues, by definition, involves a focus on thinking.

［249］In other words, validating change and implication insights continues through the course of developing and assessing business implications. This should not be surprising given that the marketplace and the organization continue to change.

［250］The struggle involving heated discussions illustrates how the analysis back and forth is often not linear or simply analytical; it stems in part from the interpersonal ebb and flow–individuals advocating their point of view, often feeling that their point of view is correct.

[251] Each domain insight should demonstrate the desired attributes noted in Chapter 1.

[252] Although it isn't uncommon for the deliberations around business implications to go on for months, often three to six months in the final phases of the annual strategic planning cycle, the deliberations don't intentionally and explicitly address the ambiguities and complexities that are inherent in marketplace change. For a good discussion of the consequences of not deal forthrightly with complexity and ambiguity, see Michael E. Raynor (2007).

[253] This common error provides justification for the 6IFs, the need to take time to apply each IF to get on the table issues and questions that otherwise wouldn't be surfaced, much less addressed.

[254] Many others have noted this error. This is a persistent theme in Richard P. Rumelt (2011).

[255] The error has also been noted by many, see, for example, Gary Hamel and C.K. Prahalad (1994).

[256] This error has also been noted by many others. It's also a direct cause of the restricted mentality error just noted, see, for example, Willie Pietersen (2002).

[257] This error has been forcefully noted by many others. It's consistent with the resource-based theory of the firm, see, for example, Rajendra K. Srivastava, Liam Fahey, and H. Kurt Christensen (2001).

[258] This accounts in part for the intensity of the deliberations that so frequently characterize determination of business implications, for example, the disagreements that arise with respect to whether a specific strategy alternative merits full development or whether a particular customer value proposition would attract customers away from rivals.

[259] A more extensive set of preliminary business implications helps to address the errors in business implications analysis noted earlier.

[260] The four examples just noted refer to the four implication domains, strategy, operations, organization, and leadership.

[261] This example illustrates the importance of seeing differently as the impetus for consideration of the remaining 6IFs (think, intend, decide, act, and feel).

[262] This is because the templates to be completed indicate the implication domains to be addressed.

[263] A particularly egregious example is the amount of time spent refining financial projections of revenues, costs, and cash flows without critically examining the marketplace assumptions underpinning the estimates of product sales across the relevant market segments.

[264] Renovative strategy refers to situations in which a firm takes its current strategy as a base but then extensively renovates it. For example, a firm moving from selling products to delivering solutions or when a firm moves from price-driven strategy to a services-driven strategy.

[265] The earlier discussion of both the BSC and STD cases recognizing key capability deficiencies illustrates the importance of "seeing" in identifying and addressing our own organization's realities.

[266] Others will emerge as sniffing proceeds.

[267] In my experience, identifying unexpected business implications occurs quite frequently as a result of a strong commitment to surfacing preliminary implications.

[268] This is a good example of how application of the insight perspective sometimes takes deliberations in unanticipated directions.

[269] Hence, the importance of the third of the three business implication principles advocated at the beginning of this chapter: identify insights specific to the business implication domains.

[270] In short, implication insights should always be a focus of attention. Validating serves the role of constantly monitoring and adapting implication insights.

[271] The importance of project or team leaders (indeed leaders at any level of the organization) asking questions as a driver of an insight culture is addressed in more detail in Chapter 10.

[272] See, for example, the thinking, decision, and action questions raised in Chapter 7 in the development of implication insights.

[273] The notions of analysis back and forth and interpersonal ebb and flow were extensively treated in the prior chapter.

[274] This admonition had been made by many others across a range of disciplines from cognitive science to political science to many functional literatures in management.

[275] "Accepted" means the final stipulated set of recommendations.

[276] This observation is a reminder that strategy is always *conditional*: It's designed to fit the competitive context in which it will play out. In other words, a one-size-fits-all strategy can't win across market segments with distinct market conditions.

[277] Congruence with current or emerging marketplace change was identified in Chapter 1 as one of the critical insight attributes.

[278] Again, remember that thinking, deciding, and acting are the three core components of the 6IFs.

[279] The strategic management literature emphasizes entrepreneurial content as a critical element in any business strategy.

[280] Previously the firm thought it had the necessary skills to develop customer offers.

[281] This exhortation is of course the execution of the second of the three business implication principles identified early in this chapter: revisit and refine change and implication insights.

[282] Because implication domain insights are specific to the firm (rather than the external environment), the desired insight attributes noted in Chapter 1 are applied primarily from the perspective of the firm though considerations of external marketplace often have relevance.

[283] Value testing, as noted in Chapter 2, explicitly addresses what the projected marketplace performance and financial results might be and whether they might be acceptable.

[284] Again, this is one of the three business implication principles noted earlier.

[285] This point was emphasized in Chapter 3.

[286] Eric R. Kandel (2012, p. 371).

[287] Joshua Greene (2003 p. 134).

[288] Steven Pinker (1997, p. 373).

[289] See, for example, Antonio Damasio (1994).

[290] I am grateful to Tom Snyder, Founder and President of Emotion Mining Company, for many useful discussions about the nature of emotions and the interconnections between emotions and behaviors.

[291] For one view of the distinction between feelings and emotions, see Antonio Damasio (1994, pp. 143–155).

[292] For a comprehensive review of the role and influence of emotions in interpersonal and organizational settings, see Hillary Anger Elfenbein (2007).

[293] This point is strongly emphasized in Jeff Hawkins (2004).

[294] This is an example of confirmation bias discussed in Chapter 4.

[295] This is the most fundamental categorization of emotions. Steven Pinker (1997, p. 143) provides one illustration of this basic categorization: "We not only register events but register them as pleasurable or painful."

[296] Some emotion issues with respect to presentations are discussed later in this chapter.

[297] This is another reason why "feel" is necessary as one of the 6IFs discussed throughout this book.

[298] This point is nicely articulated by Daniel Kahneman (2011, p. 364).

[299] Joshua Greene (2003, p. 135). (italics in the original).

[300] This assertion is consistent with the emphasis on addressing the "why" questions throughout this book.

[301] This illustrates how emotions often drive the dynamics of the interpersonal ebb and flow that is always associated with every analysis back and forth.

[302] Again, this observation illustrates why we have included "feel" as one of the 6IFs.

[303] The "comments" noted in this chapter reflect observations I've heard in analysis projects. I've rephrased many of them to fit the structure: show an emotion and its implications.

[304] This is an example of the tendency noted earlier of emotions having action implications.

[305] The analysis context component, Scope, specifically addresses the breadth of focus in insight work.

[306] Leading and lagging indicators were described in Chapter 3.

[307] Eight analysis context components were detailed in Chapter 3.

[308] Rational refers to business or company specific factors. For example, it costs too much to generate new data; we don't have the time to search for new indicators.

[309] The sources of analysis back and forth involved in the transition from preliminary inferences to a tentative insight were detailed in Chapter 5.

[310] It's not uncommon for preliminary inferences that are considered important to be the subject of extensive attention leading to their refinement. It's one step in the analysis method involved in shaping (Table 5.1).

[311] This is a classic example of emotion conflicts leading to positive impact on deliberations. Again, it illustrates the importance of including "feel" in the 6IFs.

[312] See Chapter 5, summarized in Table 5.1, for a discussion of the steps involved in the transition from preliminary inferences to an accepted insight.

[313] This point was also emphasized in the discussion of vetting suggested insights in Chapter 5.

[314] For example, individuals from marketing might not respect the research and development (R&D) function; hence, negative emotions such as feelings of disbelief and disquiet might be associated with any judgment or line of reason presented by R&D personnel.

[315] The Gorilla Competitor insight: "The Gorilla Competitor was intent on reaching a new level of global market dominance through its R&D and marketing commitments that would make it exceptionally difficult for some current rivals to remain in the business."

[316] The challenges involved in this transition were addressed in some detail in Chapter 7, especially Table 7.2.

[317] Safe here means highly likely to be accepted by the management team.

[318] These challenges (Table 7.1) should not be understated. They ask individuals to undertake analysis and interpersonal tasks that present extensive difficulties.

[319] The mind-set shift required to enable the transition from change insights to implications insights was detailed in Chapter 7.

[320] This reflects the earlier observation that what people say often doesn't reflect how they feel.

[321] The role and influence of emotions in the VP case's deliberations around actions were also addressed in Chapter 2.

[322] A sharp distinction must be drawn between detecting and managing emotions. Many different technologies are now employed to capture indicators of emotions including analysis of facial expressions and fMRIs to detect brain activity.

[323] Again, this observation is supported by the comments of Kandel, Greene, Pinker, and Damasio, noted earlier in this chapter.

[324] Philosophy makes clear that objectivity can never be an attribute of a single individual.

[325] The details of a full vetting process were described in Chapter 5.

[326] See the VP case in Chapter 2 for an illustration of this transition.

[327] The role and importance of asking questions is a theme in many descriptions of what it takes to be a leader, see, for example, Ronald A. Heifetz (1994).

[328] Edgar Schein (1999) has heavily influenced the understanding and study of organization culture. He defined it as: a pattern of shared basic assumptions that the group learned as it solved its problems of external adaptation and internal integration that has worked well enough to be considered valid and, therefore, to be taught to new members as the correct way to perceive, think, and feel in relation to those problems.

[329] See David W. De Long and Liam Fahey (2000), for a discussion of the importance of these three culture components in shaping whether and how organizations succeed in creating the productive management of knowledge.

[330] Individuals' behaviors (their interactions with others) and deeds (decisions, commitments, and actions) may indicate different values. Deeds, as a category, involve organizational activities.

[331] In Chapter 1, we noted that the disciplined approach to insight work required individuals to address how to prepare themselves for insight work, how to enhance the conduct of insight work, and how to leverage change insight by transforming it into intelligence insight, that is, business implications.

[332] This is in large part what was meant earlier by the need for a leader to "live" or "exude" an insight culture.

[333] Although Moorman and Day (2016) don't directly address the role and influence of an insight culture, shaping, and sustaining an insight culture can be seen as an integral and underpinning component of their Organizing for Marketing Excellence framework.

[334] The questions link directly to the first element in structuring addressed in Chapter 3: are we focused on the most critical opportunities for

insight work, that is, those that will make the greatest contribution to the organization's marketplace and economic performance.

[335] The exhortation here reflects the distinction between change insight and intelligence insight (i.e., change insight and its business implications).

[336] See Tables 10.2–10.4.

[337] Persistently emphasizing the need to generate a small set of change insights reinforces doing so as a dominant insight value.

[338] The relevance test is implied in the vetting activity detailed in Chapters 5 and 6. It's made explicit in the development and assessment of implication insights.

[339] The novelty test is detailed in Chapter 5 and is also addressed in Chapters 6 and 7.

[340] See Chapter 9 for many examples of how and why emotions reflected in interpersonal issues cause analysis difficulties.

[341] The intent isn't just to create tension but productive tension that leads to reflection and hence superior dialogue, see Lee Nichol (1996).

[342] Chapter 9 provides many suggestions as to what appropriate corrective actions might be.

[343] I "buy-in" is frequently what executives and other say; it may or may not be evidenced in their behaviors and deeds. In other words, they don't live what they say.

[344] The notion of living the insight culture in effect sets the stage for insight work, as discussed earlier in this chapter.

[345] This observation is consistent with the argument that those throughout the organization with access to external entities and events should be focused on gathering data relevant to the organization's current and potential strategy and decision needs.

[346] These questions are extensions of the insight funnel questions noted earlier (see Chapters 1 and 2).

[347] The notion of insight content was introduced in Chapter 1. It addresses what the insight actually says.

[348] Again, to be clear, the emphasis here is mid-level leaders; senior leaders are addressed in the next section.

[349] Mid-level managers need to recognize inhibitors to insight work before they can begin to address them. Of course, it's even more productive if they anticipate inhibitors before they surface and negatively affect the flow of the work.

[350] Again, we need to remind ourselves that thinking, deciding, and action, con- stitute the three core Fs in the 6IFs. The discussion here addresses the 6IFs at the output side.

[351] This argument is consistent with the point of view that self-assessment is a critical input to developing strategies to influence others, see, for example, Allan R. Cohen and David L. Bradford (2013).

[352] Any effort to instill insight values focused on the need to enhance the organization's capacity to think about different things and employ different modes of thinking could deploy the Six Hat and Six Action Shoe modes of thinking and acting developed by Edward de Bono (1985, 1991).

[353] Many of the inhibitors to intelligence insight work are noted in Table 7.4. It's easy to see how they could contribute to the ossification of decision routines and processes.

[354] The earlier discussion in this chapter pertaining to setting the stage is equally applicable to C-suite executives.

[355] Air cover is a commonly used phrase to signify that a senior person is providing protection from organizational interference for a more junior person to accomplish a specific task.

[356] Chapter 1 notes that insights should provide an explanation (or lead quickly to an explanation) of the phenomenon they address.

致谢

　　如果没有各方企业单位允许我在项目、研讨会和咨询活动中研究并检测关于洞察的想法，这本书就不会产生。

　　我想对给我提出意见与建议的人们表达感谢。他们是盖拉伯·巴德瓦杰（Gaurab Bhardwaj）、科特·克里斯汀森（Kurt Christensen）、马莎·卡尔弗（Martha Culver）、大卫·德龙（David De Long）、菲尔·多佛（Phil Dover）、斯图·尔雷（Stew Early）、弗朗索瓦·高（Francois Gau）、约翰·格兰特（John Grant）、凯尔西·哈尔（Kelsey Hare）、大卫·哈克勒罗德（David Harkleroad），琳达·海斯（Linda Hayes）、伯尼·贾沃斯基（Bernie Jaworski）、阿德里安娜·琼森（Adrienne Jonsson）、兰德·门德斯（Rand Mendez）、拉尔夫·奥利弗（Ralph Oliva）、V.K.纳拉亚南（V. K. Narayanan）、罗伯特·兰德尔（Robert Randall）、克莱·菲利浦（Clay Philips）、拉里·普鲁萨克（Larry Prusak）、比尔·萨蒙（Bill Sammon）、帕特里夏·西曼（Patricia Seeman）、丹·辛普森（Dan Simpson）、伊丽莎白·斯旺（Elizabeth Swann）、休伯特·圣昂格（Hubert St Onge）、马丁·沃尔

（Martin Wall）、旺达·华莱士（Wanda Wallace）和弗雷德·维尔斯马（Fred Wiersema）。他们无私地抽出时间来与我讨论内容细节，助我厘清概念，探索洞察工作的各个方面，为书中的建议提供更充分的解释。

感谢领导力智慧论坛给予我学习的机会。对我来说，每年能有三次机会与那些具有真知灼见，能够对材料、建议和常规工作提出建设性意见，愿意积极检验新的理念，思维方式和新常规工作的人交流是一种极大的享受。

我要向领导力论坛团队表达我的感谢，包括旺达·华莱士、彼得·赖特（Peter Wright）、玛丽·卢·多诺万（Mary Lou Donovan）、凯莉·尼普（Kelly Nipp）、曼迪·皮尔（Mandy Peele）和坎迪斯·泰特（Candis Tate），是你们让我的职业生涯如此愉悦。我的LF合伙人旺达不断鼓励着我写好这本书。作为我灵感的源泉，激励我突破创新企业运作模式，我对她的感谢溢于言表。

伯尼·贾沃斯基盛情邀请我的作品加入AMA领导力系列《营销七问》。在完书的最后阶段，谢谢他的律师给予我帮助。安迪·弗里德曼（Andy Friedman）、马特·温加登（Matt Weingarden）、玛丽莲·斯通（Marilyn Stone）、拉斯·克莱因（Russ Klein）及其AMA团队为我创造了良好的条件，使我免于应对作者与出版者之间的种种问题。谢谢你们。

伯奇设计公司（Berge Design）的克里斯·伯格（Chris Berge）为本书封面的设计贡献良多。感谢网络世界出版社（Networlding

Publishing）的梅利萨·G.威尔逊（Melissa G. Wilson）创立这一书系。

另外，我还要感谢凯西·梅斯（Kathy Meis）和格雷琴·戴克斯特拉（Gretchen Dykstra）的精彩编辑和耐心指导。

最后我想感谢我的妻子帕特里夏包容我总是待在书房。作为我的终生伙伴，她使我的旅途和归处都珍贵无比。